（美）戴尔·卡耐基◎著

王红星◎译

# 卡耐基

## 魅力口才与演讲的艺术

展现完美口才的技巧与修炼

THE ART OF
ELOQUENCE AND SPEECH
OF CARNEGIE

中国华侨出版社

**图书在版编目（CIP）数据**

卡耐基魅力口才与演讲的艺术 /（美）戴尔·卡耐基（Carnegie，D.）著；
王红星译. — 北京：中国华侨出版社，2011. 10
ISBN 978-7-5113-1722-3

I. ①卡… II. ①卡…②王… III. ①口才学－通俗读物②演讲－通俗读物
IV. ①H019-49

中国版本图书馆CIP数据核字（2011）第183761号


• **卡耐基魅力口才与演讲的艺术**

著　　者 /（美）戴尔·卡耐基

译　　者 / 王红星

责任编辑 / 宋　玉

责任校对 / 高晓华

经　　销 / 新华书店

开　　本 / 787×1092毫米　　16开　　　印张 / 20　　　字数 / 320千

印　　刷 / 北京毅峰迅捷印刷有限公司

版　　次 / 2011年12月第1版　　　2017年4月第9次印刷

书　　号 / ISBN 978-7-5113-1722-3

定　　价 / 32.00元

中国华侨出版社　　北京市朝阳区静安里26号通成达大厦3层　　邮　编：100028
**法律顾问：陈鹰律师事务所**
编辑部：（010）64443056　　传真：（010）64439708
发行部：（010）64443051
网　址：www.oveaschin.com
E-mail：oveaschin@sina.com

# 序言

戴尔·卡耐基是美国著名的成人教育家和人际关系学家，20世纪最伟大的成功学大师。卡耐基先生的人生道路历经坎坷，这也有力地证明了一个道理——富有创新思想和满腔激情的人将会取得惊人的成就。

在大学期间，戴尔·卡耐基发现那些名望最高的人都是那些足球或棒球运动员，此外还有辩论和演讲比赛中获奖的人。他知道自己没有体育天赋，于是决心在演讲方面出人头地。为此他做了好几个月的准备，在马背上练习，挤牛奶时也不放弃。尽管卡耐基做好了充分的准备，起初还是接连遭受失败，但是，他坚持了下来，并在后来出现了转变——他开始在演讲中获胜。就这样，在往后的演讲比赛中，他几乎每次都能赢得对手，连以前那些曾指导过他的同学也都败给了他。

大学毕业后，卡耐基开始给一些成人大学上函授课。虽然他投入了大量的激情和活力在工作中，事业却没有丝毫进展。他有些失望，有一次他在大白天竟然躺在宾馆的床上痛哭流涕。就这样，他历经周折，并以从事推销员、演员、作家等各种工作来维持生活。后来，他回顾过去，发掘自身的优点和优势，并竭尽全力说服了纽约青年基督教协会，让他为当地的商业界人士开设一门演讲课，结果，他成功了！卡耐基的课程越开规模越大，他的声名远扬，并当起了巡回演讲训练导师。他经常来往穿梭于纽约、费城、巴尔的摩之间，后来又到了伦敦和巴黎。

哈佛大学著名心理学家与哲学家威廉·詹姆斯教授认为，普通人只开发了蕴藏于自己体内1/10的能力。卡耐基正是在发掘他们蕴藏的才能，在成人教育中创造了一种最重要的运动。卡耐基说，任何人一旦生气之后，就会言辞巧捷，变得很会说话。即使一个最笨嘴拙舌的人在被别人打倒后，他也会立即站起来与你理论，而且一点而且一定体会普通人的中流的演讲家。因此，只要拥有自信，内心有表达的冲动的话，那么你也一定会说得十分动人。这就是卡耐基创办的培训班所要教会人们的课程。

卡耐基所教授的东西都是无数美国人渴求的东西。他起初设立的就是一种演讲术的课程，前来听讲的也都是商界人士，其中有许多人已经30多年没有进过教室。大部分人的学费还都是分期付款的，他们来上卡耐基培训班的目的就是要获得结果，而且要很快地获得——次日便能在商业面洽及团体谈话上大获全胜。为了满足人们的这些需求，卡耐基先生发展了一种特殊的训练方法——一种集演讲术、推销术、人际关系以及实用的心理学的惊人混合。它不受死板的规则所拘束，而且非常实用和有趣。每次课程结束后，班中的人还会自己组织一个俱乐部，每两周集会一次，这样持续了多年。还常有人驾车疾行50里甚至100里来上课，有一个学生更习以为常地每星期从芝加哥来纽约听卡耐基先生的培训课。

35年来，美国的出版界曾出版过20多万种图书，但是这些图书大都很枯燥无味，有许多都是赔本买卖。但是，就是在这种市场行情下，戴尔·卡耐基仍然决定出版图书。一位大书店的经理非常疑惑不解地问卡耐基先生："在这种情况下为什么还要出书呢？"

"因为告诉更多的人如何开发原本拥有，但却不曾利用的潜能！"这正是卡耐基先生的目的，也是本书的目的。

通过本书的强化训练，可以强化你的勇气、自信和热情，并很自然地将所学技能应用到与人谈话的过程中，你将会发现，当众说话不再是一件难事，自己也可以展现魅力口才。

"不要犹豫，请立刻阅读！这是改变你一生的机会！"这是一本教人行动的书，而并非传授知识。阅读此书，你将会从中获益匪浅。那么，我们现在开始吧，让我们立刻言归正传。

王红星

2011年10月

目录 THE ART OF
ELOQUENCE AND SPEECH OF CARNEGIE

# CONTENTS

## 第七章 推销的艺术

## 第八章 职场沟通的艺术

## 第九章 家庭相处的艺术

## 第十章 做好演讲的储备工作

## 第十一章 演讲的方法

# 第一章
# 卓越口才的八要素

## THE ART OF
## ELOQUENCE AND SPEECH OF CARNEGIE

　　正像如何提高当众说话的能力一样，日常生活中的任何沟通交流，都需要人们克服畏惧、建立自信，这是实现更有效说话的前提。只有这样，人们才能够顺乎自然地发挥自己的潜在智能，在各种场合下发表恰当的谈话，博得赞誉，赢得别人的喜欢，获得成功。

　　在培训班开课之前，我曾做过一个调查，即让人们说说来上课的原因以及希望从这种口才训练课中获得什么。调查的结果令人吃惊，大多数人的中心愿望与基本需要都是一样的，他们的回答是："当人们要我站起来讲话时，我觉得很不自在、很害怕，这使我不能清晰地思考，不能集中精力，不知道自己要说的是什么。所以，我想获得自信，能泰然自若地当众站起并能随心所欲地思考，能依逻辑次序归纳自己的思想，能在公共场所或社交人士的面前侃侃而谈，做到明晰且有说服力。"

　　我相信这是真实的。当你站立在听众面前时，的确不能像坐着的时候那样细致地思考，但是这种现象可以通过训练加以改善，重要的是你一定要按照下面的方法去做。

# 突破自我，克服当众说话的恐惧心理

1912年，"泰坦尼克号"巨型海轮沉没在北大西洋冰海。正是在那一年，我开始教授当众说话这门课程，我当时的任务是为纽约基督教青年会夜校讲授公开演讲课。那段经历对我来说是非常宝贵的，因为，它使我积累了丰富的关于说话的知识，并促成了我的口才培训班的诞生。

在纽约为商业界和专业人员开班时，我逐渐了解到，学员们不仅需要在说话方面受到训练，还迫切需要掌握日常商务和社交中与人交流的艺术。因为人们除了渴望健康以外，最需要的便是改善人际关系，学会为人处世的艺术，而这一切又都是以说话为前提和手段的。于是，我决定在这方面进行深入的研究，并因此最终总结出一套比较全面实用的课程，这是很有意义的事情。"沉默是金"的谚语，应随时代的变迁而重新评估，因为如何发挥语言的魅力，决定了现代人能否由沟通走向成功。

20世纪初，心理学家和哲学家断言：普通人只用了全部潜力的极小的一部分。与我们应该成为的人相比，我们只苏醒了一小半；我们的热情受到打击，我们的蓝图没有展开。这是什么原因造成的呢？其实这就是人的恐惧心理。人的恐惧心理是很可怕的，所以，我常对自己的学员说："你要假设听众都欠你的钱，正苦苦哀求你多宽限几天；而你就是神气的债主，根本不用畏惧他们。"

在潜意识里拒绝与人交流或者害怕当众说话，并不是某一个人独自具有的心理，大多数人都是这样，只不过程度不同而已。除了训练班的成员，对大学生我也进行过调查，80%~90%的学生都产生过不敢当众说话的恐惧感和与人交流的畏难情绪。

这好像是在说"恐惧交流"是人天生就具备的。的确如此，它是人与生俱来的一个弱点，并且和人的性格有很大的关系。心理学家认为，性格是一个人的行为表现较为稳定的基本特征。性格具有稳定性，也就是说，一个人的性格在一定的教育和环境的影响下形成后，是难以改变的，所以才会有"江山易改，本性难移"的说法。

有专家曾对亚利桑那州的一对大学生孪生姐妹进行过观察研究。这对双胞胎姐妹外貌相似，先天遗传素质完全相同，家庭生活和所受教育的情况也相同。虽然这对姐妹一直在同一个小学、中学和大学接受教育，然而在遗传、教育和环境如此相同的情况下，姐妹俩的性格却很不相同：姐姐善于说话与交际，自信主动，果断勇敢；妹妹却相反，缺乏独立自主意识，说话办事总是顺同姐姐。专家找她们交谈时，也都是姐姐先回答，而妹妹只是表示赞同，她很不爱说话，或仅仅是稍作补充。总之，姐妹俩的性格完全不同。

这是为什么呢？原来父母在她俩中认定一个是姐姐，另一个是妹妹，从小就交待姐姐照管妹妹，对妹妹负责，做好妹妹的榜样，带头执行长辈委派的任务。这样一来，姐姐从小就形成了独立、自主、善交际、较果断的性格，而妹妹却养成了遵从姐姐的习惯。

这说明人的性格是长期所接受的教育和环境的影响而形成的，但这并不适用于成年人。对于成年人来说，性格实际上是由心理状态决定的，也就是说，**如果一个成年人能改变自己的心态，那么他就能改变自己的性格。**

正像如何提高当众说话的能力一样，**日常生活中的任何沟通交流，都需要人们克服畏惧、建立自信，这是实现更有效说话的前提。**只有这样，人们才能够最大限度地发挥自己的潜在能力，在各种场合下发表恰当的讲话，博得赞誉，赢得别人的喜欢，获得成功。

任何说话技巧在实施之前，必须树立充分的自信心。因为自信心给人一种安全感，使你敢于与他人相处，并在任何非自由场合自由发表自己的看法。一旦你的思想表达中充满了激情，那么即使在很小的场合，你也会努力地搜索以前的经验，并以此作为谈资。

在我的培训班开课之前，我曾做过一个调查，让人们说出上课的原因以及希望从这种口才培训课程中获得什么。调查的结果令人吃惊，大多数的人中心愿望与基本需要都是一样的，他们的回答是："当人们要我站起来讲话时，我觉得很不自在、很害怕，这使我不能清晰地思考，不能集中精力，不知道自己要说的是什么。所以，我想获得自信，能泰然自若地当众站起来，能随心所欲地思考，能依逻辑次序归纳自己的思想，能在公众场所或社交人士的面前侃侃而谈，做到明晰且有说服力。"

我相信这是真实的，当你站立在听众的面前时，的确不能像坐着的时候那样细致地思考，但是这种现象可以通过训练加以改善。更重要的是，你一定要按照我所说的方法进行锻炼。

你首先应当认识到，当众说话时的恐惧感对人的交流是有益的，因为人类天生就具有一种应付环境中不寻常挑战的能力。当你注意到自己的脉搏和呼吸加快时，千万不要过于紧张，而要保持冷静。因为你的身体一向对外来的刺激保持着警觉，这种警觉表明它已准备采取行动，以应付环境的挑战。假使这种心理上的准备是在某种限度之下进行的，当事者会因此而想得更快、说得更流畅，并且一般来说，还会比在普通状况下说得更为精辟有力！

那么，我要告诉你们的一个秘密就是，即使是职业演说者，也从来不会完全克服登台的恐惧——他们在开始演讲时也会或多或少地有些怯意。这些怯意都可以从他们开头的几句话里表现出来，只不过他们能很快地克服这种怯意，并进入镇定的状态，而我在开始说话的时候我也差不多是这样。

所以，你大可不必躲在自己给自己设定的框框里，你应该热诚主动的态度去与人交往；否则，恐惧将一发不可收拾，它不但会造成你心灵的滞塞、言辞的不畅、肌肉的过度痉挛而无法控制，还会严重降低你说话的效力。

在最后，我有必要重复几点，这将对你克服恐惧，开口说话大有帮助。

（1）你害怕当众说话、拒绝与人交流并不是特例。

（2）某种程度的交流恐惧感反而会刺激和激励你，我们天生就有能力应付环境中不寻常的挑战。

（3）许多职业的演说家从来都没有完全驱除登台的恐惧感。

# 培养自信，有针对性地进行自我训练

在我的班上，有很多学员在学习完了之后坐在一起谈自己的心得。有相当多的人都认为他们所学到的最重要的东西就是对自己的信心，也就是说，对自己成功多了一份信心。在某种程度上，没有什么比自信更加能够将一个人引向成功。

《贝德克旅行指南》上说，业余登山员应该有一个向导带路，因为攀登阿尔卑斯山很困难。但是几年前，我和我的朋友来到了阿尔卑斯山的维尔德·凯塞山面前，想要征服这座传说中很危险的山。首先要说的是，我们俩都不是专业登山员，但是我们并没有请教向导，而且，我们取得了成功。

在我们登山之前，曾有一位朋友问我们是不是能够成功，我口气坚决地告诉他："一定能！"

"为什么这么肯定呢？"那位朋友继续问道。

我说："也有人像我们一样，他们没有向导却取得了成功。而且，我做任何事情都不会事先想到失败。"

要自信，这是你做任何一件事情都必须要有的正确心态。无论你是攀登珠穆朗玛峰，还是和别人说话，自信都是你成功的基本前提。所以，在你开始说话前，首先要树立你的自信心！

下面是针对你的自信开展的训练方法。

**一、做好充分准备，树立成功的信心**

美国最著名的心理学家威廉·詹姆斯说过："行动好像是紧随于感觉之

后产生的，但事实上它是与感觉并行的。行动受意念的直接控制，通过意念来控制行动，我们也可以间接地控制感觉，但感觉却不受意念的直接控制。因此，假如我们失去了原有的自然的快乐，那么，让你自己变得快乐的最佳方法，就是快快乐乐地坐下来，让自己表现得本来就很快乐一样。如果这种方法还不能让你觉得快乐，那就没有别的办法了。所以，让自己感觉自己很勇敢，而且表现得好像真的很勇敢，并竭力运用你所有的意念去达到这个目标，那么勇气就很可能取代恐惧。"

**一个人达到成功说服的目的，跟说话之前所做的准备有很大关系。**林肯说："即使是再有实力的人，如果没有精心的准备，也无法说出有系统、高水平的话来。"所以，你需要在说话之前广泛地搜集素材，并对你的主题进行深入细致的思考。当你确认自己准备充分之后，不妨设想自己正在以完全的控制力对他人说话。这是你很容易就能做到的。只有相信自己能够成功，并且坚定不移地相信自己，你才会成功。

请记住威廉·詹姆斯的忠告：为了培养信心和勇气，当你面对观众的时候，不妨表现得好像真的具有那种信心和勇气一样。当然，前提是你必须做好充分的准备，否则再怎么表现也不能奏效。

树立自信的第一种方法就是，如果你对自己所要讲的内容已经了然于胸，就应该轻松地大步走上台，然后做一次深呼吸。深呼吸30秒，可以给你提神，给你信心和勇气。著名男高音歌唱家简·德·雷斯基常说："你如果气充于胸，那么紧张感自然就会消失。"

还有一个方法，就是身体站直，看着听众的眼睛，然后信心十足地演讲，就好像每个人都欠了你的钱，他们在下面只不过是请求你宽限还债的时间。这种心理作用，将会对你稳定情绪大有帮助。

如果能克服当众讲话的恐惧，对我们做任何其他事情都会产生极大的、潜移默化的影响。那些敢于接受这项挑战的人，将发现自己正日渐臻完美，逐渐战胜当众讲话的恐惧，使自己脱胎换骨，进入更丰富、更美满的人生。

我班上的一位推销员学员曾这样说道："在班上站起来几次之后，我觉得可以应付任何人了。一天早上，我找到了一个平时特别凶悍的买主，当他还没来得及说'不'时，我就已经把样品摊在他的桌上了。结果呢，他给了我一份最大的订单！"

一位家庭主妇也告诉我："原来我总是不敢请邻居来我家里，我怕我们之间不能融洽地谈话说笑。但是经过几次上课并站起来讲话之后，我决定开一次家庭宴会。那次宴会非常成功，我往来于宾客之间，尽情地和他们谈笑。"

在另一个毕业班的晚会上，一名店员这样说："最初，我很害怕和顾客说话，每次总是胆战心惊的。在班上演讲几次之后，我觉得有自信了，和顾客说话也从容不迫了。我开始敢理直气壮地说出不同的意见。我上演讲课之后的第一个月，销售业绩就提高了将近一半。"

通过这种有效的训练，这些学员觉察到自己已经能够很容易地克服恐惧或焦虑。从前他们可能会失败的事，现在却成功了。他们从当众讲话中获得了自信心，并让自己满怀信心地面对每一天的挑战。

你也可以获得这种胜利感，迎接生活的挑战。如果你能做到这一点，那些曾令你感到恐惧的问题，也就可以变成你生活中增添情趣的愉快挑战了。

**二、针对自身不足进行纠正性训练**

如果的确存在一些不足，你可以进行针对性的训练，克服这些困难和不足，从而树立自信。

名列古希腊"十大演说家"之首的德摩斯梯尼从小就有口吃的毛病，而且他在说话的时候总是一个肩膀高一个肩膀低，还不停地抖动。在那样一个崇尚口才的时代，这样的人理所当然地会受到歧视，因此，他十分苦恼，并且有很深的自卑感。不过，他并没有被自卑打倒，而是以超常的毅力和吃苦的精神进行刻苦的训练。每天清晨他都站在海边，口里含着石子儿进行练习。针对爱抖动的毛病，他对着镜子进行练习，并在两个肩膀上挂两把剑，这样就不会抖动了。经过刻苦的训练，正如我们现在所知道的，他成为了一个十分出色、受人尊敬的演说家。

### 三、自我暗示，相信自己能成功

有位英国青年律师要和一群知名的律师在法庭上辩论，他做了充足的准备，但是仍然感到不放心，担心自己会把辩论搞砸。于是，他去请教法拉第先生，他问法拉第："我的对手知道的比我多得多，我必败无疑。"

法拉第先生简单明白地告诉他说："如果你想成功，告诉自己，他们一无所知！"

很多人都会面临这位青年人一样的问题，他们真正的困难不在上面所提到的两点。因为我们绝大数人并不会像德摩斯梯尼那么不幸，没有口吃的毛病，也没有其他方面的不足。

心理学上说，自卑或者羞怯感总是会不同程度地在我们身上存在着。美国的一个调查表明：在宴会上与陌生人接触时，大约有3/4的人会感到局促不安；同样，由于羞涩或者自卑感造成的演讲或其他说话失败的例子更是屡见不鲜。可以看出，一个人没有自信，并不是因为他自己真的天生不如人，而是他自以为如此。因此，只有完全克服这种感觉，你才能正常甚至超常发挥。

你所有的准备，都是为了说话的那几分钟。不管你准备得如何，在一般情况下，说话的时候都可能会有不自信的感觉袭来。产生它的原因，可能是你担心自己还没有完全准备好——实际上你已经准备得相当充分了，但是你认为自己可能疏漏了什么，也有可能是因为你担心听众比你的水平高，而你所讲的东西对他们来说过于简单；或者你担心可能会出现什么突发事件，比如在你的说话过程中有人打断你等等。这些想法最致命的危害就是给你消极的自我暗示，你必须想办法把它们从你的心里赶出去。

**要想在当众说话中获得成功，有必要给自己某些积极的暗示。** 试试下面的方法，这是经过多年来的摸索得出来的。

### 一、确信题目有价值

演讲的题目选定之后，要根据情况进行汇集整理，并和朋友探讨。但这样的准备还不是很充分，还要让自己确信这个题材是有价值的，因此你必须具备坚定的态度，以此来激励自己，坚信自己能获胜。

怎样才能让自己确信这一点呢？这就要详细研究演讲的题材，抓住其中更深层的意义，暗示自己，你的演讲将有助于听众，他们听过之后会成为更优秀的人。

## 二、不要想令你分心的事情

举例来说，假如你想象自己可能会犯语法错误，或中间突然讲不下去等等，这些消极想法很可能会使你在开始之前便失去信心。

演讲之前，尤其重要的是要将注意力从自己身上移开。要集中精神，听别的演讲者在说什么，把你的注意力放在他们身上，这样就不会给你造成过度的登台恐惧了。

## 三、进行适当的自我激励

任何一位演讲者都有可能对自己的演讲题材产生怀疑。例如，他会问自己适不适合这个题目，听众会不会感兴趣等，因此很可能在一念之间就更改题目，这时，消极的思想极有可能彻底毁灭你的自信，所以，你应该先给自己打气，用浅显的话鼓励自己：

这次演讲是很适合我，因为它来自我的经验，来自我对生命的看法；我将比任何一个听众都更适合来做这番特殊的演讲；我会全力以赴，把这个题目说得清清楚楚。

这种古老的方法真的管用吗？当然。现代实验心理学家们都同意，这种由自我暗示而产生的动机，即使是假装出来的，也会成为人们快速学习的最有力的动力。既然如此，那么根据事实所做的真诚的自我激励，效果自然也就是最好的了。

# 不断学习，向说话高手借鉴经验

每个人都想在众人面前侃侃而谈，拥有令人羡慕的谈吐功力。但是很多人却最终这样抱怨："我也知道自己需要鼓起勇气，但是当我想要开口说话的时候，这好像并不容易做到。"这个问题是大部分人在说话时都会碰到的问题。那么，让我们谈一谈关于如何鼓起勇气的话题。

顾立区公司董事长顾立区先生有一天来到我的办公室。他对我说道："我这一生每逢要说话时，没有一次不是非常恐惧的。但是身为董事长，我不能不主持会议。虽然与董事们都相识多年，但是一旦要站起来说话，我就一个字都讲不出来。这种情形已经有好多年了，我的毛病太严重了。卡耐基先生，我很难相信你能帮我克服这一毛病。"

"既然如此，你为什么还来找我呢？"我问他。

"这是因为发生了一件这样的事情。"顾立区先生回答道，"我的一个会计师，原来是个害羞的家伙。他走进自己的办公室之前，必须要穿过我的办公室。以前他都是看着地板，一个字也不说，蹑手蹑脚地走过我的办公室。不过最近，这种情况发生了改变。现在他总是下颌抬起，眼里闪着光亮，而且还主动和我打招呼，这令我十分惊讶。我问他：'是谁使你改变的？'他告诉我说：'卡耐基先生。'因为这件事情让我难以置信，所以我还是来找你了。"

"如果你真的希望跟这位会计师一样有所改变，"我对他说，"你可以定期上课。"

"你要是真能使我开口说话而不再恐惧，"顾立区先生说，"那我可就要成为最快乐的人了。"

顾立区先生果然来参加我们的训练了。事实上，他进步神速。3个月之后的一天，我请他参加阿斯特饭店舞厅里的3000人聚会，并邀请他向客人们谈谈参加卡耐基口才训练班的感受。他很抱歉地说他不能来，因为他已经安排了一个重要的约会。但是，第二天，他又打电话给我说："卡耐基先生，我把约会取消了。我一定要来参加这个聚会，因为这是我欠你的。我要告诉人们卡耐基口才训练班给我带来的好处，它真的使我变成了这个世界上最快乐的人。我希望以自己的故事来激励人们，让他们彻底消除损害他们生命的恐惧。"

在聚会上，顾立区先生对着3000人侃侃而谈，足足说了十多分钟，而我本来只要求他说两分钟。当听众们被他的精彩演说所打动的时候，有谁会想到他原来一说话就会极为恐惧呢？

如果你希望像顾立区先生那样，你也可以在短期内掌握这门艺术。事实上，正如顾立区先生在讲话中想要告诉人们的那样，你完全可以从他的经历中认识到，说话并不是一件很难的事情。也就是说，你可以借用他的经历来鼓起自己的勇气。

在我们与那些重要人物进行交谈、进行商业谈判时，甚至只是在平常与人的交谈中，如果感到很害羞，你都可以借用别人的经验来鼓起自己的勇气；在不同的时候，你可以想到相应的故事，以达到鼓起自己勇气的目的。

我曾经对那些说话高手进行过调查，结果发现几乎所有的人都存在过害羞的心理，即使是现在——正如我前面所说——当他们发表意见、进行谈判或说服别人的时候，也还是没有完全驱除紧张的心理。在交际场上游刃有余地活动的钢铁大王安德鲁·卡内基常常对人说："虽然我天性很害羞，但是我却努力让自己成为一个说话高手。"

我希望你有机会去我家，我将为你展示我收到的来自世界各地的感谢信。写信的人有的是企业界的领袖，有的是州长、国会议员、大学校长和娱乐圈的明星，更多的则是企业中的主管人员、工人、工会成员、大学生、家庭主妇、牧师等，他们都是一些默默无闻的普通人。

他们的共同点是：都觉得自己需要表达自己的观点、与人沟通，以让别人了解和接纳自己，但是却缺乏足够的勇气、足够的自信心——也就是说，他们一开始都不善言辞。正是因为取得了一定的成绩并实现了自己的目标，所以他们才心怀感激，特意给我写信表示感谢。

因此，当你需要鼓起勇气在酒会上讲话或跟你的客户谈判的时候，实际上，**在一切需要你展现口才的时候，你都可以借别人的经验来激励自己**。在你感到胆怯的时候，问一问自己："既然他们都取得了成功，我为什么不能呢？"

# 不断练习，不放过每一个锻炼的机会

萧伯纳向别人介绍自己提高口才的经验时说："我借鉴了自己学溜冰的方法——我让自己一个劲地出丑，直到学会为止。"无论你是想成为一个像萧伯纳那样出色的演说家，还是只想在人们面前从容不迫地讲话，你都应该抓住每一个可以练习的机会，尽量让自己"出丑"。

我们都知道，一个人如果不下水，便永远也学不会游泳。说话能力也是如此。如果你不开口说话，即使学到了再多的关于口才或关于发音的知识，也不可能学会它。我前面举的所有说话高手的例子中，如果他们不经常说话并且不思考怎么更好地说话，他们也是不可能取得成功的。

第一次世界大战以后，我在125街青年基督协会所教授的课程已经改变，不再像当年一样。我每年都有新的观念加入课程，而有些旧思想则会被淘汰。但是有一点一直没有变化，那就是训练班的每个学员都被要求至少当众说一次话，更多的时候是至少两次。我认为，如果不经常练习的话，就算你读遍了所有关于口才的著作，你也仍然学不会如何说话。

每个人都会有理想的自我形象，希望别人以赞许的目光来看待自己。当他跟某个陌生人接触、与异性交往、与权威人士交谈或是当众说话的时候，他就会不由自主地意识到自我形象面临着某种威胁，担心自己一说话就错误百出、当众出丑，害怕别人说自己"笨蛋"、"没水平"或者"爱出风头"、"好表现"等。很多人由于对说话可能产生的结果的不确定性感到担心，因此不愿意开口。这种担心是完全没有必要的。你要知道，即使你没有说好，天也塌不下来，没有人会责怪你的。

说话的机会到处都是。看看自己的周围，你会发现没有一个地方是不需要说话的。你可以有意识地参加一些组织，从事一些需要讲话的工作；你也可以在聚会上站起来说上几句，哪怕只是附和别人的几句话；开会的时候，不要让自己躲在角落里，而是要命令自己勇敢地站起来说话。只有这样，你才会知道自己有怎样的进步，才会学会说话的本领。

当你开口说话的时候，一开始你可能连自己都不知道自己想要表达什么观点，更谈不上什么文采和修饰了，但这不是什么大事。最重要的是你已经成功地开口说话了，如果你能坚持下去，接下来你要关心的问题才是这些。**不论你有多么渊博的知识、多么睿智的大脑，你都不要期望一开始就能清晰明白地向别人表达出来。**任何成功的说话高手都是从这一步走过来的。

"你说的这些道理我全都懂。"有一次，一位年轻的商务主管学员对我说，"可是我还是很犹豫，我似乎害怕学习的艰难和考验。"

"什么艰难、考验呢？"我说，"赶快丢掉这些思想吧！你为什么就不能用一种正确的征服性的精神来看待这个问题呢？"

"那是什么精神？"他问道。

"冒险精神。"我说。接着我又对他谈了一些通过说话获得成功，并且使自己的个性也发生了好的变化的例子。

"我一定要试试，我也要去从事这项冒险活动。"他最后说。

你正在读的这本书，是一本关于冒险行动的书。当你继续阅读本书并打算付诸实施的时候，你也是在进行跟他一样的冒险。你将会发现，在这项冒险活动中，你的自我引导能力和敏锐的观察力将会给你带来帮助；你还会发现，这项冒险将会从内到外地改变你。

# 永不放弃，让提升口才成为前进的动力

有一个卡耐基训练班的毕业生说："开始说话的时候，我宁愿挨鞭子也不愿开口；但是临结束时，我却宁愿挨枪子儿也不愿停下来了。"每一个人都渴望获得进行成功交谈的能力，想要体验这种"不愿停下来"的美妙感觉。

前文中提到的顾立区先生说，是卡耐基训练班使他说话不再感到恐惧，使他能够在3000人面前侃侃而谈，使他成为了"这个世界上最快乐的人"。让说话成为一种快乐，这正是卡耐基训练班的目的。而我认为，这个目的远较其他目的更为重要。

顾立区先生之所以参加卡耐基训练班，之所以能够努力地做卡耐基训练班分派的功课，正是因为他已经预见到了说话的成功会给他带来乐趣。顾立区先生将自己投入未来的理想中，然后努力使自己梦想成真。如我们所看到的那样，最后他成功了。

钢铁大王卡内基死后，人们在他的遗物中发现了他32岁时所拟的计划。他当时准备退休后到牛津大学接受完全的教育，并特别注意于公开演说的学习。那么，人们为什么要致力于提高自己的说话能力呢？也就是说，究竟说话的成功对人们有什么重要的意义呢？

我们不妨想象一下，面对多得难以计数的听众，自信满满地走上讲台，听听开场后全场的鸦雀无声，感觉一下听众被你的深入浅出、幽默诙谐的演说深深吸引时的那种全神贯注，体会一下听众对你报以经久不息的雷鸣般的掌声时的成就感，然后你带着微笑接受大家对你的赞赏……

　　当然，提高自己的说话能力的好处，并不只是可以在正式场合发表成功的演说。继续想象一下：依靠你的口才，通过与对方机智地谈判，你赢得了一笔数额巨大的业务；依靠幽默和富有气质的口才魅力，你赢得了心爱的女孩的欢心，并且与她共同迈进了婚姻的殿堂；依靠极具说服力的口才，你使一个国家停止了对另一个国家使用武力，使亿万人民避免了战争的灾难，你受到了人们的尊敬……还有什么比这更加吸引人的呢？

　　许多来上口才训练班的学员，大都是因为在社交中感到胆怯和拘束，其中有政界要员、明星，也有普通人。他们以前多半是这样一种情形：当站起来说话的时候，他们会感到手足无措，需要在数量很多的人——即使是熟识的人——面前说话时，他们会连一句完整的话都说不出来。在这样的情形下，他们感觉自己好像不再是自己了，因为他们完全控制不了自己。

　　可是在完成训练班的课程之后，他们的改变令他们自己都刮目相看。他们发现，让自己说话再也不那么为难了。他们都觉得自己以前的害羞和拘束其实很幼稚、很可笑。当然，他们在训练过程中培养出来的那种自然洒脱的气度，也让他们的朋友、家人或顾客另眼相看。他们开始在建立自己的信心的同时，游刃有余地处理和他人的关系，从而影响到他们的整个人生。

　　经过卡耐基口才训练后，这种口才能力的提升也会不同程度地影响到人的性格，即使不一定很快地显现出来。大卫·奥门博士是大西洋城的一位外科医生兼美国医药学会的会长，我曾问他："就心理健康而言，接受当众说话训练有什么好处？"他回答说："回答这个问题，最好是开一个处方，这个处方必须每个人自己给自己配药。如果他认为自己不行，那他就错了。"以下便是奥门博士给我们开的处方。

　　努力培养一种能力，让别人能够走进你的脑海和心灵。试着面对单独的人，或在大众面前清晰地表达你的思想和理念。当你通过这种努力不断地获得进步时，你便会发现，你——你的真正自我——正在真正塑造一个崭新的形象，使你身边的人产生一种前所未有的惊讶。**当你试着和别人说话时，你的自信心会随之增强，你的性格也会跟着变得越来越温和美好，**

**而这就表示你的情绪已经渐入佳境。**随之，你的情绪会使你的身体好起来。这个世界的男女老少都需要讲话。即使我并不清楚在工商业社会中，讲话会带来别的什么利益，我也依然相信它有无穷的好处。不过，我的确了解它对于健康的益处。只要你一有机会，就对几个人或许多人说话，而你将越说越好，我自己就是这样。同时，你还会感到神清气爽，觉得自己完美无缺，这都是你以前所感受不到的。"这是一种舒畅而美妙的感觉，没有任何药物能给你这种感觉。"奥门博士如此形容。

哈佛大学最杰出的心理学教授威廉·詹姆斯的话正好能解释这一点，他说："**不论哪种课程，只要你对它充满了热情，你就能够顺利完成。**如果你对结果足够关心的话，你就能够实现它；如果你希望做好一件事，你就能够做好；如果你期望致富，你就能够致富；如果你想博学，你就会博学。只有那样，你才会真正地期盼这些事情，心无旁骛地一心期盼，而不会白费心思、胡思乱想许多不相干的杂事。"

不要抱着投机的心态来学习，这种态度只会使我们一无所获。你应该首先给自己订立一个计划、确定一个目标，然后踏踏实实地为这个目标奋斗，当你把自己的精力和才能都用在这上面时，那么你离成功就不会很远了。我所说的投机的学习态度，是指那种认为自己所学的东西在将来某个时候可能会带来好处而毫无方向的学习。

想象你自己正在成功地做着你目前所害怕做的事情，想象你已经能够在各种工作和社交场合侃侃而谈，你的观点被大家所接受，并给你带来了许多好处。这对实现你的目标大有好处。因此，**时刻铭记自己的目标是十分重要的。**

集中你的全部精力、时刻不忘记自信和侃侃而谈的说话能力，对你而言是十分重要的。只要想想由此结交的朋友在社交方面对你的重要性，想想自己为大众、为社会服务的能力将大大增强，想想它对你的人生和事业将产生的深远的影响……总而言之，想想它将为你在将来实现自己的价值铺平道路，你就能实现你的目标。

# 永不抱怨，始终树立成功的信仰

恺撒成功的秘诀在于他使他的士兵们知道，他们必须取得成功，没有退路。当恺撒率领他的军队从高卢渡海而来，登陆现在的英格兰的时候，他是怎样取得胜利的呢？他把军队带到了多佛海峡的白岩石悬崖上，让士兵们望着位于自己脚底200英尺的海面上燃烧的船只。士兵们知道，他们与大陆的最后联系已经断绝，退却的工具已经被焚毁，唯一可做的事情就是前进、征服、胜利。就这样，恺撒和他的军队成功了。

当你想战胜面对听众所产生的恐惧，以及克服提高自己的说话能力必然要面对的困难时，为何不让自己拥有这种精神呢？**把消极的思想全部扔到火里焚烧，并把身后通往犹豫退缩的大门紧紧关上——你就必将取得成功。**

很多名人的成功正是得益于这种方法——耶鲁大学的乔治·戴维森教授就是依靠这种强大的信念取得成功的。

年轻时候的乔治有一个梦想，他希望能够改变世界、服务全人类，为了达到这个理想，他需要接受最好的教育，而美国是他最理想的去处。当时的乔治身无分文，要到1万千米外的美国去，简直就是天方夜谭。不过，他还是出发了。

他徒步从他的家乡尼亚萨兰的村庄出发，穿过东非荒原到达开罗，在那儿他可以乘船抵达美国。他一心想的是到达那个可以帮助他改变自己命运的国家，其他的一切他都可以置之度外。他一开始就遇到了极大的困难。在崎岖的非洲大陆上，他用了5天才艰难地跋涉了25英里（约40千米）。他的食物已经吃完，水也已经喝完，而且，他身无分文，可是他还需要继续前进几千英里。

回头吗？还是拿自己的生命赌一把？乔治知道，回头就是放弃，就是回到贫穷和无知，而他不想这样。他相信自己能够克服这些困难，达到目的地。于是，他对自己说："继续前进，除非我死了。"他继续孤独地前行。他常常席地而睡，以野果和其他植物维持自己的生命。旅途使他变得瘦弱不堪。由于极度的疲惫和近乎绝望的灰心，几次他都想放弃，但是每当这时，他就自己给自己鼓气。终于，他战胜了自己的怯懦，充满信心地继续前进。

经过种种磨难和痛苦，1950年10月，乔治用两年的时间终于来到了美国，骄傲地跨进了斯卡济特峡谷学院的大门。凭着对目标的专注和近乎神圣的成功的信念，乔治战胜了常人难以战胜的困难。还有什么比这件事情更加难以办到的呢？

在一次广播节目中，主持人要我用3句话来说明我学到的最重要的一课。我当时是这么说的："我所学到的最重要的一课，是我们的思想对我们非常重要。如果我能了解一个人的思想，我就能了解他这个人，因为正是思想造就了我们。而如果我们能够改变自己的思想，也就能改变自己的一生。"

从现在开始，你就要积极地设想自己的努力最终会使你成功。为了达到目标，你需要建立足够强大的自信和目标必将实现的信念，你必须对自己说话能力训练的努力成果保持轻松而乐观的态度。你应该想到，你努力的结果必然是，当需要在众人面前站起来说话时，你能够从容不迫地侃侃而谈、清晰明白地表达你的观点。你一定要把你的决心和信念烙在每个词句、每项行动上，并且竭力培养这种能力。

有一个叫乔·哈弗斯第的人曾经在卡耐基培训班接受培训。有一天，他站起来信心十足地对大家说，他不满足于做一名房屋建造商，他希望自己成为"全国房屋建筑协会"的发言人。他最想做的事是在全国各地奔走，把他在房屋建筑业中遇到的问题和获得的成就告诉人们。难能可贵的是，他不但对理想有一种狂热的追求，而且真的说到做到。

他想讲的，不仅仅包括地方性的问题，还包括全国性的问题。对于这样的想法，他并没有三心二意，而是用心地准备自己的演讲，并且用心地进行练习。在上课期间，他从没有耽误一次课；即使再忙，他也仍然一丝不苟地按照训练班的要求去做。结果他的进步十分迅速，令大家都十分惊讶。两个月之后，他成了班上的佼佼者，被选为班长。

大约一年以后，乔·哈弗斯第的老师这样写道："我几乎已经忘记了来自俄亥俄州的乔·哈弗斯第了。一天早上，我正在吃早餐。当我不经意间打开《弗吉尼亚向导》这本书的时候，书中醒目的位置上赫然有一幅乔的照片和一篇称赞他的报道。报道中说：前天晚上，他在一次地区建筑商的盛大聚会中发表了无比精彩的演讲。这时的乔已经不是'全国房屋建筑协会'的发言人了，简直就像是会长了。"

乔·哈弗斯第为什么能够成功呢？因为他有强烈的欲望，保持了高度的热忱，具备了克服困难的坚强毅力，重要的是，他相信自己一定能够成功。

一个成功者不一定具有不同于一般人的本领和才智，但他坚信自己一定能够成功，并且，他会把全部精力用于追逐成功的行动当中。这样，成功的概率就会大大提高。

因为，**人——无论是谁——本身都有无穷的潜在能力，但能否开发出来，往往取决于每个人自己的态度。**如果你相信自己能够成功，那么你就必定能够成功。

# 愈挫愈勇，始终树立必胜的信念

我们想要成功，那么我们在做任何事情的时候都需要有坚强的意志力。在本节里，专门来讲述关于意志力的问题。坚强的意志力要求我们在努力的过程中专心致志，拥有不达目的不罢休的韧劲以及克服困难的顽强精神。

英国政治活动家、小说家爱德华·立顿是一个成功者。他一生中走访了很多地方，所见甚广，也积极参与政界活动和各种社会事务；另外，他还出版了60本著作，而这些课题都是需要深入研究的。人们很奇怪整日忙碌的他竟然还有时间来做学问，于是问他："你在百忙之中居然还完成了那么多著述，难道你有可以同时完成这么多工作的分身术吗？"

爱德华当然没有分身术，他拥有的是坚强的意志力。他通常每天只花3个小时甚至更少的时间来研究、阅读和写作，但是他却充分地利用了这3个小时。在这些时间里，他全神贯注地投入到他的学习和研究中，用心极为专一。正是这种坚强的意志力，使他只用了少量的时间就取得了巨大的成就。

在致力于提高自己口才的过程中，我们也需要像爱德华·立顿一样心无旁骛地进行训练。因为只有充分利用了自己有限的时间，专心致志地致力于提高自己的口才，才能最终取得成功。

我在前面举了乔·哈弗斯第成功的例子。乔·哈弗斯第成功的原因一方面在于他坚信自己能够成功，另一方面在于他有着坚强的意志力，在通往成功的道路上，他就是靠这个优秀的品质把困难赶跑的。在进行初始训练的时候，你不可避免地会遇到挫折、困难。这些困难会给你带来不同程度的创伤，会使你的信心动摇。

**在你遇到困难的时候，不用去想为什么会有这些问题，因为本来就有这些问题。**要知道，世上没有任何东西可以代替毅力和决心。许多人有才能但却失败了，就是因为缺少毅力和决心。我们要相信，最困难的时候，就是离成功不远的时候。**成功的秘诀其实很简单，那就是无论何时，我们都不能允许自己有一点点的灰心和气馁。**

我再例举一个商界传奇人物的故事，故事的主人公叫做克劳伦斯·B·蓝道尔，如今已经登上了企业的最高层。蓝道尔先生在大学里第一次站起来说话时，像很多人一样，因为不善言辞而失败了。当时，老师规定每个人有5分钟的说话时间，但是他却讲了不到一半就脸色发白，不得不十分困窘地走下讲台。

可是，他虽然有这样的经历，却并不甘心失败。他下定决心要成为一个说话高手，并且一直坚持不懈地努力，最后终于成为政府的经济顾问，受到了世人的仰慕。他写过许多对人富有启迪作用的书。在其中一本叫做《自由的信念》的书里，他提到了他当众说话的情形。

"我的演讲安排得十分紧凑，因为我要参加各种聚会，其中包括厂商协会、商务部、扶轮社基金筹募会、校友会以及其他团体举办的聚会。我曾经在密歇根州得艾斯肯那巴发表爱国演讲，慷慨激昂地投身于第一次世界大战，我还和米基·龙尼下乡进行慈善演讲，与哈佛大学校长詹姆斯·布朗特·柯南、芝加哥大学校长罗伯·M·胡钦斯下乡进行教育宣传。我的法语很糟糕，但是我却用法语发表过一次餐后演讲。"

蓝道尔说："我认为我了解听众们想要听什么以及他们希望这些内容如何被讲出来。对于演讲的人来说，这里面的窍门就是，只要你愿意学，没有什么是学不会的。"

成功的决心和信念，是决定你能不能成为一个说话高手的关键因素，这是从蓝道尔的故事中可以得到的经验和启示。如果我知道你的心思、知道你的意志的强度以及你是否有乐观的态度，那么我就可以准确地预测出你在改进当众说话技巧方面会有多快的进步。

　　任何人，只要他希望迎接语言的挑战，希望自己能够简单明白地表达自己的观点并让别人了解自己的才华，就一定要具备坚毅的决心。在那些成功地获得了说话技巧的人当中，只有极少数人是真正的天才，大部分人都是跟你我一样的普通人，但是，由于他们肯坚持，他们也同样获得了成功。至于较特殊的人，则有时会气馁，没有坚持下来，结果反倒庸庸碌碌。**只要有胆量、有目标，走到路的尽头时，往往也就到了事业成功的顶端。**

# 第二章
# 成为说话高手的六项修炼

## THE ART OF
## ELOQUENCE AND SPEECH OF CARNEGIE

　　费利普阿穆曾经说："我宁愿成为一个说话高手而不愿成为一个大资本家。"我们不妨相信他所说的话——他的话并不代表他不想拥有更多的钱，而是他认为，成为一个说话高手将使他成为资本家变得更加容易，或者成为资本家比不上拥有高超的说话技巧让他更加快乐。

　　的确，成为说话高手几乎是每个人梦寐以求的事情。所有的获取快乐的手段，都比不上能够随心所欲地表达自己的想法。我相信，如果让林肯在成为一个不会说话的天才和拥有卓越口才的普通人之间进行选择的话，他会更加愿意选择后者。不过，幸运的是，他同时拥有这两者。

　　但是，像林肯这样的人毕竟不多，即使只是作为一个伟大的演说家的林肯——而不管他其他杰出的才能——也屈指可数，更多的是那些每天都为说话而苦恼的人。大多数人都不是说话高手——如果情况相反的话，我相信这个世界会变得更加迷人——他们有的由于无法与妻子沟通导致家庭破裂，有的在谈判桌上败下阵来，有的无法向朋友清楚地表达自己的感受，更多的则是兼而有之。

　　"如何让自己成为一个说话高手而不仅仅是会说话而已？"那些卡耐基口才训练班的学员在一开始经常问我这样一个问题。

　　"这并不难，"我说，"只要你们掌握以下这些训练方法。"

# 尊重别人，不当面指正他人的错误

无论你用什么方式指责别人，说他错了，你以为他会同意你吗？绝对不会！即使你搬用所有柏拉图或康德式的逻辑与他辩论，也改变不了他的看法，因为你伤了他的感情。

永远不要这样说："我要给你证明这样……"那就会把事情搞砸了。因为那等于在说："我比你聪明。我要告诉你怎样怎样，使你改变看法。"那是一种挑战，只会引起争端和反抗，使对方甚至根本不听你下面的话就和你争论起来。

西奥多·罗斯福入主白宫时，他就承认如果能有75%的时候不出错，就达到了他的最高期望标准。如果这位20世纪杰出人物的最高希望也只是这样，那何况你我呢？如果你确信有55%的正确率，你大可以去华尔街，一天赚个100万美元。如果你没有这样的把握，你又凭什么说别人错了？

在我研究青年时代的林肯的时候，我惊奇地发现：胸襟博大的林肯一开始竟然是一个以指出别人的错误为乐的人。在他年轻的时候，他非常喜欢对别人进行评论，并且经常写信讽刺那些他认为很差劲的人。他常常把信直接丢在乡间路上，使别人散步的时候能够很容易看到。即使在他当上了伊里诺州春田镇的见习律师以后，他还是经常在报纸上抨击那些反对者。

1842年的秋天，林肯经历了一件令他刻骨铭心的事情。当时他写了一封匿名信发表在《春田日报》上，嘲弄了一位自视甚高的政客詹姆斯·希尔斯。这封信使希尔斯受到了全镇人的讥笑。希尔斯愤怒不已，全力追查写信人，最后查到是林肯写的那封信。他要求和林肯决斗，以维护自己的名誉。本来林肯并不喜欢决斗，但是却无可奈何，只能答应。他选择了骑士的腰刀作为他的武器，并且请了一位西点军校毕业生来指导他的剑术。

在接下来的日子里，林肯一直处在一种十分愧疚和自责的状态下，因为这一切都是他指责对方的错误而导致的。他在这样的心态下等待着那惊心动魄的时刻的到来。幸好——非常意外地——在决斗开始的前一刻，有人出面阻止了这场决斗。

由于指责别人的错误而被迫与别人一决生死，这是多么愚蠢的一件事！林肯终于决定以后再不做这样的事情了。他不再写信骂人，也不再为任何事指责任何人。

内战期间，林肯好几次调换了波多马克军的将领，但是这些将领却屡次犯错。人们无情地指责林肯，说他用人不当。林肯并没有因此而对这些将领进行指责，而是保持了沉默。他说：**"如果你指责和评论别人，别人也会这样对你。"** 他还说："不要责怪他们，换做是我们，大概也会这样的。"

1863年7月3日开始的葛底斯堡战役是内战期间最重要的一次战役。7月4日，李将军率领他的军队开始向南方撤离。他带着败兵逃到了波多马克河边，他的前面是波涛汹涌的大河，身后是乘胜追击的政府军。对北方军队而言，这简直是天赐良机，完全可以一举歼灭李将军的部队，从而很快地结束内战。林肯命令米地将军果断出击，告诉他不用召开紧急军事会议。

为了确保命令的下达，他不仅用了电报下令，另外还派了专门人员传达口信给米地将军。结果呢？米地将军并没有遵照林肯的命令行事，而是召开了紧急军事会议。他借故拖延时间，甚至拒绝攻打李将军。最后，李将军和他的军队顺利地渡过了波多马克河，保存了实力。

当听到这个消息后，林肯勃然大怒——他从来没有这么愤怒过。失望之余，他写了一封信给米地将军。信的内容是这样的：

"亲爱的米地将军：

"我不相信，你也会对李将军逃走一事感到不幸。那时候，他就在我们眼前，胜利也就在我们眼前，而现在，战争势必继续进行。既然在那时候你不能擒住李将军，如今，他已经到了波多马克河的南边，你怎么取得胜利？我已经不期待你会成功，而且也不期待你会做得多好。机不可失，时不再来，我对此深感遗憾。"

你可以猜测一下米地将军读到这封信的时候会有什么表情。但是，你可能会感到意外的是，他根本没有收到过这封信，因为这封信林肯并没有寄出去——人们是在一堆文件里发现它的。林肯忘记把这封信寄出去了吗？这是不可想象的。众所周知，这是一封十分重要的信件。

有人回忆了当时的情景：

"这仅仅是我的猜测……"林肯在写完这封信时，心里想道，"当然，也许是我性急了。坐在白宫，我当然能够看得更加清楚，也更加能够指挥若定。但是，如果我在葛底斯堡的话，我成天看见的是因为伤痛而嚎哭的士兵，或者成千上万的尸骨，也许那样，我就不会急着去攻打李将军了吧！我一定也会像米地将军一样畏缩的。现在，既然事情已经发生了，唯一能做的就是承认它。至于这封信，如果我把它寄出去的话，我想除了让自己感到愉快之外，将不会有任何其他的好处。相反，它会使米地将军跟我反目，迫使他离开军队，或者断送他的前途。这是大家都不愿意看到的。"

于是，林肯把那封已经装好的信搁在了一边。因为他相信，批评和指责所得的效果等于零。

林肯总统从以前总爱指出别人的错误到后来如此宽容的巨大转变，给我们树立了一个榜样。他以自己的切身经验告诉我们：永远不要指责他人的错误。苏格拉底在雅典一再告诫他的门徒说：**"我只知道一件事，那就是我什么也不知道。"** 我可不敢奢望比苏格拉底更高明，所以，我也尽量避免别人说他们错了。我发现这么做很有帮助。

我现在已经不再像以前那样轻易地确定任何事了。20年以前，我几乎只相信乘法表，现在，我开始对爱因斯坦的书里所说的话感到怀疑；而20年后，我或许也不再相信这本书里所说的话了。事实上，大多数人都不会进行逻辑性的思考，他们都犯有主观的、偏见的错误。多数人都有成见、嫉妒、猜疑、恐惧以及傲慢的心理，而这些缺点将给他们的判断带来影响。

柏拉图曾经告诉人们这样一个方法："当你在教导他人时，不要使他发现自己在被教导；指出人们所不知的事情时，要使他感到那只是提醒他一时忽略了的事情。你不可能教会他所有的东西，而只能告诉他怎么处理这种事情。"英国19世纪的著名政治家查斯特费尔德对他的儿子这样说："如果可能，你应该比别人聪明，但绝不能对别人说你更加聪明。"

当然，如果一个人说了一句你认为肯定错误的话，而且指出来对你们的交流会有好处的话，你当然可以指出来。但是，你应该这么说："噢，原来是这样的。不过我还有另外一种想法，当然，我可能不对——我总是出错。如果我错了，请你务必毫不客气地指出来。让我们看看问题所在。"

如果你确定某人错了，就直截了当地告诉了他，那么结果会怎么样呢？让我们来看看具体的事例，因为事例可能更有说服力。

F先生是纽约的一位青年律师，最近参加了一个重要案件的辩论。这个案件由美国最高法院审理。在辩论中，一位法官问F先生："《海事法》的追诉期限是6年，对吗？"

F先生有些吃惊，他看了法官一会儿，然后直率地说："审判长，《海事法》里没有关于追诉期限的条文。"

人们顿时安静了下来，法庭中的温度似乎降到了零度。F先生是对的，法官是错的，F先生如实地告诉了法官。但是结果如何呢？尽管法律可以作为F先生的后盾，而且他的辩论也很精彩，可是他并没有说服法官。

F先生犯了一个大错，他当众指出了一位学识渊博、极有声望的人的错误，所以他失败了。他这样做有益于事情的解决吗？事实证明，一点也没有。

即使在温和的情况下，也不容易改变一个人的主意，更何况在其他情况下呢？当你想要证明什么时，你大可不必大声声张。你需要讲究一些策略，使对方在不知不觉中接受你的观点。你可以用这类话，比如"我也许不对"、"我有另外的想法"等等，这样确实会收到神奇的效果。无论何时，无论何地，不会有人反对你说"我也许不对，让我们看看问题所在"。

詹姆斯·哈维·鲁宾逊教授在《决策的过程》中写了下面一段话，对我们也很有启迪意义。

"……我们会在无意识中改变自己的观念。这种改变完全是潜移默化而不被我们自己注意的。但是，一旦有人来指正这种观念，我们一般会极力地维护它。很明显，这并不是因为观念本身的可贵，而是因为我们的自尊心受到了伤害……我们总是愿意相信我们所习惯的东西。当我们所相信的事物被怀疑时，我们就会产生反感，并努力寻找各种理由为之辩护。结果怎样呢？我们所谓的理智、所谓的推理等等，就变成了维系我们所习惯的事物的借口了。"

**我们在听到他人说话的时候，第一反应往往是进行判断或进行评价，而不是尽力去理解这些话。**当别人说出某种意见、态度或想法的时候，我们总是会说"不错"、"太可笑了"、"正常吗"、"这太离谱了"等等评论性的话。而我们却很少去了解这些话对说此话的本人有什么意义。在这样的情况下，我们得出的判断可靠吗？当然不可靠。既然自己都不能确信自己就是对的，我们还有资格对别人指手画脚吗？

# 坦诚错误，以退为进掌握主动权

我当时住的地方，几乎处于纽约市的中心，但从我家中步行不到一分钟的距离，就有一片森林。我常带着我的波士顿哈巴狗瑞克斯到园中去散步，它是一只和善无害的小犬；并且因为在园中不常遇见人，我总是不加皮带或口笼。

有一天，我们在公园中遇见一位骑着马的警察——一个急于要显示他的权威的警察。

"你让那狗不戴口笼不用皮带在园中乱跑，是什么意思？"他责问我，"你不知道那是犯法的吗？"

"是的，我知道那是犯法的，"我轻柔地回答说，"但我想它在这里不至于有什么伤害。"

"你想不至于！你想不至于！法律不管你怎样想。那狗也许会伤害松鼠，或咬伤儿童。这样，这次我放你过去，但如果我再在这里抓住这狗不戴口笼，不系皮带，你就得去和法官讲话了。"我谦逊地应许遵守他的命令。

而我的确也真实地遵守了几次，但瑞克斯似乎不喜欢口笼，我也不喜欢，所以我们决意去碰运气。起初什么都好，可是好景不长，我们就遇到了麻烦。一天下午瑞克斯同我跳过一个小丘，忽然间——我惊惶地看见了法律的权威——骑着一匹栗色马的那位警察。瑞克斯在前面奔跑着，正向着那警察冲去。

我知道没有办法了，所以他没等到警察开始说话，我先发制人。我说："警官，你已当场把我抓住了，我是犯了法，我没有推辞，没有借口。你上星期警告我如果我再把没有口笼的狗带到这里，你就要罚我。"

"哦，现在，"这警察用温柔的声调说，"我知道周围没有人的时候，就这样一只小狗在这儿跑，也是一件诱人的事。"

"那真是一种引诱，"我回答说，"但那是犯法的。"

"像那样的一只小狗不会伤人。"警察辩护说。

"不，但它也许会伤害松鼠。"我说。

"哦，现在，我想你对这事太认真了，"他告诉我说，"我告诉你怎样办，你只要使它跑过那土丘，使我看不见它——我们将这事忘却就算了。"

和平常人一样，这位警察先生也希望得到一种自重感，所以当我开始责怪自己的时候，唯一能增加他的自尊的方法就是对我表现得宽宏大度。假如我为自己辩护的话，那结果又将会怎样呢？你是否与警察辩论过？（我想你也许会知道结果将是什么样的。）

我没有和他正面争论，我承认他绝对是正确的，我是绝对错误的，我爽快地、坦白地、真诚地承认这点。我站在他的立场上说话，于是他也就反过来为我说话，而仅在一星期之前，这位警察还曾以法律的制裁来威吓我。

**假如我们知道自己免不了要受到责备的话，为什么不抢先一步，积极主动地认错呢？难道自己责备自己，不比别人的斥责要好受得多？**

乔治·华盛顿总统在很小的时候就显示出了许多优秀的品格。他家的种植园中种有许多果树。有一次，乔治的父亲华盛顿先生从大洋对岸买了一棵品种上佳的樱桃树。华盛顿先生非常喜爱这棵樱桃树，他把树种在果园边上，并告诉农场上的所有人要对它严加看护，不能让任何人碰它。

一天，华盛顿先生交给乔治一把锋利的小斧子，让他去清理杂树，然后自己就出去了。乔治十分高兴自己拥有一把锋利的小斧子，拿着它在种植园中乱砍杂树。可能是因为太高兴了，他一不小心就砍倒了那棵樱桃树。

那天傍晚，华盛顿先生忙完农事，把马牵回马棚，然后来果园看他的樱桃树。没想到，自己心爱的树居然被砍倒在地。他问了所有人，但谁都说不知道。就在这时，乔治恰巧从旁边经过。

"乔治，"父亲用生气的口吻高声喊道，"你知道是谁把我的樱桃树砍死了吗？"

乔治看到父亲如此愤怒，他意识到是自己的一时冲动闯了祸。他哼哼叽叽了一会儿，但很快恢复了神志。"我不能说谎，"他说，"爸爸，是我用斧子砍的。"

华盛顿先生这时候已经冷静了下来，他问乔治："告诉我，乔治，你为什么要砍死那棵树？"

"当时我正在玩，没想到……"乔治回答道。

华盛顿先生把手放在孩子肩上。"看着我，"他说道，"失去了一棵树，我当然很难过，但我同时也很高兴，因为你鼓足勇气向我说了实话。我宁愿要一个勇敢诚实的孩子，也不愿拥有一个种满枝繁叶茂的樱桃树的果园。一定要记住这一点，儿子。"

乔治·华盛顿从未忘记这一点。他一直像小时候那样勇敢、受人尊敬，直至生命结束。

我们中的大多数人都像乔治·华盛顿一样，从小就被教育要诚实，但很遗憾的是，我们中的大多数人已经做不到这一点了。当然，我们可以找出各种理由来为自己辩解，来使自己能够既撒谎又心安理得。在多数情况下，我们为了维护自己的尊严，或者出于自我保护而拒绝承认自己的错误，即使承认错误不会给我们带来任何惩罚——**拒绝承认错误好像成为了一种下意识的行为，就算我们并不清楚是为什么。**

这是一种可怕的行为。如果你确认自己犯了错误，唯一能做的就是承认它。这并不会给你带来多么严重的后果。愚蠢的人，总会想办法为自己的错误辩解或者掩饰；而聪明的人却恰恰相反，他们通常会毫不掩饰地承认自己的错误，因为这会给他带来更多的东西。

一个有勇气承认自己错误的人，也可以得到某种满足感。这不仅只是消除罪恶感和自我辩护的气氛，而且有利于解决实质性问题。在纽约的一家汽车维修店里，曾经发生过一件勇敢地承认自己错误的事情。

布鲁士新进这家维修店不久，就因为热情的工作态度得到了老板和同事们的一致好评。

但是有一天，布鲁士由于一时大意，把一台价值5000美元的汽车发动机以2500美元的价格卖给了一位顾客。同事们给他出主意，让他立即追回那位顾客；如果追不回，还可以私下里垫上这2500美元。可是布鲁士觉得这些方法都不好，他决定向老板承认错误。那些同事阻止他，认为他这么做简直太蠢了，因为这会导致他失去这份工作。但是布鲁士却坚持自己的意见。

布鲁士拿着一个装了钱的信封来到了老板的办公室。"对不起，布朗先生，"布鲁士说道，"今天，由于个人的原因，我犯了一个很大的错误，使维修店损失了2500美元。我为我犯了这样的错误而感到羞耻，并打算辞去这份工作。在走之前，我打算把这笔损失补上。这是我的2500美元赔款，请您收下。"

老板听后，沉默了一会，然后对布鲁士说："你真的打算这么做吗？"

"是的，布朗先生，"布鲁士回答道，"我把发动机的价格搞错了，确实是我犯下了这个错误，因此只有我自己来承担这个责任。我本来可以去找那位顾客，但是这样会损害维修店的声誉，而我，对这件事情负有全部的责任，因此，我只能这么做。"

布鲁士这种勇敢承认自己错误的行为打动了老板。他知道，任何人都会犯错误，关键是要有承认和改正自己的错误的勇气。所以，老板并没有批准布鲁士辞职，而是给了他更大的发展空间，也更加器重他。布鲁士也因为勇敢地承认自己的错误而获得了比2500美元多得多的东西。

任何人都会为他的错误做辩护——而且大多数人也正是这样做的。而**敢于承认自己错误的人，都会获得别人的谅解，给人以谦恭而高尚的印象。**

艾伯·赫巴是一位被全国人都敬仰的最有创造性的作家，他的讽刺性文字常引起别人强烈的反感，但是，赫巴却常常用他那罕有的待人处世技巧，变仇敌为朋友。例如，当一些恼怒的读者写信来表示不同意他的某篇文章，并在篇末痛骂他一顿时，赫巴就会这样回答对方：

"细想起来，我自己也不完全同意我自己。我昨天所写的东西，今天我也不一定全都满意。我很高兴知道你对这类问题的看法，如果下次你到附近来的时候，欢迎大驾光临，我们可以相互交流，遥祝平安。"

面对一个如此待你的人，你还能说什么？当我们对的时候，我们要温和、巧妙地使别人赞同我们；当我们错的时候，我们要迅速而诚挚地承认我们的错误。这不但能产生惊人的效果，而且在许多情形之下，要远远胜过你为自己辩护。

史狄芬是一家裁缝店的老板，由于他经营有道，裁缝店的生意很好。一天，一位叫哈里斯的贵妇人来到店里，要求赶做一套晚礼服。史狄芬做完礼服之后，却发现礼服的袖子比要求的长了半寸。不幸的是，他已经没有时间再进行修改了，因为哈里斯太太规定的时间已经到了。

当哈里斯太太来到店里取她的晚礼服的时候，她并没有发现有什么问题。她试穿上晚礼服，发现它为自己平添了许多气质，于是她连连称赞史狄芬的高超手艺。不料，等她试装之后打算按照原定的价格付钱时，史狄芬却拒绝接受，于是，哈里斯太太问他为什么。

"太太，"史狄芬说，"我之所以不能收你的钱，是因为我犯了一个很大的错误——我把你的晚礼服的袖子做长了半寸。我很抱歉。如果你能够给我一点时间的话，我将免费为你把它做成你需要的尺寸。"

哈里斯太太听后，一再强调她对这件礼服很满意，而且并不在乎袖子长那么半寸。但是，她却无法说服史狄芬接受这套礼服的钱，最后，她只得让步。

哈里斯太太回去对她的丈夫说："史狄芬以后一定会出名的，他认真的工作、精湛的技术、诚恳的态度使我坚信这一点。"

事实果然如此，史狄芬后来成为了世界有名的服装设计师。

不要忘记了这句智慧之语："**用争斗的方法，你永远不会得到满足；但用让步的方法，你的收获将比你期望的更多。**"这个道理人人都懂，只是实行起来有一些困难罢了。我想要强调的是，如果你确实想要成功，成为一位说话高手，请记住第二项修炼：如果你错了，就一定要迅速而坦诚地承认自己的错误。

# 避免争论，反驳别人最令人反感

辩论产生的结果只能是失败，永远无法获胜。即使表面上你取得了胜利，实际上却与失败没有什么区别。因为就算你在辩论会上胜了对方，把对方驳得体无完肤，甚至指责对方神经错乱，可是结果又会怎么样呢？**你逞了一时之快，自然很高兴，但是对方却会感到自卑。你伤了他的自尊，他会对你心怀不满。**这就是本节我所要讲述的观点。

在第二次世界大战后不久，我在伦敦得到了一个极为重要的教训。那时，我是澳大利亚飞行家詹姆斯的经理人。在大战期间和结束后不久，詹姆斯成为了世界瞩目的人物。一天晚上，我参加了欢迎詹姆斯的宴会。在席间，一位坐在我右边的先生给我们讲了一段诙谐的故事，这个故事正好印证了这样一句格言："谋事在人，成事在天。"但是，这句话的出处，这位先生却记错了。

他指出这句话出自《圣经》，而我恰好知道这句话出自莎士比亚的作品，于是，为了显示自己的优越，我讨人嫌地、毫无顾忌地纠正了他的错误。然而那人却坚持他的说法："什么？那句话出自莎士比亚？不可能，绝对不可能。"他非常地自信，并坚持自己的说法。

当时，坐在我左边的是我的老朋友加蒙，他是一个研究莎士比亚的专家。我们让加蒙来决定我们谁是正确的。加蒙在桌子底下踢了我一脚，然后说："卡耐基，你是错的，这句话的确出自《圣经》。"

宴会之后我们一起回家。我责怪加蒙说："你明明知道那句话是出自莎士比亚之口，为什么还要说我不对呢？"

"是的，一点都不错，"加蒙说，"那是莎士比亚的《哈姆雷特》第五幕第二场中的台词。可是卡耐基，我们都是这个宴会上的客人，为什么我们一定要找出一个证据，去指责别人的错误呢？你这样做会让别人对你产生好感吗？为什么不给他留点面子呢？他并不想征求你的意见，也不想知道你有什么看法，你又何必去跟他争辩呢？你应该永远都不要和他人正面冲突！"

"永远不要和他人发生正面冲突"，说这句话的人现在已经不在这个世界上了，可是我会永远记住这句话，因为这句话给了我极大的震动。我原来是一个固执己见的人，从小就喜欢跟人辩论。读大学的时候，我对逻辑和辩论十分感兴趣，经常参加各种辩论比赛。后来，我在纽约教授辩论课，甚至还计划着手写一本关于辩论的书。现在，我一想起这些事，就会感到十分羞愧。那天之后，我又聆听了数千次辩论，并且十分注意每次辩论会之后产生的影响。我得出一个结论，它也是一个真理：**天下只有一种方法能得到辩论的最大胜利，那就是像避开毒蛇和地震一样，尽量去避免辩论。**

我还发现，在辩论之后，十有八九，各人还是会坚持自己的观点，相信自己是绝对正确的。你赢不了争论。要是输了，当然你也就输了；即使你胜了，你还是失败的。为什么？如果你胜了对方，把他驳得体无完肤或千疮百孔，证明他一无是处，那又能怎样呢？你也许会洋洋得意，但是他却因为受到了蒙羞，而怨恨你的胜利。一个人即使口头认输，但心里根本不服。

多年以前，有一位争强好胜的爱尔兰人哈里先生参加了我的辅导班。他受的教育虽然很少，但却非常喜欢与人争论！他曾给别人当过汽车司机。后来，他改行推销载重汽车，但是并不怎么成功，便到我这里来求助。我稍微询问了他几句，就可看出，他总是同他的顾客争辩，并冒犯他们。假如有某位买主对他推销的汽车有所挑剔，他就会怒火难耐，和对方大声争辩，直到把对方驳得哑口无言。

那时他的确赢过不少次争论。后来他对我说："每当我走出人家的办公室时，总对自己说：'我总算把那家伙教训了一次。'我的确教训了他，可是我什么也没有推销出去。"

因此，我的第一个难题不只是教哈里如何与人交谈，现在我立即要做的是训练他如何克制自己不要讲话，避免与人发生争执。现在，哈里先生已经是纽约怀特汽车公司的一位明星推销员了。他是怎么取得成功的呢？下面是他自己叙述的经过：

"假如我现在走进一个顾客的办公室，而他却说：'什么？怀特汽车？它们可不怎么样！你白白送给我，我都不要。我只买某某牌的汽车。'我说：'请听我讲，老兄，那种汽车的确很不错，你买那种汽车绝对错不了。那家公司的汽车质量可靠，而且推销员也很优秀。'

"于是，他就无话可说了。他没有和我争辩的余地了。如果他说某某牌的汽车最好，我说确实不错，那么他就只好住嘴不说了。既然我同意了他的看法，他当然也就不能整个下午不停地说'某某牌的汽车最好'了。于是，我们不再谈某某牌的汽车，我开始向他介绍怀特汽车的优点。

"我若是在当年听到他那样的话，一定会大发脾气。我会立即和他吵起来，挑剔某某牌汽车，而我越是挑剔贬低它，我的顾客则会越卖力地辩护，他越这样辩护，就越坚信和喜欢我的竞争对手的产品。现在回想起来，我真的不知道我一辈子究竟能卖出多少东西。我把自己一生中的许多时间都耗费在与别人抬杠上了。现在我缄口克己，很是有效。"

正如睿智的本杰明·富兰克林常说的："如果你争强好胜，喜欢与人争执，以反驳他人为乐趣，或许能赢得一时的胜利，但这种胜利毫无意义和价值，因为你永远得不到对方的好感。"所以，你自己应该仔细考虑好，你宁愿要一个毫无实质意义的、表面上的胜利，还是希望得到一个人的好感？要知道，你不能两者兼得。

所以，要想成为说话高手的第三项修炼就是：避免与人争论！

# 寻找话题，鼓励对方多说自己的事

如果你不同意他的观点，你可能会想阻止他，但千万不要这样做，那将是十分危险的。因为当他还有许多意见急着要发表的时候，他绝不会注意你的观点。所以，**要有耐心，并以宽广的胸襟去倾听，要诚恳地鼓励对方充分地发表他的意见。**

几年前，美国最大的汽车制造公司之一，正在洽谈订购下一年度所需要的汽车坐垫布。三个重要的厂家已经做好了垫布的样品。这些样布都已经得到汽车公司高级职员的检验，并发通告给各厂家，说各厂家的代表可以在某一天以同等条件参与竞争，以便公司最终确定申请方。

其中一个厂家的业务代表R先生在抵达时，正患有严重的喉炎。"当我参加高级职员会议时，"R先生在我班上叙述他的经历时说，"我嗓子哑了。我几乎发不出一点声音。我被领到一个房间，与纺织工程师、采购经理、推销经理以及该公司的总经理当面会晤了。我站起来想尽力说话，但我只能发出嘶哑的声音。他们都围坐在一张桌子边上。所以我在纸上写道：'各位，我的嗓子哑了，我不能说话。'

"'让我替你说吧，'对方总经理说。他真的在替我说话。他展示了我的样品，并称赞了它们的优点。围绕我的样品的优点，展开了一场热烈的讨论。由于那位总经理代表我说话，因此在这场讨论中，他站在我这一边，而我在整个过程中只是微笑、点头以及做几个简单的手势。

"这个特殊会议的结果，是我得到了这份合同，和对方签订了50万码的坐垫布，总价值为160万美元——这是我曾获得的最大的订单。我知道，如果我的嗓子没有哑，说不定我就会失掉那份合同，因为我对于整个情况的看法是错误的。我很偶然地发现，让别人多说话是多么有益！"

**交易成功的关键在于，如果你希望别人买你的商品，最好的办法莫过于让他们自己说服自己。**在很多情况下，你不能直接向顾客推销你的商品，而要让他们在心底里觉得你的商品确实很有优势，从而主动来买你的商品。

很多人急于让对方明白自己的意见，话说得太多了。要知道，有时候话说得太多跟不说话的效果差不多。

如果你并不同意对方的观点，你可能想去反驳他。可是你千万不要这么做，因为这将是非常危险的。当一个人急于把自己的观点表达出来的时候，他绝对不会注意别人的观点。在这个时候，你要做的事情就是听听他有什么观点，鼓励对方充分地发表自己的意见。

让对方说话，并不只是在商业领域起到了它的作用，也有助于别的方面。比如，它可以帮助你处理家庭中的一些矛盾。

芭芭拉·威尔逊是卡耐基训练班的学员，在近段时间里，她和她的女儿罗瑞的关系迅速恶化。罗瑞以前是个十分乖巧和听话的孩子，但是当她十几岁的时候，却与母亲产生了许多矛盾，拒绝与母亲合作。威尔逊夫人曾试图用各种方法威吓、教训她，但是都无济于事。

"她根本不听我的话，我几乎放弃了所有的努力。有一天，她家务活还没做完，就去找她的朋友玩。当她回来的时候，我照旧骂了她。我已经没有耐心了，我伤心地对她说：'罗瑞，你为什么会这样呢？'

"罗瑞似乎看出了我的痛苦。她问我：'你真想知道吗？'我点头。于是她开始告诉我以前从未跟我说过的事情：我总是命令她做这做那，从来没有想过要听她的意见，当她想跟我谈心的时候，我却总是打断她。我认识到，罗瑞其实很需要我，但她希望我不是一个爱发命令、武断的母亲，而是一个亲密的朋友，这样她才能倾诉烦恼，而以前，我从未注意到这些。从那以后，我开始让她畅所欲言，而我总是认真地听。现在，我们的关系大大改善，我们成了好朋友。她告诉了我她的心事，她也再次成为一个愿意合作的孩子。"

这样的方法对于你的求职也很有帮助。

纽约《先锋导报》刊登了一则招聘广告，他们需要聘请一位有特殊能力和经验的人。查尔斯·克伯利斯看到广告后，把他的资料寄了出去。几天之后，他收到了约他面谈的回信。

"如果能在你们这家有着如此不凡经历的公司做事，我将会十分自豪。听说在28年前，当你开始创建这家公司的时候，除了一张桌子、一间办公室、一个速记员之外什么都没有，简直难以置信。这是真的吗？"在面谈的时候，克伯利斯对与他面谈的老板这样说。

实际上，每个成功的人都喜欢回忆自己早年的创业经历，并且十分高兴别人能听他讲下去。这个老板也不例外。他跟克伯利斯谈了很久，谈了他如何依靠450美元现金开始创业，每天工作12到16个小时，在星期日及节假日照常工作，以及他最后终于战胜了所有的困难。最后，这位老板简单地问了克伯利斯的经历，然后对他的副经理说："我想他就是我们正在寻找的人。"

克伯利斯成功的原因可能没有这么简单，但是有一点十分重要：他聪明地提出了一个对方十分感兴趣的问题，并且鼓励对方多说话，因此给老板留下了很好的印象。

法国哲学家罗司法考说过："如果你想结仇，你就要比你的朋友表现得更加出色；但如果你想要得到朋友，那就要让你的朋友表现得更出色。"他的意思是，当你的朋友胜过你时，他们就会产生一种自重感，但是如果相反，他们就会产生一种自卑感，并且开始对你猜疑和嫉妒。这的确是一个真理，我们看看一则发生在职场中的案例。

亨丽塔女士是纽约市中区人事局里与别人关系最融洽的工作介绍顾问。但是一开始有好几个月，亨丽塔在同事中连一个朋友也没有。

"我的工作干得确实很不错，我一直很骄傲，"亨丽塔在我的班上说，"奇怪的是，同事们不但不愿意跟我分享我的成绩，而且似乎很不高兴。而我渴望和他们做朋友。在上了这种辅导课之后，我开始按照它去做了，我开始少谈自己，多听同事们说话。我发现，其实他们也有许多值得夸耀的事。

对他们而言，把他们的事情告诉我，比听我的自吹更能让他们高兴。现在，每次我们在一起聊天的时候，我都会让他们告诉我他们的故事，共同分享他们的故事。只有当他们问及，我才略微地谈论一下我自己。"

**有时候，弱化我们自己的成就会使人喜欢你。**在德国有句非常有趣的俗语，大意是：**最大的快乐，便是从我们所羡慕的强者那里发现弱点，从而让我们得到满足。**这也许正是因为人性的弱点。但是，你要相信，也许你的一些朋友会从你的挫折或弱点中得到更大的满足。

我们应该谦虚，因为你我都没有什么了不起的。你我都会死去，在百年之后完全被人忘得一干二净。生命如此短暂，我们不应对自己那小小的成就念念不忘，使人厌烦；相反，我们要鼓励别人多说话。

如果你希望别人的看法跟你一致，使你们的谈话进入佳境，如果你想成为说话高手，那么请记得第四项修炼法则：让对方多多说话，多鼓励他们谈论自己的事情。

# 心理引导，始终让对方做出肯定回答

詹姆斯·艾伯森发现，一旦让那个顾客开始就说"是，是"，顾客便忘了他们之间的争执，并且愿意做自己所建议的事。如果让人一开始说"不"，会有什么后果呢？我们来看看阿弗斯特教授在他的《影响人类的行为》一书中所说的一段话：

**"一个'不'的反应，是最难克服的障碍。人只要一说出'不'，他的自尊心就会促使他固执己见。**当然，也许以后他会觉得'不'是不恰当的，然而一旦他考虑到宝贵的自尊，他就会坚持到底。所以，一开始就让人对你采取肯定的态度极为重要。"

他接着说，人的这种心理模式显而易见。当一个人说了"不"以后，如果他的内心也加以否定，他全身的各个组织都会协调起来，一起进入一种抗拒状态，反过来，如果他说了"是"，情况就会恰好相反——他的身体就会随之处于前进、接受和开放的状态，这将有利于改变他的看法或意志，使谈话朝积极的方向发展。

如果一开始的时候就使一位学生、顾客或你的孩子、妻子说"不"，那么，即使你有神仙般的智慧和耐心，也无法使那种否定的态度变为肯定。正是这种"是，是"的方法，使得纽约格林尼治储蓄所的出纳员詹姆斯·艾伯森挽回了一位主顾，否则他就会失去这笔生意。幸运的是，詹姆斯·艾伯森在卡耐基培训课中接受了相关的培训，他懂得了这个方法。

"那天，"詹姆斯·艾伯森回忆说，"这个人走进来要开户，我让他先填写一些表格，其中有些问题他愿意回答，另外一些他根本不想回答。如果在以前，遇到这种情况，我会告诉这位顾客，如果他不向我们提供这些资料，我们就会拒绝为他开户。那样的'警告'使我很愉快，因为这好像在说只有我说话才算数。但是，显而易见，这样的态度将使我们的顾客有不被重视的感觉。

"因为上了训练班的有关课程，我决定不跟他谈银行的规定，而是谈顾客的需要，所以，我同意了他的做法。我告诉他说，那些他拒绝填写的内容并不是绝对必要的。

"但是，我引导他说，'假如你去世，你不希望把存在我们银行的钱转移给你的亲属吗？'

"'当然。'他说。

"'难道你认为，'我继续说，'将你最亲近的亲属的一些资料告诉我们，使我们能够在你万一去世的时候准确无误地实现你的愿望，不是一个很好的办法吗？'

"'是的。'他又说。

"就这样，最后他终于相信我们要这些资料的目的是为了他，他的态度就转变了。他不仅把他自己的全部资料告诉了我，还根据我的建议，开了一个信托账户，指定他的母亲为受益人，并爽快地填写了关于他母亲的详细资料。"

想得到对方的肯定其实并不难，只是人们忽略了如何去做。人们总是希望一开始对方就同意自己的看法，如果别人不同意的话，就急切地想驳倒对方，以获得对方的认同。他们或许认为这样做能够显示出自己的高明和突出，然而不幸的是，这种态度往往会适得其反。所以，最好的办法就是，一开始就让对方说"是，是"。

西屋公司的推销员雷蒙负责推销的区域内有一位富翁。雷蒙的前任和他花了13年的时间对这位富翁进行推销，但是直到最近，才使这位富翁答应购买几部发动机。而当雷蒙再次去拜访他的时候，他却声称以后不会再订购西屋公司的发动机了，原因是他认为这些产品使用之后容易发热，不能把手放在上面。

雷蒙知道如果与他争辩的话，无疑会是徒劳。于是雷蒙打算找出让对方说"是"的方法来。雷蒙对那位富翁说："史密斯先生，我完全同意你的看法。如果我公司的发动机确实过热的话，你不应该再买。你花了钱，当然不希望买到热量超过标准的发动机，是不是？"

"是的。"史密斯说。

"你知道，"雷蒙接着说，"电工行会的规定是，一架标准的发动机的温度不能比室内温度高72华氏度，是这样吗？"

"是的。可是你的发动机却高出了这一温度。"史密斯说。

"你工厂的温度是多少？"雷蒙问他。

"75华氏度。"史密斯想了一会儿然后说。

"这就对了，"雷蒙笑着说，"75华氏度加上72华氏度等于147华氏度。如果你将手放在147华氏度的水里，你会不会被烫伤呢？"

史密斯不得不说："会的。"

"那么，"雷蒙继续说，"我建议你最好不要把手放在147华氏度的发动机上面。"

"我想你是对的。"史密斯说。接着他们又谈了一会儿，最后，史密斯答应在下个月订购西屋公司3.5万美元的产品。

雷蒙总结说："我最后才知道，争辩不是聪明的办法。我们要站在对方的立场上去看问题，要设法让对方说'是，是'，这才是真正的迈向成功的方法。"

伟大的苏格拉底是历史上赫赫有名的思想家，他所做的事情没有几个人能够做到，他彻底改变了人类的思想进程，同时也是最影响这个世界的劝导者之一。他的方法是告诉别人他们是错误的吗？当然不是。他的方法被称为"苏格拉底辩论法"，就是以对方肯定的答复作为这种方法的辩论基础。他提出的每一个问题，都会得到别人的赞同。然后，他连续不断地发问，直到最后，他的反对者不知不觉地发现，自己所得到的结论竟然是几分钟前还坚决反对的。

这是不是很神奇呢？是的，但是如果你愿意的话，你也可以做到。

方法很简单，那就是记住一开始的时候，要不断地让对方说"是，是"，千万不要让他说"不"。

因此，**在跟人交谈的时候，不要一开始就谈论一些你们可能有分歧的事，你应该先强调你们都同意的事，并且需要不断地强调**。然后，强调你们双方都在追求同一目标，试着让对方知道，即使你们有分歧，那也只是方法上的分歧，而不是目标上的。你应当时刻记得苏格拉底给予我们的智慧和启迪，首先问一个温和的问题——一个能得到"是，是"的反应的问题。

如果你想成为一位说话高手，请记得第五项修炼方法：让对方立刻给予你"是，是"的答复。

# 重视对方，牢记对方姓名并喊出来

要想记住别人的名字，有时的确是一件很难的事情，尤其是当这个人的名字不太好记的时候。一般人都不愿去记这种难记的名字，都会心想："算了，干脆就叫他的昵称得了，而且很容易记住。"可是，你是否想过，一旦你牢记别人的名字时，将会产生什么样的效果呢？

希德·李维是我的一位学员，他曾经拜访过一位顾客，这位顾客的名字特别难记，叫尼古德玛斯·帕帕都拉斯。由于这个名字太难记，别人都管他叫"尼克"。

李维告诉我说："在我去拜访他之前，我特别用心地记住了他的名字。当我见到他时，用他的全名来称呼他。我这样对他说：'早上好，尼古德玛斯·帕帕都拉斯先生。'只见他一言不发地站在那里，愣了好几分钟都没有缓过神来。最后，他的泪水流了下来，声音颤抖地对我说：'李维先生，我在这个国家已经待了15年，可是从来没有一个人愿意用我真正的名字，像您这样称呼我！'"

有钱人常常出钱资助那些穷困的作家、艺术家和音乐家。他们希望这些文艺家能够把作品献给他们，使他们的名字随着这些作品得以流传。在我们的图书馆和博物馆里，最有价值的艺术品往往由那些希望人们记住他们名字的有钱人捐赠。比如，纽约图书馆里有埃斯德家族与里洛克家族的藏书，大都会博物馆则保存着本杰明·埃特曼与J.P.摩根德的签名书信，而几乎每一个教堂里都镶嵌上了彩色玻璃，用来纪念那些捐赠者。

这说明人们总是非常重视自己的名字，并希望别人能够记住。**如果想**

**要给人好感，最简单、最明显而又最重要的方式，莫过于能够随口喊出对方的名字**。因为这样，你就给了别人受重视的感觉——而据我所知，每个人都希望拥有这种感觉，这种方法可以说是屡试不爽。

"钢铁大王"安德鲁·卡内基成功的原因是什么呢？尽管他被誉为"钢铁大王"，但是他掌握的钢铁知识并不多。他有成千上万的人为他工作，他们在这方面都懂得要比他多得多。之所以会这样，就是得益于他与人交谈，懂得为人处世的原则，这正是他发财致富的奥秘所在。

卡内基10岁时，有一天抓到了一只母兔，不久就生了一窝小兔子，饲料因而不够食用，卡内基如何处理呢？他一点儿也不担心，他的脑海里早有了很美妙的构想，他把邻近的孩子们集合起来宣布：谁能拔最多的草来喂小兔子，就以他的名字给小兔子命名。于是孩子们都争先恐后地为小兔子寻找饲料，卡内基的计划顺利地实现了。他始终没有忘记这一次的成功，终其一生，他就是利用人们的这种心理成功地领导着许许多多的人。

在商业界，他利用这种方法赚了好几百万美元。例如，他为了把钢铁轨道卖给宾夕法尼亚州铁路公司，就以该公司董事长区格·汤姆森的名字命名，在匹兹堡建立了一座大型钢厂。

有一次，卡内基控制的中央交通公司和普尔门控制的公司，都想得到联合太平洋铁路公司的生意，你争我夺大杀其价。一天晚上，卡内基在圣尼可斯饭店碰到普尔门，卡内基说："晚安，普尔门先生，我们岂不是在出自己的洋相吗？""你这话怎么讲？"普尔门说。卡内基把心中的话说了出来，他想把两家公司合并。他又把合作而不互相竞争的好处说得天花乱坠。普尔门专注地倾听着，最后问道："你这个公司要叫什么名字呢？"卡内基立即说："普尔门皇宫卧车公司。"问题就这样顺利地解决了。

卡内基这种记住以及重视朋友和商业界人士名字的方式，是他的卓越领导才能的重要秘密之一。他以能够叫出许多员工的名字而自豪，认为无法记住别人的名字就等于无法记住他的一项很重要的工作。

作为一个政治家，记住选民的名字，往往是他的第一堂课；如果忘记了他们的名字，你将会很失败。在记住别人的名字方面，富兰克林·罗斯福总统是一个典范。众所周知，罗斯福总统是这个世界上最忙的人之一，但是他知道记住别人名字的重要性，所以舍得花时间去记住那些人。

一次，克莱斯勒公司特意为罗斯福总统制造了一辆汽车，总经理张伯伦和机械师将这辆汽车开到了白宫。在张伯伦的信里，他记述了当时的情形：

"我教罗斯福总统如何驾驶一辆配置了许多特殊部件的汽车，而罗斯福总统也教给了我许多为人处世的道理。总统非常高兴我被召入白宫，他立刻就叫出了我的名字，这使我非常高兴。令我印象尤为深刻的是，他确实很注意我为他所作的说明。这辆汽车进行了特殊设计，非常完美，可以完全用手进行操作。总统说：'这辆汽车真是太完美了。只要按下这个按钮就可以开动它，而且可以毫不费力地进行驾驶。我不知道它是怎么工作的。我希望自己能有时间对它进行研究，看看它是如何工作的。'

"当总统的许多朋友和同事都围在四周称赞这辆汽车时，他又当着大家的面对我说：'张伯伦先生，你设计这辆车花了大量的时间和精力，非常感谢你。这辆车简直太棒了！'

"然后，他又对车内的散热器、特制反光镜、时钟、特制的照明灯、椅垫的款式、驾驶座位、刻有他姓名缩写字母的特制衣箱等加以赞赏——他注意到了每个细节，对于我所付出的心血给予了极大的褒奖。他还特意让罗斯福夫人、秘书波金女士、劳工部长等人注意这些部件。他甚至嘱咐他的黑人司机，对他说：'乔治，你可要好好照顾这些衣箱。'

"上完驾驶课程之后，总统对我说：'好了，张伯伦先生，我已经让联邦储备委员会的委员们等我30分钟了。我想我应该回去工作了。'

"我当时带了一位机械师。这位机械师是一个很害羞的人，在我们说话的时候，他总是站在后面。尽管他自始至终没有和总统说过一句话，而且总统也只听我介绍过一次他的名字，但出乎意料的是，当我们离开的时候，总统特意找到这位机械师，并与他握手，还叫出了他的名字，对他来到华盛顿表示感谢。我能感觉出来，他的感谢一点都不做作，而是真心诚意的。几天之后，我收到了一张罗斯福总统亲笔签名的照片，照片后面还附有简短的对我的帮助表示感谢的言辞。作为一位国家元首，罗斯福总统怎么会有时间来做这样的事情呢？这真的让我难以置信。"

罗斯福总统何以给张伯伦先生如此深刻而美好的印象呢？当然不是因为他是国家元首，而是因为他给了人一种被重视的感觉。为什么他能给人这种感觉？原因很简单，他非常尊重他们，并且记住了他们的名字。

在每个人的事业和商业交往中，记住别人的名字也很重要。

德克萨斯州商业股份有限公司董事长班顿拉夫有这样的感触：公司越大，人们之间的关系就会越冷漠。他认为，记住别人的名字，是唯一能使公司氛围变得融洽的办法。

洛克帕罗是加利福尼亚州一家航空公司的服务员，她经常训练自己记住旅客的名字，并注意在服务时叫他们的名字，这使得旅客感到很亲切。有的旅客会当面表扬她，而有的则会写信到公司表扬她。有一封表扬信这样写道："我很久没有坐你们公司的飞机了，但是从现在开始，我决定以后只坐你们公司的飞机。你们亲切的服务让我觉得你们公司似乎是属于我个人的，这一点十分重要。"

**大多数人常常不记得别人的名字，原因多数是他们没有注意到这件事情的重要性**。现在，你既然已经知道记住别人的名字有多么重要，为什么还不花点时间和精力去做这件事情呢？拿破仑的侄子——拿破仑三世曾经说："虽然我很忙，但是我不会忘记所听过的每个人的姓名。"

这不是因为他的记忆力很强，而是因为他的方法非常好。其实，他的方法十分简单。如果他没有听清楚对方的名字，他就会请求对方再说一遍；如果这个名字不常见的话，他会请求对方把这个名字拼写出来，而在谈话的过程中，他会将对方的名字反复记忆，并把它跟其长相、外表和其他特征结合起来。会见完的时候，他通常会把那个名字写下来，然后盯着它看很久，直到确认自己已经牢牢地记住了它才肯罢休，这样一来，当然记得很牢了。

这样看来，记住别人的名字的确需要花一些工夫，但是这显然是值得的。爱默生说过："礼貌，是由小小的牺牲换来的。"如果你打算融入这个社会，成为交际场上成功的人，这点牺牲又算得了什么呢？

所以，如果你想成为一位说话高手，请注意第六项修炼：记住别人的名字——这是别人听来最美妙的声音。

# 第三章
# 说服对方的说话技巧

THE ART OF
ELOQUENCE AND SPEECH OF CARNEGIE

卡耐基口才训练班的学员一开始都一致认为，如果能够掌握一套轻易地说服他人的方法，那一定是十分美妙的事情，但是他们同时也认为，说服他人是口才训练中很难掌握的一种方法。

能够让别人改变想法和要求转而接受自己的想法和要求，无疑是很吸引人的。在所有的沟通中，说服术是最基础也是最重要的一种技巧。实际上，你在任何场合都能用到这种技巧——多得我都不用举例说明了。

但是我不同意学员们后一部分的说法，即认为学习说服术十分困难。我认为，世上并无真正的难事，关键在于我们是否肯运用正确的方法努力去做，而我也将把自己的经验告诉大家。只要把以下这些原则掌握了，你们会发现，说服他人也不是什么难以做到的事情。

# 间接地指出别人的错误

一天，查尔斯·史考伯经过自己的钢铁厂的时候，撞见几个工人正围在一起抽烟。他们显然忘记了公司禁止吸烟的明文规定，或者像很多犯错误的人一样存在侥幸心理。史考伯先生应该把他们揪出来，然后狠狠地批评他们吗？或者把那块"禁止吸烟"的牌子指给他们看？这都只会让对方感到难堪，并且对史考伯产生怨恨。只见他不动声色地走上前去，发给他们每个人一支雪茄，并对他们说："我们到外面抽去。"这些工人当然不会跟着史考伯一起出去抽烟，而是对他说："啊，我们忘记公司禁止吸烟的规定了。请你原谅。"然后赶快回到他们的工作岗位上去了。当然，我们能够体会到他们心里的那种复杂的感觉，既为犯了错误而感到自责，又为没有受到惩罚或指责而感到庆幸，同时对史考伯先生也越发尊敬。他们以后一定不会犯同样的错误了。

当你发现对方犯了一个很明显的错误时，为了使对方能够尽快地改正，于是你好心地对他说："看，约翰，你刚才说的有这样一个错误……"你满以为他会感激你，但是结果却让你很意外，甚至让你感到不可理喻——他坚决不承认自己犯了错误，更不用说感激你了。

你没有必要因此而责备对方，这种事情太常见了，几乎每个人都会有这样的毛病。**当别人指出自己的错误，尤其是直截了当地指出的时候，一般人似乎都受不了。他会因此而产生一种让人觉得不可思议的强大的力量，正是这种力量迫使他拒绝接受你的批评或指正，即使他知道你是为他着想的。**

心理学家指出，这种强大的力量中有很大一部分是自我认同感在起作用。当自己所相信的东西被怀疑或否定之后，每个人都会产生一种焦虑，感到自己的自尊被伤害了，甚至感到自己的安全已经没有了保障。结果是，他会本能地拒绝承认自己的错误，即使他认为你说的是对的，因此，当你想要说服一个人，让他明白自己的错误的时候，千万不要直接指出对方的错误。

我相信，直接指出对方的错误，实际上就是在批评对方。任何人都不喜欢被他人批评，即使他明白自己确实做错了，但是人们却往往做这样的蠢事。在我们身边经常会遇到一些比较烦心的事情困扰着我们，但是很多时候只要我们换种表达方式，也许就能轻易地达到我们的目的。

马吉·嘉可布太太请了几位技术非常好的工人加盖房子。头几天，他们总是把院子弄得乱七八糟，到处都有木屑。一次，等他们结束了一天的工作后，聪明的嘉可布太太不露声色地叫来她的孩子们，和他们一起把木屑处理干净，堆到院子的角落里。第二天，工人们来的时候，她非常高兴地对工人们说："你们昨天把院子打扫干净了，我非常高兴。老实说，这简直比我们以前的院子还要干净。"

听到这些话后，那些工人十分高兴，以后都把木屑堆在了院子的角落。试想一下，如果嘉可布太太摆出一副雇主的姿态，那些工人会怎么样呢？他们会毫不犹豫地换另外一份活儿的，因为像他们这么优秀的建筑工人毕竟很少。

从上面两个例子的结果来看，间接地指出对方的错误，是十分正确的。采用温和的语气，间接地指出别人的错误，这样就不会引起对方的反感。

确实，**我们只要在指出对方错误的同时，注意维护对方的自尊，就容易收到很好的效果**。这是十分符合人的本性的，正因为我们没有办法改变人性的弱点，所以只有使自己所做的事情符合人性。那些聪明的人总是会想方设法这么去做，因为他们知道这样做的效果比直接指出对方的错误要好得多。

一些大公司或者机构的上层人物一般人通常很难见到，其中的部分原因固然是他们很忙，但是那些下属所谓的"过滤"措施也是一个重要的原因，他们不愿意他们的上司被打扰，因此帮上司挡掉了许多看起来不那么重要的客人。这对那些上层人物来说并不一定就是好事，卡尔·佛朗在当佛罗里达州奥兰多市的市长的时候，就曾经遇到过这样的麻烦。

他奉行的是"门户开放"政策。当时他规定，市民如果有事的话就可以直接来见他。但是，那些造访的市民却常常被工作人员挡在门外。后来，为了圆满地解决这个问题，聪明的市长想出了一个高招：他叫人把他办公室的门给拆了。这样，他相当于在明白无误地告诉工作人员不要再阻挡那些造访者了。另一方面，他用行动暗示了工作人员的错误，但并没有直接指出来，这就给他们保留了自尊。

美国陆军第542分校的士官长哈雷·凯塞在带预备役军官时，他面临着一个军队中普遍存在的问题。在预备役军人和正规军训练人员之间，最大的差异就是理发，因为预备役军人认为自己只是老百姓，因此他们非常不愿意把头发剪短。如何解决这个问题呢？按照以前正规军的士官长一样，他可以向他的部队怒吼几声，或威胁他们，但他不愿这样做。

他这样说道："各位先生们，你们都是领导。当你以身教来教导士兵时，那是最有效不过的办法了。你必须为你所领导的人做个榜样。你们应该了解军队对理发的规定。今天我也要去理发，而我的头发却比某些人的头发要短得多了。你们不妨对着镜子看看，如果你要做个榜样的话，是不是该要理发了？我们会帮你安排时间去营区理发部理发。"

结果是可以预料的。有几个人自动去镜子前看了看，然后下午去理发部按规定理了发。次日早晨，凯塞士官长讲评时说，他已经看到在队伍中有些人已经具备了领导者的气质。

1887年3月8日，美国最富于口才的牧师、演说家亨利·华德·毕切尔去世了，用日本人的话来说，他到另外一个世界去了。在下一个星期日，莱曼·阿伯特应邀向那些因毕切尔去世而伤心不已的牧师演讲。他急于取得成功，把演讲词改了又改，并像福楼拜一样，过分小心地对讲稿进行润饰。然后他将演讲词读给他妻子听，但是演讲词写得并不很好，真的很糟糕。但是如果他妻子缺乏见识，她可能会这样说："莱曼，糟极了！绝对不能用。你会让那些听众都睡着的，那听起来像一本百科全书。你传道这么多年，应该能写得更好。天啊！你为什么不像一个普通人那样去讲呢？你为什么不自然点儿？你如果念那篇东西，一定会砸自己的台！"

如果她是这样说的，结果怎样可想而知。是的，她知道这样的结果。所以，她换了一种方式来说："亲爱的，如果这篇演讲词寄给《北美评论》，一定是一篇极好的文章。"

莱曼·阿伯特当然满心欢喜地接受了妻子的意见，你认为他会真的把自己的演讲稿寄给《北美评论》吗？不，阿伯特将他精心准备的底稿撕碎，后来连大纲都不用，很自然地作了演讲。阿伯特的妻子称赞了他的演讲词，同时又很巧妙地暗示丈夫不能用这篇演讲词去演讲，阿伯特当然知道这点，所以他照妻子的意思做了。

通过上面的这些案例我们可以知道，为了说服别人同时又不伤害别人，你需要间接地指出他的错误。

# 让对方觉得是自己的主意

没有人喜欢自己是在被迫去买什么东西或被人命令去做某件事。我们宁愿觉得我们是自愿购买的，或遵循自己的意念在做事。我们喜欢别人关心我们的愿望、需要及想法。试想一下，你对于自己发现的思想，是不是比别人的思想更为信仰？哪怕别人的思想放在一只名贵而精致的盘子里递给你，你也不会慷慨地接受。

是的，每个人都有如此的想法。既然如此，那么你想将你的想法强塞进别人的喉咙，岂不是太一厢情愿了？所以，**提出建议，再让别人自己去想出结论，那样做不是更明智吗？**

来自费城的鲁道夫·塞尔兹先生是我班上的一位学员，他有一次迫切地感到有必要给一群沮丧而散漫的汽车推销员打气加油，于是他召开一次销售会议，鼓励他的部下如实说出他们内心对他的看法和希望。在他们说这些的时候，他将他们的想法全都写在黑板上。然后他说："我可以满足你们对我本人的全部要求。现在，请你们告诉我，我有权利从你们那里得到什么？"

大家的回答很迅速：忠心、诚实、主动进取、乐观、合作，以及每天8小时的热情工作。有一个人甚至自告奋勇地要求每天工作14个小时。会议开得十分成功，给人以新的勇气和新的激励。

塞尔兹先生说："他们实际上是在和我做一种道德交易。在我保证尽我所能的情况下，他们也决定尽他们的能力。和他们商讨他们的愿望和希望，正是他们所需要的精神食粮。"

尤金·威森在懂得这一真理之前，不知损失了多少美元的收入。

威森替一家专门为时装设计师及纺织品制造商设计花样的画室推销图样。威森曾连续3年每周一次地去拜访纽约一位最著名的时装设计专家。"他从未拒绝见我。"威森说，"但也从来没有买过我的图样。他总是仔细地看我的图样，然后说：'不行。先生，我想今天我们不能要你的东西。'"

经历了150次失败以后，威森终于明白了问题所在：自己始终陷于以往的固定做法中，太墨守成规了。于是，他决定每星期用一个晚上的时间学习为人处世的技巧，努力发展新观念，创造新的热情。

不久，他受到了启发，开始尝试一种新的方法。他拿了6张画家们还没有完成的图样，跑到那位设计师的办公室。"我想请你帮我一个忙。"他说，"这里有一些还没有完成的图样，我想请你告诉我，我们应该怎样完成它们，才能使你满意？"这位设计师默默地看了图样一会儿，然后说："将图样放在我这里，你过几天再来找我。"

3天之后，威森又去找他，听取了他的许多建议，然后取回了图样，并按照设计师的意见把它们画完。结果呢？它们全都被买下了。

那是9个月以前发生的事情，从那时起直到现在，这位买主又订了几十张图样，全都是按照他的意见画的——结果，威森从他那里赚了1600多美元。"我现在明白，为什么我这么多年不能和这位买主做成生意了，"威森先生说，"以前我一味劝他购买我以为他应该买的，而现在，恰恰相反，我请他告诉我他的想法，于是他觉得是他在创造图样，并且也的确是这样。我现在即使不向他推销，他也会主动来买。"

这种方法确实是卓有成效的，说服别人的技巧就在于你是否让他们满心欢喜地接受你的意见，罗斯福总统用这种方法顺利地进行了一场改革。

当西奥多·罗斯福担任纽约州长的时候，他强有力地推行了一些政府首脑最不喜欢的改革方案。他是如何做到的呢？

当有重要职位空缺的时候，他就请政治首脑们给他推荐担任此职的人。"最初，"罗斯福说，"他们也许会提名一个软弱无能的人。我就告诉他们，委任这样的一个人不是上策，因为公众不会赞同。"

"然后，他们向我提出另一个无所作为的人，这是个碌碌无为的人，尽管他无可指责，却也没有什么值得称赞的业绩。我就告诉他们，这个人不能满足公众的期望。接下来我请他们想想，能否找到一个显然更适合这个职位的人。

"他们第三次提议的人还说得过去，但仍不十分理想。于是，我就谢谢他们，请他们再试一次。他们第四次提议的人就可以接受了——他们这时所提的正是我自己要提出的人。我对他们的协助表示了感谢，并委任了这个人——我还把这委任之功归于他们……我告诉他们，我这么做是为了让他们高兴，现在该轮到他们使我高兴了。而他们真的那样做了，他们支持我的各项法案，如《服役法》与《豁免税收法案》等。这使我很高兴。"

罗斯福就是用这种方法成功地执行了这项难以执行的改革方案，请切记，尽可能地向别人请教，并尊重他们的建议，让对方觉得那主意完全是他们自己决定的。这就是说服别人秘诀，也是你成功的秘诀。

在商界中，长岛的一位汽车销售商也成功地运用了这种方法，将一辆旧车卖给了一对苏格兰夫妇，我总是想不出，用这种方法为什么不会成功。

当时，这位销售商让这对夫妇看了一辆又一辆汽车，但他们总是不满意，说这辆不合适，那辆有损坏，而且价钱也太高——他们总是嫌价钱太高了。形势颇为无奈，于是这位销售——他也是我班中的学员，来请我给他帮忙。

于是，我建议他不要再向这种"三心二意的人"推销，而是要设法使他们主动前来购买。我告诉他说，不要告诉他们该如何做，而是要反过来，让他们告诉你如何做。一定要使他们觉得是他们自己在拿主意。

这建议听起来相当不错，他是如何做的呢？在几天之后，当一位顾客希望把他的旧车换成一辆新车时，这位销售商决定可以尝试一下之前的建议。他知道这辆旧车或许能使这对苏格兰夫妇动心。于是，他给这对夫妇拨打了电话，希望他们给他一点建议——这辆旧车的估价和是否值得购买，就算是帮他一个忙。

当这对夫妇来了以后，这位车商说："你是一位很精明的买主。你了解汽车的价值。能不能请你看一看，试一试这车的性能，并告诉我这车该折多少价？"男买主满面笑容，因为终于有人请教他的意见了，他的能力得到了承认。他驾驶这辆旧车上了大道，一直从牙买加区开到弗洛里斯特山，再开回来。"如果你能以300美元买下这辆车，"他建议说，"你就占便宜了。"

"如果我以那价格买下它，你愿不愿买它？"这车商问道。"300美元吗？当然买。"是的，这是这位男买主自己的主意，也是他的估价。于是这笔生意立即成交了。

爱默生在《依靠自己》这篇散文中说："在天才的每一项创造和发明之中，我们都看到了过去被我们排斥的想法；这些想法再次展现在我们面前时，却显得相当伟大。"

爱德华·豪斯上校在威尔逊总统执政时期，在国内外事务方面具有很大的影响力。威尔逊对豪斯的秘密策划及建议的依赖，比他自己的内阁成员还多。豪斯上校是用什么方法影响总统的呢？我们有幸得知这个答案，因为豪斯自己曾对亚瑟·D.史密斯说过，而史密斯又在《星期天晚报》披露了。

"'认识了总统以后，'豪斯说，'我发现，要使他相信某一种观念的最好方法，就是将这一观念很自然地植根于他心中，并巧妙地使他对这一观念产生兴趣，使他经常思考。这方法第一次发生效力，纯属巧合。'

"'我曾到白宫去拜访他，劝他推行某项政策，而这种政策他似乎不太赞成。但几天以后，在一次聚餐的时候，我很惊讶地听到他把我的那个提议当作他自己的意见说了出来。'"

豪斯是否阻止了他，说"那不是你的意见，而是我的"呢？哦，没有。豪斯绝不会那样。他非常精明，他不屑于居功，只求行事有效，所以他使威尔逊继续认为那意见是他自己想出来的。不仅如此，他还使威尔逊因为公开了这些意见而获得了世人的赞誉。

我们一定要记住，我们明天所要接触的人，也许正像威尔逊一样，具有人性的弱点，所以，我们就应采用豪斯上校的做法。

　　这种方法同样被一个住在纽勃伦斯维克的人应用于我的身上，由此得到了我对他生意的光顾。那时，我正计划去纽勃伦斯维克划船钓鱼，所以我写信给旅行社打听相关情况。我的姓名、住址显然是被列入了公开的信息中，因为我立刻就收到了从野营处与向导处寄来的几十封信件、小册子和印刷品，我差点儿被弄迷糊了，不知道该选择哪一家才好。

　　不久，有一位野营处的主任做了一件很聪明的事，他送给我几个他曾接待过的纽约人的姓名及电话号码，请我给他们打电话，让我自己调查他营中的情况。我很惊异地发现，我竟然认识其中一人。我打电话给他，打听了他对这个野营处的印象和感受，然后打电话给这野营处，告诉了他们我到达的日期。其他人都强行向我推销，但这个野营处的主任却让我自己做出安排，因此，他胜利了。

# 批评对方前先自我批评

我们每个人都有自尊，而有的人甚至达到了自负的地步。当你指出别人的错误、对别人进行批评的时候，一般的人都会下意识地去维护自己的尊严，从而对你的批评采取抵触的态度。这就是人性的弱点之一。

我们必须要了解这个弱点，利用恰当的批评艺术，来达到我们批评的目的。如果批评者在谈话刚开始时就先谦逊地承认自己也不是无可指责的，然后再指出别人的错误，那么情形就会好得多。

数年前，我的侄女约瑟芬·卡耐基离开她在堪萨斯城的老家，来纽约担任我的秘书。她那时才19岁，高中毕业刚3年，几乎没有任何工作经验。理所当然地，她会犯一些错误，当有一次，她又犯了一个常识性的错误的时候，我正要批评她的时候，我对我自己说："且等一等，戴尔·卡耐基，且等一等。你的年纪比约瑟芬大一倍，经验比她多一万倍。你怎么可能希望她有你的观点，有你的判断，有你的精力呢——虽然这些都是很平凡的。等一等，戴尔，你在19岁时止干什么？还记得你那时呆笨的举动、愚蠢的错误吗？记得你……的时候吗？"

经过真诚而公平的考虑以后，我得出结论，约瑟芬19岁的能力，比我那时可要强多了——尽管如此，我很惭愧地承认，我并没有经常称赞约瑟芬。所以，从那以后，当我要让约瑟芬注意她的错误的时候，我就会这样开始说："约瑟芬，你做错了一件事，但老天知道，我所做的许多错事比这更糟糕。你当然不是天生就具有判断力的，那只能从经验中得来。而且你比我在你这年龄时强多了。我自己也曾犯过许多愚蠢的错误，所以我不愿意批评你或任何人。但如果你按某种方法去做的话，你想那不是更聪明吗？"

如果批评者在谈话刚开始时就先谦逊地承认自己也不是无可指责的，然后再指出别人的错误，那么情形就会好得多。风度优雅的布洛亲王早在1909年，就明白这样做很有必要。

当时，布洛亲王是德国总理大臣，而德国皇帝则是威廉二世——傲慢自大的威廉，也是德国最后一位皇帝——他建立了海军和陆军，并自夸能征服一切。

于是，震惊世人的事发生了。这位德国皇帝出访英国时，口若悬河地说了许多令人难以置信的蠢话，例如他是唯一一位对英国友好的德国人，为了对抗日本的威胁，他建立了一支海军，他一人挽救了英国，使之免于向俄、法称臣，由于他的征讨计划，使英国得以在南非战胜土著人，等等。最糟糕的是，他竟然允许伦敦《每日电讯报》将他这些丧失理智的自吹自擂的大话公之于众。于是，这些爆炸性的新闻震动了整个欧洲，波及到了全世界。

在100多年的和平时期里，还从没有欧洲君王说过他这样的话。整个欧洲立即轰动了，如被激怒的野蜂；英国也被激怒了，德国政治家更是惊骇万分。在这种形势下，德国皇帝也惶恐不安，他提议由总理大臣布洛来对处理此事。是的，他希望布洛亲王宣布这一切责任都是他的，是他建议他的君主说这些令人难以相信的话的。

"但是陛下，"布洛反对说，"在我看来，不论在德国或英国，绝对不会有任何人愿相信我有能力建议陛下说这些话的。"

布洛一说出这句话，他就意识到自己犯了一个严重的错误。德皇果然大为恼火。他咆哮着说："你以为我是一头笨驴，只会犯你永远都不会犯的错误吗？"

布洛知道他应先称赞皇帝几句之后，再提出批评意见，但事已至此，仍不妨选择一个最佳方案。他在批评以后再予称赞。结果极其神妙——称赞常常会有这样的效果。

"我绝不会有那样的意思，"他恭敬地回答说，"陛下在许多方面都胜过我，这不只是就海陆军知识而言，尤为重要的是在自然科学方面。每次倾听陛下解释晴雨表、无线电报，或伦琴射线时，我总是对自己对所有各种自然科学一无所知而深感惭愧，我不懂化学或物理，不能解释最简单的自然现象，因此对陛下万分钦佩。但是……"布洛接着说，"作为补偿，我知道一些历史知识，以及一些在政治上，特别是在外交上有用的知识。"

德皇脸上现出了笑容。布洛亲王称赞了他。因为布洛赞扬了他，而使自己显得卑微。这时的德皇已经能宽容任何事。"我不是常告诉你，"他热诚地说，"我们应互相取长补短，就可以闻名于世吗？我们应齐心协力，团结一致，而且我们愿意这样！"他与布洛握了握手，不只是一次，而是多次。那天下午，他特别激动，他握紧双拳喊道："如果任何人对我说布洛亲王不好，我将一拳砸扁他的鼻子！"

布洛及时救了自己，但像他这样机敏的外交家，也还是犯了一个错误，他应该一开始先谈他自己的短处和威廉的长处，而不要暗示德皇是一个智力不足的、需要保护的人。

如果仅仅说几句自我谦恭、称赞对方的话，就能使一位傲慢孤僻的德国皇帝变成一个牢固可靠的朋友，那你就可以想象得到谦逊与称赞在我们的日常生活中，具有多大的作用。如果运用得当，它们必然有助于我们在人际关系上创造奇迹。

一个人即使还没有改正他的错误，但只要在谈话开始时就承认了自己的错误，就有助于帮助另一个人改变其行为。这句话是马里兰州提蒙尼姆市的克劳伦斯·周哈幸最近说的，因为他看到他15岁的儿子正在尝试着抽烟。

"当然，我很不希望大卫吸烟。但我和他妈妈都吸烟，我们给他树立了一个不好的榜样。我向大卫解释，说我在他这么大时就开始抽烟，尼古丁最终战胜了我，使我上了瘾。我还提醒他，我的咳嗽很厉害。我并没有劝他不要吸烟，或警告他吸烟的害处。我只是告诉他我如何吸上烟并深受其害的。

"他想了一会儿，然后决定在高中毕业前不吸烟。直到现在他也确实没有吸过烟。那次谈话的结果，使我也决定戒烟。由于家人的支持，我戒烟成功了。"

所以，如果你想说服别人而不触伤感情或引起反感，使自己成为一位受人欢迎的说话高手，不妨采用一些有技巧的方法，这样才能收到令人满意的效果。

# 用提建议的方式让别人接受

最近，我很荣幸地同美国最著名的传记作家伊达·泰波尔小姐一起吃饭。我告诉她我正在写作这本书，于是她和我开始讨论"为人处世"这个问题。她告诉我，她在写扬·欧文的传记时，访问了曾与扬·欧文在同一房间办公3年的一位先生。这人说，在那么长的时间内，他从未听到扬·欧文给任何人下达过直接的命令。他总是"建议"，而不是"命令"。例如，扬·欧文从未说过"做这个，或做那个"或"别做这个，别做那个"。他总是说："你可以考虑这个"或"你以为那样合适吗？"当他口述一封信后，他常这样说："你认为如何？"在看完他的助手写的信以后，他常这样说："也许这样措辞会更好些。"他总给别人机会亲自动手做事，而从不告诉他的助手该如何去做事；他让他们自己去做，使他们从自己的错误中学习。

建议别人，而不是强硬地命令对方，不仅能维持一个人的自尊，给他一种自重感，而且能使他更乐于合作，而不是对立。像这种方法，能使人更容易改正他的错误。而一些长者的粗暴态度所引起的愤怒可能会持续更久，即便他所纠正的是一个很明显的错误，也会如此。唐·斯坦瑞利是宾夕法尼亚州威明市一所职业学校的老师，他说了一件事：

有一个学生因为违章停车而堵住了学校的大门口，有一位老师冲进教室，以非常凶悍的口吻问道："是谁的车堵住了大门？"

当那个学生起来回答时，那位老师怒吼道："你马上给我把车开走，否则我就用铁链把它绑上拖走。"

这位学生确实是错了，汽车不应该停在那儿。可是从那天以后，不只是这位学生对那位老师的举止感到愤怒，全班的学生也总是做一些事情给这位老师造成难堪，使得他的工作更加不顺。

本来他可以用完全不同的方式来处理这件事的。假如他友善一点地问："门口的车是谁的？"并建议说："如果你能把它开走，那别人的车就可以进出了。"我想这位学生一定会很乐意地把车开走，而且他和他的同学也就不会那么跟他作对了。

即使身为长者或上司，你也不能用粗暴的态度对你的晚辈或下属说话；否则你所得到的不是合作，而是激烈的对抗。同样，因为采用建议的方式可以让客户更好地接受和采纳你的意见，按照你的要求来做，满足你的需求。

在南非约翰内斯堡的一家小工厂，经理伊安·麦克唐吉有一次接到一份大订单，但他知道自己没有办法按期交货。尽管工作已在工厂排定好了，可是这份订单所要求的完成时间实在太短了，使他不太可能去承接这份订单。他并没有催促工人们加速工作来赶这份订单，他只是把大家召集在一起，对他们解释这种情形，并对他们说，假如能按时完成这份订单，对他们和公司的意义将有多大。"我们有什么办法来完成这份订单吗？""有没有人能想出别的办法来处理它，使我们能接这份订单？""有没有别的办法来调整我们的工作时间和工作的分配，来推动整个情况？"结果，员工们提供了许多意见，并坚持让他接下这份订单。他们用一种"我们可以办到"的态度，终于获得了这份订单，并且按期交货。

向对方问一些问题，不但使得这家小工厂接到一张订单，更激发了工人们的创造力，促成了良好合作和融洽的氛围。

因此，**要想说服别人而不伤感情和引起反感，就请注意你说话的语气，改变你说话的态度，不妨换一种方式来提出你的要求：建议对方，而不是直接下命令。**

# 切勿使用指使的语气说话

纵使别人犯错，而我们是对的，如果没有为别人保留面子，就会毁了那个人。强势的态度不仅达不到我们预期的目标，而且还可能偏离得更远。

俄克拉荷马州一家工程公司的安全检查员乔士得的工作是检查工地上的工人是否带了安全帽。一开始，当他看到那些没有戴安全帽的工人时，他会立即批评这些工人，并且命令这些工人立刻戴上。但是这种方法收效甚微。工人当着他的面会戴上安全帽，但是当他走了以后，他们便会再把安全帽拿下来。

乔士得觉得自己的做法不合适，于是决定采用其他方式。当他看见没有戴安全帽的工人的时候，他就微笑着询问对方是不是觉得安全帽戴在头上不舒服、帽子的大小是不是不合适；然后他会对工人讲安全帽的重要性，建议他们为了自己的安全，最好把安全帽戴上。结果，这种做法收到了很好的效果。

前后不同的两种做法导致了工人们前后不同的两种反映，这就是人们的心理作用使然——排斥指使的态度和命令。之前乔士得采用了强势的方法，命令和指使工人应该如何去做，结果工人们不喜欢听乔士得的指使，这是他失败的主要原因。而后来乔士得之所以成功地说服了那些工人，同样也是因为他没有指使工人们怎么做。

同样的故事也发生在我身边。一年夏天，我和一位朋友驱车前往法国的乡下旅行，结果却迷了路。我们只得把车子停下来，向一群当地人问路。

我的朋友是一位大大咧咧的人，他冲上前去，对他们几乎吼着，我在几十米外都能清楚地听到，说："喂，到××镇怎么走？"

几分钟后，朋友快快地走了回来，向我愤愤不平地埋怨这里的农民没有礼貌、一点儿都不热情。我当然知道是怎么回事，于是微笑着走向那群农民，然后脱下帽子客气地向他们说道："我遇到了一个麻烦，需要你们帮一个忙。请问到××镇怎么走？"

结果我很快就得到了十分准确而详细的答案。他们显得很热情，回答得快速而有礼貌。等他们说完之后，我向他们表示了感谢，而他们也邀请我到他们的家里做客，我因为忙着赶路，因此答应下次有时间再去他们家。

对此，我的那位朋友很不理解我为什么会受到他们的欢迎，我说："没有人喜欢听人指使。"

你也许会说这仅仅是礼貌的问题。不错，礼貌确实有一定的影响，但是这绝不仅仅是礼貌的问题，而且，正是那种没有礼貌的语气使得你好像在对别人发号施令一样。的确，**没有人乐意听从别人的指使，没有人喜欢让别人告诉他应该怎么做，应该怎么想，这似乎是人的天性。**

在我班上有一个女学员道娜，她是一家公司的经理助理。一天，公司里来了一位客人，由新上任的经理接待。道娜像往常一样，正打算去给那位客人倒水，但是经理却突然对她说："去，倒杯水！"道娜却随口接道："我想去一下洗手间。"这种情况在我们身边也常常发生，比如你在酒店里就可能会遇到类似的情况，虽然服务员满口答应你，但是却迟迟不会把水打来。你可以投诉她服务态度不好，但是这样对你自己并没有什么好处。那么，你为什么不能换种语气来说呢？你可以这么对她说："我现在需要一壶水，你能给我打壶水来吗？"她一定会非常乐意为你服务的，而这样做，难道使你损失了什么吗？

当我们在说服一个人的时候，我们也经常像是在指使别人："你应该这么做……"或者"你这么想才是对的……"我们经常使用的是命令或者强迫的语气，即使我们有时候并不具有那种权威。你应该让你的语气更加柔和和委婉一些。

遗憾的是，**很多领导都喜欢指使下属做这做那，他们似乎想要用这种方式来体现自己作为领导的权威，而且多半的领导都在这么做，他们并没有意识到这有什么不对。**当某些人犯了错误的时候，我们通常会以一种居高临下的姿态对他进行说教，指使他应该怎么做，而对方也很有可能会为了维护自己的尊严而不惜跟你争论。我们知道，在这种尖锐对峙的情况下，没有谁能够有办法说服对方，因此，**最好的办法是维护对方的尊严，换一种方式指出他的错误，引导他应该怎么做。**

沃德将军曾经担任过训练新兵的教官。一天，他驾着吉普车到新兵营去巡查，碰到一名士兵正领着女朋友在散步。那名士兵似乎没有看到他，而等他的车子经过的时候，那名士兵"碰巧"弯下腰来系鞋带。沃德知道是怎么一回事了，于是把那名不懂军规的士兵叫了过来。

"小伙子，"沃德说道，"难道你真的没有看到我吗？"

"看到了，将军。"那名士兵知道瞒不过去，只得承认。

"那么，你怎么不向我敬礼，而装做在系鞋带没看到？"沃德问道。

士兵十分为难，没有办法回答。他看了看他的女朋友，苦着脸说："将军，如果你是我，带着你的女朋友在散步，你会怎么做？"

沃德被士兵逗乐了，笑着回答说："我会跟她说，'我想先给这个老家伙敬个礼，怎么样？'"

那名士兵听了之后，微笑着向沃德将军敬了一个礼，而沃德将军也不再说什么，回敬了一个礼，然后就开着车走了。

可以想象，如果沃德将军满脸怒气地对那位士兵说："你刚才所做的是错误的，你应该向我敬礼！"那么，士兵虽然会照办，但是却会从此怀恨在心，因为沃德使他在女朋友面前丢了面子，而沃德将军并没有这么做，他巧妙地指出了士兵的错误，告诉他应该怎么做，而且也顾及了士兵的面子。

我这里还有一个相同的案例，也是关于军人的故事。美国一个新兵营里最近接收了一批新兵。这些新兵有着坚强的毅力，这同样意味着他们不容易改变自己的一些坏习惯。教官发现，对这些文化程度较低的新兵并不适合讲大道理，当然，也不适合用强迫或命令使他们改变自己的不良习惯——那样的话他们会很暴躁地跟你对着干。教官们对此很伤脑筋，所以想了很多办法来改变他们，以使他们成为合格的军人，但是都收效甚微。总之，这些士兵倔强地认为，用不着别人来指使自己怎么做。

最后，教官们告诉士兵们，他们应该给家里寄一些信，以免家人挂念。教官们印发了一些信件，作为他们写信的参考。这些参考信的内容大致是告诉家人他们已经在军队里养成了良好的生活习惯，以前的很多坏习惯都已经改正了，请家人不用担心。当他们把信写好寄出去之后，奇怪的事情发生了，这些很顽固的士兵慢慢地主动克服了以前的坏习惯，一个个都变得精神焕发、讲卫生、守纪律了，最后都成为了合格的军人。

**用建议来代替指使，可以让人信服；用请求代替指使，可以让人高兴地执行；用商量来代替指使，有人会主动请缨；用赞美来代替指使，他们会用行动来证明你所说的是对的。**既然有这么多的方法可以代替指使，既然指使对于达到我们预期的目的没有任何效果，那么我们为什么不尝试换一种方式呢？

# 让别人对你产生信任感

1858年，当林肯竞选美国上议院议员时，他需要到伊利诺伊州南部的一些地方演说，以赢取那里的选票。但是要达到这个目的却非常困难——那些地方的人们对他极不信任，甚至有敌对的心理。

这是因为，林肯是一个废奴主义者，而他们地方的农场主却拥有大量的黑奴，他们自然不会喜欢林肯当选。这种政见和利益的对立是十分尖锐的。他们甚至扬言，只要林肯一来，他们就会立即把他杀死——这些野蛮的当地人即使在公共场合也腰挂短枪、身带利刃。

面临如此巨大的危险，我们可以想象林肯当时做出决定时需要多大的勇气。结果是，这些威胁并没有阻止林肯前进的步伐，他说："给我几分钟，我就能说服他们。"

在演说之前，林肯与当地重要的首领一一握了手，然后发表了演讲：

"伊利诺伊的朋友们，肯塔基的朋友们，密苏里的朋友们！我来之前就听过一个谣言，说你们之间的某些人要跟我作对——如果有的话，那么这些人一定就坐在下面吧？但我不相信这是真的，因为你们没有理由这么做；因为我也像你们一样，是从穷苦的乡村中艰难地爬出来的，是一个爽快而直率的平民，那么，为什么我不能和你们一样发表自己的意见呢？朋友们！我了解你们比你们了解我要多得多！你们将来会知道，我是怎么样的一个人。我并不想跟你们作对，所以，你们也绝不会跟我作对的。现在，我站在这里，我们就已经成为了朋友。我相信你们会愿意交我这个朋友的，因为我是一个谦和的人。我诚恳地要求你们给我说几句话的时间，你们——勇敢而豪爽的人们，一定不会拒绝我这个朋友的这个小小的要求的吧？那么现在，就让我们开诚布公地讨论一下严重的问题吧！"

听完林肯的这段话之后，原本愤怒的人们开始为他喝彩。结果是，这里的大部分人后来成为了林肯的朋友——他们开始终生信任他。也正是这些人，后来帮助他成为了美国的总统。

由不信任到信任的差别如此之大，这正是林肯所意识到的，所以，他极力向这些人说明他和他们之间没有不可逾越的鸿沟，说明他和他们是朋友。所幸的是，他做到了这一点。

信任，是人们进行交往的基本前提；如果没有信任，即使人们在互相谈话，也称不上是真正的沟通。

我曾经受一家公司的委托，请我的一位学者朋友给他们帮忙。一开始事情看起来似乎进展得很顺利，但是在就要开始工作的前几天，公司的有关负责人打电话给我，说不知道什么原因这位学者突然不愿意为他们公司工作了。公司方面对他进行了百般劝说，答应宽限上岗日期、减少工作时间、增加工资等，他却一直拒不接受。

我决定弄清楚究竟是什么原因使这位学者改变了态度，于是就和那位负责人一起去拜访他。他见到我后依旧十分热情，并且跟我谈起了许多事情，但这些东西跟这件事本身都没有什么联系。

后来，我直接问他为什么会拒绝为这个公司服务。他说了一些理由，但是其中我认为最重要的是，他担心公司方面是否能履行这个合同，以及与公司配合得够不够默契等。

听到这里，我觉得继续对他进行说服已经没有什么作用了，因此便告辞了。在回家的路上，我对那位负责人说："我不知道为什么他会对你们公司产生这种感觉，但是你们必须要做的事情是，让他对你们公司信任起来。在此之前，任何工作都将无济于事。"

第二天，那位公司负责人打电话给我，说那位学者已经改变了态度。原来，他在离开学者的家后又回到了学者家的门口，并且拦了一辆出租车等待这位学者，之后送他上飞机。这种真诚的态度赢得了学者的信任。另外，负责人还利用空闲时间，向学者说明他们愿意提前履行合同中公司的义务，这使得学者答应回来后立即上班。

我们并不能责备这位学者出尔反尔或者太势利，因为这本来就是一个十分复杂的社会。各种各样的人、各种各样的事，真相、假相，真诚的、虚伪的，都在这个世界上非常积极地活动。**人与人之间已经不再是单纯的相互合作的关系，而是加入了相互竞争、相互欺诈的成分。因此，不信任感在人们的心里始终占据着一席之地。**

我们无法想象一个对我们心怀戒备的人会听从我们的建议，有时候，这让我们不知所措。究竟怎么样才能取得别人的信任，从而让他们听从我们的劝说呢？

当你为这个问题苦恼的时候，请不用担心，实际上，在本书中虽然我没有直接指出来这种方法，但是每一章节中关于说话和沟通的方法已经能够帮助你取得别人的信任了。只要你按照我所说的方法来做，那么你也一定会给人留下真诚、值得信赖的印象。比如，最简单的方法就是微笑，微笑是最简单、最有效的与人沟通的方法。这个方法也能够帮助你取得别人的信任，因为这会让你看起来更加真诚；同样地，**我们勇敢地承认自己所犯的错误，这也能够使自己得到别人的信任，因为这表明你很诚实。**

# 掌握说话的主动权

掌握说话的主动权才能最终达到说服对方的目的，正如大多数推销员一样，他们向客户推销自己的商品时，往往不能掌握住说话的主动权，所以才导致最终的谈话失败。

一位图书推销员敲开一户人家的门，对一个太太说："太太，我们的图书质量非常好，装帧也非常精美，您看有没有需要呢？"对于这位推销员的回答，我们会有什么样的反应呢？在大部分情况下，这位推销员得到的回答是："不需要！"然后门会被关上。看得出来，这样的推销员不是出色的推销员。

那么，作为一位出色的推销员，他会更加懂得推销时的说话艺术。让我们来推测一下一位优秀的推销员的推销情况。

推销员：太太，早上好！你家的孩子都上学去了吗？

某太太：是的。

推销员：你的孩子上几年级了？

某太太：大的五年级，小的二年级。

推销员：他们一定都很聪明吧？

某太太：是的，当然。

推销员：他们平时喜欢看书吗？

某太太：有时候看。

推销员：我想我这里有些书他们可能会喜欢……

我们可以想象，这位推销员成功的几率应该是非常高的。为什么？因为他掌握了很好的推销艺术，并且在谈话过程中很好地控制了话题。

**如果想让我们的交谈变成一次卓有成效的谈话，那么你就要想方设法地引导对方，或者巧设提问，或者选择对方感兴趣的话题，并暗中把谈话引向我们期望的方向，这样就能说服对方。**

胡佛总统的沉默寡言让许多记者都望而却步，想让话从他的嘴巴说出来，简直比登天还要难。但是，一个芝加哥记者却轻易地做到了这一点，而且使胡佛总统谈了两个多小时。

那时候，胡佛是共和党的总统候选人。年轻的记者里尼提偶然地跟他坐同一辆列车，并得到了采访他的机会。一开始，当里尼提问一些问题的时候，胡佛总是简单地回答"是"或"不是"，然后就长久地陷入沉思。里尼提觉得很尴尬，虽然他早就知道胡佛的习惯了，他不得不一边问问题，一边想办法解决这种状况。

当火车经过贫穷而荒凉的内华达州时，里尼提突然想到了一个很好的话题。他望着窗外，好像是自言自语地说："在这个地方，人们应该还是用那种古老的方法来采矿的吧？"这时候，胡佛马上说道："早就不用那种方法了，现在全国都在采用最新的采矿方法。"接着，胡佛的话匣子好像是被打开了一样，他滔滔不绝地谈了起来，从采矿到石油，从航空到邮政……当时，那些跟胡佛同坐一列火车的人都是有名望的人，但是胡佛对他们都不理不睬，却偏偏跟里尼提讲了两个多小时。

里尼提本来是一个默默无闻的记者，但是却因为跟胡佛总统聊了一个合适的话题，使自己成为了和胡佛总统话谈得最长的记者。看来，话题对谈话确实起着至关重要的作用。如果没有找到合适的话题，不难想象，谈话的结果一定不会很理想。

**有效地控制话题，对说服一个人来说的确十分重要。**苏格拉底以擅长言辞而著称于世，他创立的问答法至今有着经久不衰的魅力，成为谈话的一种经典方式。问答法的核心内容是，我们在与人谈话的时候，如果想要说服对方，当不可避免地要面临一些有分歧的话题的时候，我们需要就这个话题的共同点（相对于分歧）对话题进行控制，一步一步地使对方作出肯定的回答，这样，就可以使谈话朝着对我们有利的方向发展。

我们来看看说话高手是如何用这种方法成功说服他人的。卡尔是一家汽车公司的推销员，下面是他与客户的一次谈话。

卡尔：你好，你有兴趣看一看我们公司推出的吨位为4吨的汽车吗？

客户：实际上我们已经有一辆2吨的汽车了，而且这更加适合我们。

卡尔：嗯，就目前而言，2吨的汽车确实比4吨的更加划算些，是吗？

客户：的确如此。

卡尔：我是否可以知道，你需要的汽车的平均载重量是多少呢？

客户：2吨。

卡尔：这是个平均数吗？

客户：是平均数。

卡尔：嗯，也就是说，你有可能用它来运超过2吨的货物，是吗？

客户：是的。

卡尔：如果装着超过2个吨位的货物在丘陵地区行驶，你的汽车承受的压力比正常的情况要大，是吗？

客户：的确如此，而且这很正常，因为我们经常在丘陵地区行驶。

卡尔：据我所知，冬天一般是汽车运营的旺季，是这样吗？

客户：是的。夏天一般生意很冷清，冬天却经常超载。

卡尔：不幸的是，丘陵地区的冬天一般都特别长。

客户：是的。

卡尔：那么，也就是说，你的汽车经常处于超负荷状态了？

客户：是这么回事。

卡尔：这自然会影响它的寿命，你说呢？

客户：是的。

卡尔：那么，你会不会觉得，如果你拥有两辆汽车，让4吨的汽车在旺季的时候运营，而让2吨的汽车在淡季运营，两辆汽车的使用寿命是不是都会延长呢？

客户：好像是那么回事。

就这样，卡尔随后得到了一个订单。但是通过这段对话我们可以看出，一开始客户看起来好像并不需要购买汽车，因为他已经有一辆了，但是这并没有什么。卡尔就巧妙地运用了说服技巧，让谈话朝着对他有利的方向发展，最后终于取得了成功。这就是控制了话题的巨大作用，这种方法对于我们来讲也同样有借鉴意义。

# 第四章
# 完善你的说话风格和个性

## THE ART OF
## ELOQUENCE AND SPEECH OF CARNEGIE

　　当我们在演讲台上、宴会上、面试中、谈判桌上开始说话的时候，我们会因为掌握了高超的说话艺术而感到前所未有的放松、自信和满足。我们的每一个动作、神情，甚至每一个词句都展现了我们之所以是我们的那些东西——那些只属于我们自己的个性的东西。这时候的我们是独一无二的。

　　这是说话高手的必备特征。他们让自己说的每个词、每句话都带着他们自己的风格，形象鲜明地、准确地抵达对方的耳朵里，对方因此被深深地吸引。

# 施展你独特的声音魅力

声音是你讲话内容的载体——**你的声音反映出你的感觉、你的心情和现在的状态，是你说话中强有力的、必不可少的工具。**说话高手总是善于树立自己的说话风格，他们的声音与众不同、语调生动有趣、举止恰到好处……凡是与他们有关的东西都能够体现出他们的特色。对说话高手而言，只有这些风格才是真正有价值的。为了拥有自己的说话风格，你需要进行一系列重要的基础训练。

当我们与听众交流思想的时候，要使用许多发音组织和身体的各个部分。我们会做出这样的动作：耸肩、挥动手臂、皱眉、提高音量、改变高低调门和音调，并且依据场合与题材变换语速，以发出不同的声音来。需要注意的是，我所强调的是声音的效果而不是声音的产生，即物理品质。那些东西已经无法改变，而声音的效果则受到说话者的情绪、状态的影响，这就是我强调说话者必须要热情的原因之一，因此，你需要一开口就与众不同。

不幸的是，我们大多数人会随着年龄的增长失去幼时的纯真和自然，在不知不觉中落入一定的、为我们所习惯的沟通模式中去。这样就使得我们的说话越来越没有生气，更重要的是，我们也越来越不会使用手势，并且不会再抑扬顿挫地提高或放低声音。总之，我们正在逐渐失去我们真正交谈时的那种鲜活和自然——我们失去了那个独特、富有个性的自我。

在生活中，我们会有太多不正确的习惯需要改正，比如，我们也许已经养成了说话太快或太慢的习惯；我们的用词一不小心就会非常散乱。

我经常强调，你在说话的时候要自然，也许你会误以为可以胡乱地遣词造句，或以单调无聊的方式表达——只要你做到了自然。其实不然。我要求大家讲话自然，是要你把自己的意念完整地用词语表达出来。从另一个角度来说，说话高手绝不会认为自己无法再增加词汇，无法再运用想象和措辞，无法变化表达的形式和增强表达的效果。这些都是追求精益求精的人们所乐于去做的。

对于迫切想要学会说话技巧的人来说，首先要学会塑造自己的讲话风格，你最好注意一下自己的音量及音调的变化和说话速度——这是非常具有实用价值的。把你说的话录下来，也可以请朋友给你指出来，当然，如果能让专家来给你指导的话则会更好。不过，这些都是没有说话对象的练习，跟实际说话完全不同。一旦站在人们面前，你就要将自己的全部精力投入到讲话之中，以引起对方的共鸣。

其次，你要选择好自己的说话声音——这完全取决于你的个性、场合以及你所要表达的感情。通常情况下，你的发音要做到清脆而洪亮。说话清晰才显得有自信心、目的性明确和善于表达，这会给对方泰然自若的感觉。在公众场合，如果别人的谈话正处在争论不休的阶段，你站起来说一句话，语句简短、声音洪亮，则会产生震撼人心的作用。

如何控制你说话的音量呢？你讲话时的声音能够让大家都听到吗——我指的是你的声音足够大而且清晰。如果你所处的场合是三两个人的促膝而谈，那么在这种谈话中你可能比较容易做到这一点。事实上，如果此时你的音量过大的话，反而会使人以为你在跟人争吵，但是，如果你面对的是成百上千个听众，比如站在广场上发表演讲时，你则应该尽量让更多的人听到。因为如果他们没有听到的话，他们就会忽略你所说的内容，而不是提醒你大声讲或者重新讲述。因此，你要根据情况的不同调整你的音量。

注意重音的变化会使你所要表达的意思发生不同的变化。当你需要强调某一个重点的时候，你可以适当地提高音量。在某个重要的地方提高音量，可以引起大家的注意。当然，有的时候适当地降低音量也能使你达到这个目的。你要记住这一点：在任何情况下，音量的变化都可以使你突出重点。

我们看一下林肯是如何巧妙利用重音的变化为自己解围的。

有一次，林肯正低着头擦自己的靴子，恰巧被一位外国外交官看见了，他嘲讽林肯说："总统先生，你经常给自己擦靴子吗？"

"是的，"林肯答道，"你经常给谁擦靴子？"

林肯的这句话巧妙地转移了对方的重音，使自己脱离了被嘲讽的境地，并置对方于尴尬的处境。如果你能巧妙转移别人的说话重音也能营造一种幽默，化解不必要的麻烦。

此外，**声音的变化可以富有变化和层次感，声音的高低会影响到听者的情绪**。如果你一直采用高音来说话，有谁愿意听这样尖锐的声音呢？而且，当你普遍地使用高音的时候，你的声音会显得过于单调。因此，你必须在音高上有所变化，这样能够使你的声音悦耳而且更有活力。与调节音量一样，当你要阐明某个观点时，变音也会使你更加积极地传达信息。你可以采取略高或略低的声音来表示你对某个观点的重视程度。

我们平时与人交谈时，声音会高低起伏不断变化，就像大海不断起伏一样。这种方式显然能使人感到愉快，而且它也是一种很自然的方式。然而，当我们开始某种正式的讲话时，我们的声音却变得枯燥、平淡而单调，就像一片沙漠一样。当发现自己出现以上的状况时，你就该停下来反省了。

对于说话和声音的掌控，我们需要避免下面几种错误的方式。

（1）你必须使对方感觉到，你对你所讲的内容是非常自信的。当你的声音颤抖或者犹豫的时候，对方会以为你对所说的没有把握。如果连你自己都对你所说的没有把握的话，怎么要求让对方对它产生兴趣呢？

（2）不要使你的话听起来像是在自言自语。声音过低或者不清晰，听起来同样让人觉得你不确定。你可能本来就不打算让对方听到你的这些话，但是他们模糊地听到了，却不知道你讲的是什么，他们就会产生怀疑，猜测你正在说一些对他们不利的东西。

（3）如果你的牙齿紧紧闭合，或者更加糟糕些，你的双唇像腹语者一样紧闭不动，那么毫无疑问，你正在用鼻音说话。用鼻音说话导致的最大问题就是发音含糊不清。这样对方会以为你在抱怨，而你则会显得病恹恹而无生气，非常消极。

（4）如果你的声音像飞机降落时候的制动声，对方会感到你十分可厌，因此不去听你讲话。过高的声音会使你的讲话具有攻击性，他们会以为你正处在一种压倒、胁迫他们的立场，而这不是他们所愿意的。所以当你喊着要大家听你的话的时候，没有人会愿意听从你的意见。

（5）你可能会造成这样的情况，当到了一句话的结尾或者关键的地方，你的声音慢慢地低下去，最后就没有了。这样会使句子听起来不完整。你要相信，对方不会愿意去猜测你后面到底讲了什么东西。

（6）要想声音娓娓动听，最好不要夹杂地方口音。如果你确实要用的话，你必须运用某种方法进行强调，而不要让人们以为你的发音不标准。

（7）无论你的意图如何，它最终都是通过声音来表达的。因此，如果你的声音里含有傲慢、蔑视或者其他消极的情感因素的话，你就会伤害听你讲话的人，或给别人不受尊重的感觉。

当你处于一种消极状态的时候，如果你将它掺杂到你的声音中，人们会把它想象得比真实情况要糟糕得多，转而分散自己的注意力。比如，你稍微的挫折感可能被理解为歇斯底里，而你的失望可能被理解为绝望。因此，你必须在你的语调中显示出你诊治后的感情来，这样才能以积极的方式去吸引对方的注意力。

# 语调可以让语言生动有趣

第一次世界大战后不久，一天，我闲逛进了一所公园，我知道经常有各式各样的人在那里谈论关于各种宗教信仰和政治的话题，并且想听听他们的谈话。当时我看到一位天主教徒正向人们解释教皇无谬论，之后又听了一位社会主义者对卡尔·马克思的意见。最后，我还听了一个男人关于多妻制的高论。

我注意到在这三位主讲人周围的听众人数的变化。一开始，那位鼓吹一夫多妻制的演讲者的听众最多，但是到后来，他的听众越来越少，而围绕在另外两个演讲者周围的人却越来越多。你知道这是为什么吗？难道是因为话题的原因吗？

我对这个问题进行了研究。我发现，那位多妻制的鼓吹者，自己好像对讨三四个老婆并没有多大的兴趣，他的语调听起来也一点都不高兴，人们因此觉得他讲得很枯燥无味，那两位拥有完全对立观点的天主教徒和社会主义者，却都沉浸在自己的演讲当中——他们情绪高昂，并且挥动着手臂，声音高亢而充满信念，散发着热情和生气，这种热情感染了人们。原来，正是演讲者不同的态度和语调引起了听众人数的变化。

语调就是说话人的语气和声调的变化结合，它表达了话语中包含的情感。在说话的时候，你需要让语调来表现出比你说话的具体内容更多的信息，或者说，语调实际上也是你说话内容的一部分。比如，当你的话听起来很真诚的时候，你实际上是在对对方说："我所想的就是我所说的，我所说的就是我所想的，我这样做实际上是对你的尊重。"这样一来，对方自然会更加相信你所说的话。

为什么很多人讨论的话题是很有吸引力的，却并没有起到预期的效果呢？实际上，语调传达的信息远比我们想象的要多得多。**语调就像说话者的表情一样，向对方传达着某种言外之意的感染力。**当你听到一个人的电话的时候，如果他的语气热烈，那么你即使没有见到他，也可以判断出他很高兴，但是如果他的口气很平淡，那么即使他告诉你一件值得高兴的事，你也会认为这没什么好高兴的。

**懂得说话的人，不仅会塑造自己的个性声音，使其悦耳动听，而且他们的语气和语调也很有感染力，总能拨动人的心弦，引起对方的共鸣。**据说，一个意大利演员用悲怆的语调朗诵阿拉伯数字，听的人居然被感动得潸然泪下。又比如，普普通通的一个语气词——啊，运用不同的语调，可以分别表达"我明白了"、"没听清"、"惊讶"、"终于知道了"等诸多含义，这正是语调使得你的说话变得声情并茂。

很多人存在这么一种错误的认识，他们认为语调和嗓音一样，都是天生的，并没有意识到自己的语调存在着问题。要注意的问题是，这种不当的声音会让对方很麻木，并同时失去对说话内容的注意力，从而没有心思去思考你说话的内容，而有语调的声音则会产生完全相反的效果。

我们走入了这么一种思想误区，**很多时候我们花费更多的心思寻找说话的内容，但是最终搞砸我们的却是我们的语调。**拿起听筒，听到一个"喂"字，无需再多说什么，从这一个字里，我们就已经知道男朋友是不是还对我们拥有火一般的激情，母亲是不是没有睡好觉，好友是不是已经顺利通过了考试……如此众多的讯息，都在这么一个声音的变化中。

"嗓音是身体的音乐，语调是灵魂的音乐"，这句话说得对。我们悲伤的时候，语调是苍白空洞的；经过一夜狂欢，我们的语调变得有气无力、底气不足，一个星期的海边度假，又可以让我们的语调重新恢复活力和弹性。

你注意到你声音的语调了吗？是慷慨激昂的，还是抑扬顿挫的？或者是平和舒缓的？选择合适的场合运用好你的语调，你可以让你的声音同样表达出丰富的表情。

# 张弛有度，说话不拖泥带水

说话要有节奏，该快的时候快，该慢的时候慢，该起的时候起，这样有起伏、有快慢、有轻重，才形成了口语的乐感和悦耳动听，否则话语不感人、不动人。口语中有规律性的变化，叫节奏。有了这个变化语言才生动，否则显得呆板。有位意大利的音乐家，他上台不是唱歌，而是把数字有节奏地、有变化地从1数到100，结果倾倒了所有的听众，甚至有的感动得流下了眼泪，可见节奏在生活中是多么重要。

**你肯定希望自己能够给人干练、明快的印象，那么，你就必须掌握好说话的节奏，这就是说话节奏的魅力所在。**影响说话节奏的主要有两个因素：讲话的快慢和说话内容的繁简。如果你说话太快，以至于某些词语模糊不清，他人就会听不懂你所说的东西，节奏太慢又会表明你过于拖沓，过于迟钝。在语言交流中，讲话的快慢程度会影响你向对方传达信息。速度太快就如同音调过高一样，会给人以紧张和焦虑的感觉。

华特·史狄文思在著写的《记者眼中的林肯》一书中说道：

"他（指林肯）会以很快的速度说出几个字，但是遇到他希望强调的词句时，就会拖长声音，一字一句说得很重。然后，他会像闪电一样迅速地把整个句子都说完……他会尽量拖长所需要强调的字句，差不多与说其他五六句不重要的句子所使用的时间一样长。"

下面你尝试着说出下面一句话："今天我们要向大家介绍的就是我们公司的这款商品。"当你在说这句话的时候，你可以先用平缓略低的声音说到"公司的"这三个字为止，然后稍作停顿，热情地大声说出"这款商品"，利用这种技巧你一定能够收到意想不到的效果。

但是需要注意的一点是，我虽然并不反对你刻意延缓某些词句的速度，以突出这些或另外一些内容（这根据你的音调来决定），但是，如果你整篇说话或者大部分篇幅都这样，我则建议你千万不要这么做。因为这种处处刻意的拖延手法，会让人觉得非常厌烦，最终不堪忍受，如此便达不到你所预期的效果。

我们在说话中，需要明确这么一个说话的目的：**社交语言要简洁、精练，并尽可能地承载更多和更有用的信息。**这样才能使你的说话节奏明快，使听众觉得你果断、直接和对说话内容肯定。如果空话连篇、言之无物，你的说话节奏必然拖沓，并且似乎很犹豫，好像在回避什么东西似的。

知道了这一点，那么你就不难明白为什么有些人在表达自己观点的时候陈述得太多，而且持续的时间太长，结果遭到了彻底的失败。林肯在葛底斯堡讲话中，他只讲了两分钟，全篇讲话才不过226个字，但是他的竞争对手爱德华·伊韦瑞特却讲述了两个小时。结果不难得知，林肯获得了成功。

因此，为了使你的说话不拖泥带水，你最好确保自己的信息简短、直接。为了达到这一点，你可以采用下面的方法来安排你需要表达的信息。

**一、表达的信息要直接**

你需要尽快地直达主题，让对方更为直接地了解你所要表达的意思。这样你所要表达的信息才会听起来更加清晰明了。但是很多人却总喜欢旁敲侧击，殊不知，这种做法容易分散对方的注意力。

**二、用最简洁的词汇**

对于你要陈述的重要观点，你需要记住这一点：词汇或句子越少越好。有这么一句老话可以很好地表达我的意思，它是这么说的："我问你几点钟，你不用告诉我表的工作原理。"

话虽如此，但是事实却并不是这样。明明可以用少数词句就可以表达清楚的观点，很多人却总是喜欢用过多的词句，甚至堆砌故事、人物、数字来说明他的主题，你需要避免过多的修饰，它只会损害你的表达。

一个十几岁的孩子第一次参加正式的舞会，他的父亲这样教导他说：
"你也许不应该在今晚的舞会之前、之中或之后喝酒。"

这位父亲在这句话中犯了哪些错误呢？首先，像"也许"这样缺乏说
服力的限制词，听起来叫人不那么肯定你要表达的究竟是什么意思，对方
可能不明白你所肯定的是什么。其次，"之前、之中或之后"这样的词汇
无非就是要说明不允许他喝酒这么一个目的，何须加了这么多修饰的词语
呢？这样就给人留下不果断、不直接和不坚决的印象，还会使你的表达不
够简洁。

### 三、明确你的中心思想

你所说的话中，也许存在多个主题，这样的结果是什么呢？这将使
你和对方的精力都被分散。实际上，你要把一个主题讲得很透彻都十分困
难，所以更不可能把每个主题都讲透。如果非得这样，那么每个主题你都
只会浅尝辄止，因此跟对方讨论各种话题会影响你主要观点的表达。

此外，很多人喜欢注重细节的描述。这并没有错，但是你必须注意一
个前提，即不能影响你的主题的表达。如果你把精力和时间都放在这些细
节中，那么，你的信息重点就会不清晰。千万不要期待对方花费更多的
努力、精力或时间来分析解读你的观点，大多数人都不愿意这么去做。所
以，通过你的表达，让对方直接得到重要的信息，这才是最重要的。

# 非语言信息比语言更富有内涵

柯恩登在为林肯写传记时，用这样的文字来描写他：

"林肯更加喜欢用脑袋来做姿势，他会经常甩动头部。当他想要强调某个观点的时候，这种动作特别明显。有时，这种动作会戛然而止……随着演讲的进行，他的动作会越来越随意，最后趋于完美。他有完全属于自己的自然感和特点，这使得他变得很高贵。他瞧不起虚荣、炫耀和做作……有时为了表示喜悦，他会高举双手大约成50度，手掌向上，看起来好像要拥抱那种情绪。当他想表现厌恶时——比如对黑奴制度——他就会举高双臂、握紧拳头，在空中挥舞，表现出强烈的厌恶感。这是他最有效的手势，表现了他最坚定的决心，看起来他好像要把这些东西扯下来烧了一样。他总是站得很规矩，双脚并齐，绝不会一脚前一脚后，也绝不会扶在什么东西上面。在整个演讲中，他的姿态和神态只有稍微的变化。他也绝不乱喊乱叫，不会在台上走动。为了使双臂轻松，他有时也会用左手抓住衣领，拇指向上，而只用右手来做手势。"

你要知道，非语言信息所传达出的信息比语言本身更富有内涵。你的体态，包括你的表情、身体姿势和手势所传达出的信息构成了你的一种肢体语言。这种信息，更具有丰富的意义和说服效果，成为你个性魅力的展示，并作为你独特的形象深入人心。

当别人对你作出如下评论时，你就应当找出问题的根源了。"他懒吗"、"病了吗"、"累了吗"，如此消极猜测的话，很可能是因为你呈现给他们的体态中，含有了这类信息。当然，仅仅注意这些还远远不够，你需要更加完善和丰富你的体态，可以从下面几方面着手来做。

## 一、面部表情

面部表情具有极其丰富的含义。人们常说眼睛是心灵的窗户，那么，脸就是心灵的外观，你的所有情绪都写在你的脸上。如果你不是一个善于控制情绪的人的话，无论如何，你可以而且往往会通过表情传达更多的信息。

表情有喜怒哀乐，但是对说话的人来说，**一般情况下最重要的表情是微笑，它是拉近你和对方距离的最简单有效的方法。**当然，还有更多的表情，这要看你的说话内容而定了。

## 二、身体姿势

在你讲话之前、听话的过程中——尤其是在演讲的时候——如果你必须面对对方坐下，你就必须注意坐姿。不要四处张望，那非常像是一只动物在找一处可以躺下来过夜的地方，而不是对与对方谈话更加有兴趣。

在你坐下来的时候，不要玩弄衣服或别的什么东西，这会分散对方的注意力，而且这样会使人觉得你不够稳重、没有自制力。所以，你必须保持静止状态，控制自己的身体。

当你准备讲话的时候，不论你是站着还是坐着，挺起你的胸膛，显出你很有自信的样子。不要等到面对听众时才这么做，你平时就需要这么做。

罗瑟·古里柯在《高效率的生活》一书中说：现在，十个人中都找不出一个能让自己保持最佳状态的人。可见，很多人都还没有意识到身体姿态对于说话的重要性。他建议我们平时就要注意这方面的练习，在说话的时候更要"把自己的脖子紧紧贴住衣领"。

## 三、手势

手，人类身体最灵活的部位，手的表情——手势使人类肢体语言具有丰富的内涵。手势语言是人类在漫长进化历程中最早使用的一种沟通工具，手势语言是运用手指、手掌和手臂的动作变化来传达信息的一种无声语言。它使用的范围很广，便捷、灵活、变化多样，不仅能辅助有声语言，甚至有时还可以替代有声语言。正因为此，有人称手势语言为人类的"第二语言"。

**手势是最自由和最强有力的体态语，也正是这个原因，人们往往也最容易犯错误。**我将重点讲述手势语，主要讲当你站着讲话时的手势。

那么在讲话时，你应该如何利用好你的双手呢？在你开始讲话的时候，最好忘记自己的手，你不用担心会失去它。它们会很自然地下垂在身体两侧，那是最好的一种姿态。当然，在需要的时候，你会记得用它们来做出恰当的手势的。

大多数人也许会保持这么一种姿势，他们要么把手放在背后，要么插入口袋里，要么放在桌子上，因为这样做能减少紧张感。这时，你更没有必要在乎它。许多人都是这么做的，即使伟大如罗斯福总统有时也会这么做，好像这种姿势具有非常大的诱惑力似的。

在我的教学生涯中，我曾经依照教科书里面所说的东西来教我的学员，让他们学会如何采用姿势。我只是照搬老师灌输给我的那些理论，从而养成了一些坏习惯。我永远无法忘记第一次上演讲课的情形：

老师叫我把手臂轻轻地垂在身体的两边，手掌朝后，所有的手指蜷曲成一半，大拇指碰着大腿。然后，我举起手臂，画出一道弧线，以便让手腕优雅地转动。接着，我再张开食指，然后张开中指，最后是小指。当我全部完成这套看起来相当完美的动作后，手臂还要回到刚才的那道弧线，再放到身体两侧。

实际上，这套生硬的动作在我讲话的时候没有丝毫用处，而我却用它来教我的学员。有一次，我看到20个人同时在做这样的姿势，他们都像打字机一样机械地做着动作，显得十分可笑。其实，从来没有一套标准的手势是适合所有说话者的，除了一些经验之外。每个人都是从自己的内心出发并根据自己的思想和兴趣来培养的。唯一有价值的手势，就是你天生学会的那一种。

手势完全不同于衣服，衣服可以穿上换下，而手势却是发自内心的，就像大笑、腹痛、晕船一样。一个人的手势，是属于他个人的东西。

既然如此，我们只要随心所欲地发挥就好了，只有那些你内心当中的冲动和欲望才是最值得信任的，这些东西给你的指导最重要，但是你还是需要注意下面几点，以更好地提升你说话的力度，塑造你完美的形象。

（1）不要过多地重复同一种手势，那将会给人枯燥的印象；

（2）不要用肘部做短而急促的动作，尝试一下肩部的动作，由肩部发出的动作看起来要好很多；

（3）手势不要结束得太快。

# 让别人更容易接受你的观点

有一位学员，作为一名医生他曾经在班上这样开始他的讲话：

"横膈膜是这样一种东西，如果它被用来呼吸的话，将会明显地帮助肠子的蠕动，而这对你的健康有很大的好处。"

他想接着讲其他的东西，可是老师打断了他。老师让听懂了这句话的人举起手来，结果出乎这位医生的意料，没有一个人举起手来。也就是说，没有一个人听懂了他的话，老师要求他对那句话进行解释，告诉他在让大家知道那东西究竟是什么样的以及究竟如何工作之前，先不要急着往下说。于是那位医生解释道：

"横膈膜实际上是一种非常薄的肌肉，它的位置在胸腔底部和腹腔顶部之间，它会随着胸腔和腹腔的呼吸而变化。当胸腔呼吸的时候，它会被压缩，就像一只倒置的洗刷盆；当腹腔呼吸时，它就会被往下推，使它成一个平面，而此时肠胃会受到挤压。而它的这种向下的推力，会按摩和刺激腹腔的上部器官，比如胃、肝、胰等等。当人们呼气的时候，胃和肠又往上推压横膈膜，这样的话，就相当于做第二次按摩。这种按摩有助于人体排泄。许多人的身体不舒服，主要是因为肠胃不适，而一旦我们的肠胃因为横膈膜的按摩而得到适当的运动，那么大部分的不舒服都会消失。"作了这番解释以后，虽然麻烦了一点，但是学员们都听懂了他的话。

**我们很多人在讲话的时候，都会犯和这个学员一样的错误——他们讲着自己很了解的东西，并且以为听众也一定会了解。其实，这个问题并不难解决，而是常常被说话者所忽视。**

我因为职业的原因听了无数次演讲，但是其中一些演讲因为演讲者的疏忽大意而失败了。分析其失败的原因不在于他们的专业知识不牢靠，恰巧相反，他们只管大谈特谈专业——显然他们完全不知道，作为一般听众对他们的行业是缺乏了解的。这样的结果可想而知，虽然他们高谈阔论，大量使用工作中常用的词汇，却使得那些外行听众根本不了解他们所说的话。

不只是在演讲中存在这种情况，实际上，几乎所有牵涉到从事不同行业的谈话者的谈话都存在这样的问题。这种不经意的忽略使谈话失去了本来应该有的效果。所以，如果你想使你的说话更能够被大家理解，你就必须学会使你的语言通俗化，使你的语言成为人人能懂的语言，这样你就算是达到了说话的最高境界。换句话说，你所说的话需要通俗易懂，让更多人听明白。

如何把话说得更通俗一些呢？很多人面临的最大问题可能就是使用了一些专业词汇，也就是我们前面所说过的"术语"，这些词汇只有与某项工作有关或者某个特定研究领域的人才能够真正理解。另外，有些行业可能会创造一些只有本行业人员才懂的缩略语，这些语言通常是仅由首字母组成的。对不熟悉它们的人来说，运用这些词汇的时候，他们可能并不知道你说的究竟是什么意思，而由于很多原因，一般人是不会站起来说明他没有听懂的。所以，他们很可能会微笑，然后带着困惑离开。所以，在有必要使用这些专业术语的时候，你要确保这些术语能够被他们所理解。

比如，你在对一位家庭主妇讲解为什么冰箱需要除霜的时候，有可能会这么讲：

"冷冻的原理是这样的：蒸发器从冰箱内吸收热量，然后散发到冰箱外面。这时候，被吸出来的热量伴随着湿气，这些湿气会附着在蒸发器上，形成很厚的一层霜，导致蒸发器绝热，而且使马达频繁地工作来进行补偿。"

对那些家庭主妇来说，这段话可能相当于什么都没说。你其实完全可以这么说：

"蒸发器的作用，就好像吸风机一样，把冰箱里的热量都吸出去，使冰箱能够冰冻你的东西。各位在打开冰箱的时候，一定会发现你的冰箱放肉的那一层上结有一层霜，这些霜就是结在蒸发器上的。霜越结越厚，就好像越来越厚的石棉一样，使蒸发器和冰箱里面的空气隔开，从而没有办法正常吸热，这样，你的冰箱的冰冻效果就会越来越差。这时，马达只有不停地运转，才能保证冰箱里的冷度，但是这会减少你的冰箱的使用寿命。为了使马达运转得慢一点，以使你的冰箱不那么吃力，我们必须想办法把这些霜除去，而如果在冰箱里装一个自动除霜器，就可以做到这一点了。"

在面对更多人的场合说话，你应当如何确保你所说的话被更多人理解和听懂呢？印第安纳州前参议员比佛里吉有一个关于这方面的建议：

"最好的办法，就是在你的对象中选取一个看上去最不聪明的人，然后尽量使他明白你所说的话。你只能用最通俗的话来讲述，尽可能清晰地表明你的观点，这样才能使他听明白。还有一个好的方法，就是把目标锁定在那些由父母陪同的小孩身上，然后，你需要不断地提醒自己——自然，你也可以把它向对方说出来——你要尽量讲得简单明白一些，让所有人都理解你的解释，并且记住它，而且还能将你讲的东西讲给别人听。"

有一次，我去听一位证券经济商的演讲，听的人都是一些家庭妇女，她们想了解一些关于银行和投资的知识。这位演讲者一开始就使用了简单通俗的语言和幽默轻松的方式，以使她们放松下来。他把她们所关心的问题都说得清清楚楚，更加重要的是，他把一些专业术语，比如"票据交易所"、"课税"和"偿付"等，都用简单通俗的话解释得非常清楚，结果，这场演讲获得了空前的成功。人们非常感激他，并且都主动找他咨询投资方面的事情。

**只要你用心一点，把话说得更通俗一点，那么，花费在这方面的精力和时间绝对是值得的。**语言有千差万别，而语言的表达方法也会各不相同。最好的做法是，用最通俗的语言表达你的观点，而不是用许多母语或者想当然地去表达你的想法。

# 使语言变得更有说服力

如果想要在辩论中取胜，你必须采用各种各样的更容易为人所接受的方法来改善自己的话语，以使它更有分量，使人们更加相信你。而这种方法就是通常所说的修辞。如果你注意了的话你就会发现，律师之所以能言善辩，正是因为经常用到它。

通常我们所用到的修辞有如下几种，我在这里进行简略的说明。

## 一、比喻

天国就像酵母，人们把它放到玉米粉里面，它就会全部发酵完毕……

天国就像寻找珍珠的商人……

天国就像撒入大海中的网……

"天国"可能不是人们所熟悉的，而酵母、商人、网则是为大家所熟悉的东西，正是运用了这些精彩而贴切的比喻，才帮助人们更加容易理解说话者的意思。这些话正是耶稣在解释"天国"时，采用的一种非常好的方法，那就是运用人们熟悉的东西来说明他们不熟悉的东西。

比喻之所以更为人所接受，更形象生动，更具有说服力就在于运用两者类似的地方进行比较，就更加容易让人明白。

## 二、夸张

在说话的时候，如果你想要强调某一点，适当地运用一些夸张将是一个非常好的办法。你是不是有时候也会这么去做？当你想要对方快一点的时候，你可能会对他说："希望你弄完的时候，我还不至于变成'木乃伊'！"你和对方都知道，你至少在这么短的时间里变不成"木乃伊"，但是你却很明显地夸大了事实。

实际上，这种修辞方法就在于刺激别人的神经，让别人考虑到你所认为的对方的某种做法可能会产生严重后果。比如，你也许会说："你这样做，就好像是打开了潘多拉的盒子。"而他肯定也知道你说这话的意思。

### 三、反复

以相同的节奏重复同一个意思，这种修辞方法就叫做反复。这种修辞方法的好处在于，你不仅能够把听众的注意力吸引住，从而让他们知道你的主要观点是什么，而且能够将你的主要思想与整个演讲融为一体。

比如，一个演说家在谈论某个部门的时候说：

"这个系统，它有着糟糕的公众服务，政府雇员的数量却远远超过了工厂。"

"这个系统，它有着一个好管闲事的政府，每时每刻都准备插手你的商业事务和私人生活。"

"这个系统，它吞噬了整个国家将近一半的财政预算。"

通过这种反复的修辞方法，这位演说家让听众相信了：这个部门确实存在很多问题，而且急需改革了。

### 四、引用

我们常用"引经据典"的修辞方法来加强说服力，实际上，这种修辞方法是我们最常用到的。我就经常在本书里大量地引用著名演说家（比如林肯）和学员的故事来说明我的观点，事实证明，这样的确收到了很好的效果。

有时候，我们并不打算引用一个冗长的故事，而只选择了某人说过的某一句话，甚至某一个词。还有这样一种情况，我们有时候引用一句古话或俗语来说明我们的观点，也非常有效。引用不仅简单有效，而且会使你的话更有说服力。

### 五、反问

当你在表达一个观点的时候，一方面，你认为事实明明就是这样的；另一方面，你可能并不需要听众回答这个问题，那么，你可能会说："难道不是这样吗？"这种修辞方法就是反问。反问的修辞方法只是为了吸引听众对你的问题的注意，它常常被用在结论和过渡中。

但是，反问的作用远远不止于此，让我们看一则故事。

有一次，伟大的拿破仑骄傲地对他的秘书说："布里昂，你知道吗？你将永垂不朽了。"布里昂并没有明白他的意思，问拿破仑为什么这么说。

拿破仑说道："你不是我的秘书吗？"

布里昂明白后，向拿破仑发问道："那么，亚历山大的秘书是谁？"

拿破仑没有答上来，他赞扬布里昂说："问得好！"

你明白这段对话的奥妙吗？拿破仑的意思是，因为布里昂是他的秘书，所以会扬名。但是，布里昂却表示自己不愿意靠别人出名，所以反问了拿破仑这么一句话。他问拿破仑那句话的意思是，伟大人物的秘书不一定就会出名。但是，因为拿破仑是他的主帅，他不能直接反驳拿破仑的观点，所以用反问巧妙地表达了自己的看法。

有时候，反问可以表达更多的意思。正如拿破仑的这位秘书一样，如果你想说服一个人，最好的方法就是举出例证反问之，这样比正面辩论要有更大的说服力。

## 六、对比

对比是指同时列出两个相反或者相对的事物。对比确实能够使原本平淡无奇的话变得精彩，使你变得很雄辩。我们先看查尔·狄更斯在《双城记》里是如何巧妙地运用对比这种修辞手法的：

"那是最美好的年代，也是最糟糕的年代；那是智慧的时代，也是愚蠢的时代；那是信仰的时期，也是怀疑的时期；那是光明的季节，也是黑暗的季节；那是希望的春天，也是绝望的冬天：在我们前面，物品堆积如山，也一无所有；我们全都奔向天堂，也全都走向地狱……"听起来如何？是不是很打动人？你也很希望如此优美、能说服人的句子出现在你的话里吧！

不用去管为什么这种修辞方法会出现这样的效果，这些问题可以留给语言学家或心理学家去解答，你只要知道它有用，并尽量去用就行了。

你在鼓励大家尽快完成任务的时候，可以说："让我们停止空谈，开始行动！"而当你在提醒大家不要浪费粮食的时候，你可以说："你现在的确可以吃得很饱，但是这个世界上有很多正在挨饿的人。"如果你需要更多的例子，你可以自己去发现和总结。

### 七、排比

"……我们在此坚决地表示：要让他们的死有价值；要让这个国家在上帝的保佑下，得到自由的新生；要让民有、民治、民享的政府不会从这个地球上消失！"

这是林肯在他著名的葛底斯堡演讲中的最后部分，林肯在此运用了排比的修辞方法。这使得原本平淡无奇的话变得生动和有气势起来，从而对听众产生了非常大的感染力。

排比就是将三个或三个以上同样的句式放在一起，而不是表达同一种意思。你可能也曾经看到过许多这样的例子。排比的独特优点还在于它对任何话题都适用。无论你要讲的是什么，你总能用上这种修辞方法。

掌握了以上这些修辞方法我们就可以更好地表达我们的意思，操控语言这门艺术。你不用因为需要掌握这么多修辞方法而烦恼，实际上，正是因为它多，才使你的说话变得更有说服力。关于更多的修辞方法，你可以找相关的著作来看。

# 第五章
## 当众说话的口才艺术

### THE ART OF
### ELOQUENCE AND SPEECH OF CARNEGIE

如果你能够让这个世界所有的人都听到"演讲"这两个字，你就可以感觉到这个世界开始发生微微的颤动——那是人们因紧张而颤抖所造成的。人们羡慕那些用演讲征服世界的人，比如林肯、萧伯纳等著名的演说家，但是人们却一致地认为，自己没有能力像他们那样，至少这辈子已经不可能。

实际上，无论处在何种情况下，绝没有哪个人是天生的演说家。在历史上的有些时期，演讲曾经作为一门精致的艺术，需要遵守严谨的修辞法和采取优雅的演说方式，人们如果想要成为一个出色的大众演说家的话，就需要付出异常艰苦的努力。但是现在，我们却把当众说话看成是一种扩大的交谈。在宴会上、教堂中或看电视、听收音机时，我们希望听到的是率直的言语、依照常理的构思，而不是夸夸其谈的、生硬的演说。

因此，当众说话已不再是一门需要付出像以前那样的努力才能掌握的艺术了，它像平常说话一样轻而易举，只需要遵循一些简单的规则就行。

# 当众说话，你欠缺的是什么？

在你当众说话前，是否发觉自己的心跳加剧、颤抖、流汗、口干舌燥？如果你有这些症状就表明你已经开始怯场，当然还会有其他症状。

是的，"怯场"这个词本身就会让我们紧张，之所以会如此，正因为我们内心的不安之感，还因为缺乏勇气和自信。

**只有做好充分准备的演讲者，才能具备完全的自信。**这好比上战场却带着不能用的武器，而且不带半点儿弹药，又何谈攻城掠地呢？扔掉讲话稿或许会忘掉其中几点，说起来也有些散乱，但至少会更有人情味。林肯就曾说过："我不喜欢听枯燥乏味的讲话。当我听人讲话时，我喜欢他像在跟蜜蜂搏斗一样。"

在纽约市一个培训班的毕业聚会上，有一个毕业生面对大约200人，坦诚地说："卡耐基先生，我5年前来到你演讲的饭店门口，却不敢进去。因为我害怕如果进去参加了训练班，就要当众说话。因此我的手一直放在门把上，不敢推门进去；最后，我只好转身离开。当时我若知道你能让我轻易地克服恐惧，我想我就不会浪费这5年的大好时光了。"

他说这些话的时候，显得特别轻松自信。我想，这个人一定能通过他所学到的语言表达能力和自信心，提高了他处理事务的能力。作为他的老师，看到他能勇敢地面对恐惧并且战胜它，我当然十分高兴。想想看，如果他在5年或10年前就战胜了恐惧，那么他现在肯定会获得更多的成功和更多的快乐。

你要记住，你必须成功，你必定能够成功！为了培养信心和勇气，当你面对观众的时候，不妨表现得好像真的具有那种信心和勇气一样。相信积极的心理暗示，借助别人的经验等方法，对你克服怯场也会有很大的帮助。

爱默生曾说过："和任何其他事物相比，恐惧更能击垮人。"这是一个多么让人无奈的事实啊。

1912年我刚开始进行成人教育时，一点也不知道这项训练竟然能成功地帮助人们消除恐惧和自卑，但是我发现学习当众说话可以帮助人们克服紧张不安的心理，建立起勇气和自信心。这是为什么呢？因为当众说话让人们有效地控制了自己内心的恐惧，所以我决定终生致力于帮助人们在当众说话上消除这种可怕的威胁。

其实要想当众演讲并不困难，我通过多年的努力和训练，掌握了一些实用的方法，可以帮助人们很快克服上台说话的恐惧。实际上，只要你按照这种方法操作，只需要经过短短几周的训练就会收获非常显著的效果，下面我把这些方法公之于众，让大家分享。

一、当众说话，你为什么恐惧

根据一份大学的调查报告指出，上演讲课的学生百分之八九十在刚上课的时候，都会有上台恐惧感。在我的成人教育班中，演讲课程刚开始的时候，学员们对于登台的恐惧感比例还要高，可以说几乎达到了百分之百。由此我们可以看出，害怕当众说话并不是个别现象。

实际上，登台说话保持一定程度的恐惧感是有利的。这是因为我们天生就具备了应付环境挑战的能力，当我们感到自己的脉搏加快、呼吸急促时，完全不必紧张，因为这是我们的身体对外部刺激保持警惕的一种正常反应，此时它正在为即将到来的行动做准备。如果这种生理准备处于适度状态的话，你会因此而思考得更快，话也说得更流畅，反而会比在通常情况下说得更精彩。

很多职业演讲者都坦白地承认，他们从来都没有彻底消除过登台说话的恐惧，几乎在每一次演讲之前，他们都会感到某种恐惧，而且这种恐惧感会一直持续到刚开始的几句话。

我们为什么会感觉到恐惧呢？之所以害怕当众说话，主要是因为不习惯。对于大多数人来说，**当众说话正是一个不确定的因素，因此心里不免产生焦虑和恐惧**。尤其对新手来说，更要面对许多复杂而陌生的环境，这比学打网球或开汽车要困难得多，因此，**只有通过练习，练习，再练习，才能把这种不确定的因素变成确定因素，从而使自己感到轻松自然**。那时他将会发现，只要有了成功演讲的经验以后，当众说话就不再是一种痛苦，而是一种快乐了。

杰出演说家、著名心理学家艾伯特·爱德华·威格恩在读中学时，曾被老师叫起来发表5分钟的演讲，但是他当时一想到要当着那么多同学的面说话，心里就非常恐惧。他这样描述道：

"当演讲的日子快要到时，我病倒了。只要一想到那件可怕的事情，我就会头昏脑涨，脸颊发烧，只好跑到学校后边，把脸贴在冰凉的墙面上，好让脸上的绯红尽快消退。

"我读大学时还是这样。有一次，我小心地背下了一篇演讲词的开头。但是当我面对台下的听众时，脑袋里突然嗡的一声，然后我就不知身处何处了。我好不容易才勉强挤出一句开场白：'亚当斯与杰佛逊已经过世……'就再也说不出一句话了，我只好向听众鞠躬，在雷鸣般的掌声中心情沉重地回到我的座位上。

"这时，校长站起来说：'唉，爱德华，我们听到这则悲伤的消息，实在是太震惊了。不过，我们会尽量节哀的。'接着是满堂大笑。当时我真想以死来解脱，不过那次我确实病了好几天。

"当时，我在这世上最不敢期望的，就是当一个大众演说家。"

但是，艾伯特·爱德华·威格恩离开大学一年后，丹佛市出现了"自由造币"运动。他认为"自由造币主义者"是错误的，而且他们只做空洞的承诺，因此他凑齐了路费，然后到了印第安纳州，就健全的币制发表演讲。听众当中还有不少人是他的老同学。他回忆说：

"刚开始时，我在大学演讲的那一幕又出现在我的脑海中，恐惧几乎使我窒息。我讲话结结巴巴，恨不得立即从讲台上逃走。不过，我勉强讲完了绪论部分，虽然这只是一次小小的成功，但也立即增添了我的勇气，使我继续往下说。我自以为大约只有15分钟的时间，其实我说了一个半小时，这让我惊异极了。

"结果，在以后的几年时间，我成了全世界最让人吃惊的人。我竟然把当众说话当成了我的职业。我终于体会到威廉·詹姆斯所说的'成功的习惯'是什么意思了。"

艾伯特·爱德华·威格恩终于认识到，要想克服当众说话有如灭顶之灾的那种恐惧感，最好的办法就是首先获取成功的经验，并不断地激励自己。

**在当众说话时，产生一定程度的恐惧感是正常的，但是你要做的就是利用好这种适度的恐惧感，使自己的讲话说得更好。** 有时候，即使这种恐惧感一发而不可收拾，甚至会造成心灵障碍和言辞不畅、肌肉痉挛等严重情况，并因此而严重影响你的说话能力，你也大可不必绝望。这些症状在初学者中都很常见，但是只要你肯多花时间，就会发现这种恐惧感很快就会降低到适当的程度，这时它就会成为一种动力，而不是阻力了。

**二、做好充分的准备将会将恐惧降至最低**

如果在没有做好充分的准备前，我们就发表当众说话，无疑会加剧我们的恐惧感，因为我们在演讲中将会面临更多的不明确因素。此时，我们也许就正像卢梭所讽刺的某些人写的情书那样："不知道如何开始，更不知道如何结束。"

1912年以来，我出于职业原因，每年都要担任5000多次演讲的评审员。这个经历给我上了最重要的一课，我发现，只有那些做好充分准备的演讲者，才能具备完全的自信。林肯说："如果我在台上无话可说时，即使我年纪一大把、经验一大堆，也会很没有面子的。"

假如你想培养自信，那你为什么不提前做好充分的演讲准备呢？

我给出下面几条建议，会使你在当众说话前的准备工作做得更加充分。

（1）按照你脑中的思想自由地挥洒。

"充分的准备"是不是逐字逐句地背诵演讲词呢？当然不是。为了做好演讲，以免在听众面前大脑一片空白，许多演讲者会首选将演讲词记下来。一旦犯了这种毛病，就会无端浪费许多宝贵的时间，可以说做这样的准备，只会毁掉整场演讲。

其实当众说话就像我们平时与人说话，也是很自然的事。我们应该做到不必费心思推敲字眼，随时都在思考。当思想清晰时，语言就会像我们呼吸的空气，在不知不觉中自然地流动。

我听说过很多人当众讲话时都背讲话稿，却不知道有谁把讲话稿扔进废纸篓后，反而说得更生动、更有效果，也更富有人性。

其实，扔掉讲话稿或许会忘掉其中几点，说起来也有些散乱，但至少会更有人情味。林肯最喜欢听演讲者自由而随意地发挥，做激情澎湃的演讲。而背讲话稿，是绝不会表现得跟蜜蜂拼命似的。

（2）使演讲的内容通顺流畅。

你必须留心生活中那些有意义的、曾经给过你指引的关于人生内涵的经验，然后对这些经验中的思想、理念、感悟等等进行汇集整理。

真正有用的准备，是对讲话题目的思考。查尔斯·雷诺·伯朗博士多年前曾在耶鲁大学作当众说话时，就自己的亲身体验说："谨慎思考你的题目，酝酿成熟之后，它会散发出思想的芳香……再把这些思想简要地写下来，只要能表达清楚概念即可……通过这样的整理，那些零散的片断就很容易安排和组织了。"

这听起来并不难吧？事实上也确实不难，思考就行了。

（3）演讲前的情景模拟训练。

为了保证你万无一失，你只需要有一点专注和思考，那么为什么不把你的内容告诉你的朋友或同事？当然你没有必要全部讲出来，只需要在就餐时间时，对他说："嗨，××，你知不知道我昨天遇到了一件不同寻常的事？"

你身边肯定有朋友可能愿意听你的故事。这时，你就可以仔细观察他倾听你演讲时的反应，并询问一下他对你的演讲内容有什么想法，说不定他能为你提一些很有价值的建议。他并不知道你是在预演，而且即使知道也没关系，他或许会对你说"哦，你说的真有趣"。

面对当众演讲，我们总是首先被自己内心的胆怯所打倒。并不是我们不行，而是我们内心充满了恐惧，因此，通过上面方法的训练将会使你迈出这至关重要的第一步。

# 当众说话其实很简单

人们羡慕那些用演说征服世界的人，比如林肯、萧伯纳等著名的演说家，但是人们却一致地认为，自己没有能力像他们那样，至少这辈子已经不可能。实际上，无论处在何种情况下，绝没有哪个人是天生的演说家。

人们总是对当众说话心生恐惧，当要求他们当众说话时，他们会因紧张而颤抖。但是，在历史上的有些时期，演讲曾经作为一门精致的艺术非常盛行。当众说话，这没有什么。

**能够从容不迫地当众发表成功的演说，或者能够在众多人面前侃侃而谈，将使你的前途不可估量，**因此，那些想要取得成功的人都会努力让自己当众说话的能力得到提高。当然，人们如果想要成为一个出色的大众演说家的话，就需要付出异常艰苦的努力，但是现在，我们却把当众演说看成是一种扩大的交谈。在宴会上、教堂中或看电视、听收音机时，我们希望听到的是率直的言语、依照常理的构思，而不是夸夸其谈的、生硬的演说。

因此，当众演说已不再是像以前那样的努力才能掌握的艺术了，它像平常说话一样轻而易举，只需要遵循一些简单的规则就行。那么，当众说话有什么简单而有效的方法吗？这是一个很难回答的问题。根据多年的经验，我认为，要想取得当众说话的成功，至少应该注意以下3个方面。

**一、用与自己有关的素材**

演说只有加入了自己的切身体会才能更具有吸引力，也才能把演讲说得更精彩。

不久前，卡耐基口才训练班的老师和学生们在芝加哥的康拉德希尔顿饭店座谈。座谈进行的时候，一位学员站了起来，用慷慨激昂的语调当众说道："我认为，自由、平等、博爱是人类最伟大的思想。一旦没有了自由，生命便失去了意义。我们可以试想一下，如果我们的行动处处受到限制，那将是一种多么糟糕的生活！"

老师制止了这位学员的话，问他为什么要谈论这个话题，为什么会有这样的结论，能不能就这个话题谈一下他的切身感受。接下来，这位学员就说了一个发生在自己身上的惊心动魄的故事。

他曾经是法国的一名地下工作者，亲身经历了纳粹党的严酷统治。他和他的家人，曾经遭到纳粹党的迫害和凌辱。他们十分惊险地逃过了纳粹党秘密警察的追杀，在历尽千辛万苦后终于到了美国。最后他说："今天，我自由地从密歇根大街来到这家饭店，大摇大摆地从一个警察身边走过。当我到达酒店的时候，并没有被要求出示身份证明。等座谈结束的时候，我可以去任何我想去的地方。因此，请大家相信，自由是值得争取的。"他的话引起了一阵雷鸣般的掌声。

这位学员能够把这样空洞、严肃的话题讲得如此吸引人，正是因为他加入了自己的真实经历。所以，如果你想要取得当众说话的成功的话，最好的说话题材是你自己的亲身经历。

**假使你亲身经历过一件事，或者你经过思考之后，使它成为了你的一部分，可以肯定这个话题是适合你的。**你可以回忆过去，从自己的经历中寻找有意义、给你留下了深刻印象的事情。它们可以是个人的成长历程、个人的奋斗故事、个人爱好、专门领域的知识、不同寻常的经历，或者是个人信仰和信念。这些是听众最欣赏的题目，从而对听众也最有吸引力。

如果你在讲话中阐明了生命对你的启示，我想你会拥有很多的听众。当然，这个观点并不是那么容易就会被说话者们接受的。正好相反，他们往往会回避个人的经验，因为这些东西太琐碎和狭隘了。他们喜欢讲一些一般性的概念或哲理，而实际上，这些东西更加不容易让人接受。人们喜欢新闻，可是你拿出社论来给他们看，他们怎么会喜欢呢？即使人们喜欢社论，也不应该由你来讲，他们会去请一个记者来讲。因此，如果可能的话，你还是谈谈生命对你的启示吧！只要讲得好，听众会很喜欢你的。

你千万不要以为这些话题太个人化了，或者太轻微了，听众不会喜欢听，事实上，正是这样的话题才能使听众感到快乐，让大家感动。

### 二、充满说话的激情

记得1926年的时候，我参加了日内瓦国际联盟第7次会议。一开始的几个演讲者使会议变得死气沉沉，他们几乎就是在读他们自己的演讲稿。接着，由加拿大乔治·佛斯坦爵士上台演讲，他并没有带任何手稿和纸条。他在整场演讲过程中充满了激情，经常使用各种手势，看起来非常热情诚挚。看得出来，他投入到自己所述说的内容当中去了。他诚心诚意地表达了自己的观点，并且希望听众也能相信他。他把这些信息表达得非常清晰和明确。

并不是所有你有资格谈论的话题都一定能够吸引听众。比如，我是一个天天干家务的勤劳的男人，我当然有资格谈论拖地的事情。可是，我对拖地并没有热情，事实上我根本不愿提它，我能把这个话题讲好吗？但是，当一些家庭主妇来谈论这个话题的时候，她们似乎对之有无穷的兴趣，在说起这个话题时也十分投入，充满了激情，所以她们会说得十分精彩。

有感染力的演说，是因为演讲者本身就对演讲充满了激情；而那些对自己的演讲没有多大热情的人，看起来总是不那么可信。

美国著名的演说家弗胜·J.辛主教一开始也没有明白这个道理。

弗胜·J.辛主教在读书的时候，有幸成为了学院辩论队的队员，但是有一天，他们的辩论教授把他叫到了自己的办公室，狠狠地批评了他一顿。

"你真是差劲！"那位教授毫不留情地说，"从没有一个人像你这样发表自己的意见。"

他指的是弗胜不久前发表的一次演说。弗胜正想解释，这时，教授要求他照着那段演说词重新讲一遍。弗胜照着做了，这花了他差不多一个小时的时间。教授问他："你现在知道为什么这么差劲了吗？"

弗胜一下子并没有领悟过来。于是，教授更加恼火，对弗胜说："你再复述一遍！"弗胜不得已，又照着原稿复述了一个小时，最后，他都已经筋疲力尽了。教授问他："现在知道了吧？"弗胜说："是的。"

这两个半小时的谈话让弗胜印象深刻，他把自己悟出的道理铭记在心。这个道理就是，把自己融入演讲之中，所以，**在你打算进行当众说话之前，最好先确认自己对所讲的内容充满激情。如果你不能做到这一点，那么最好是换个能够让你有激情的题材。**

三、与听众共鸣

一场演讲由演讲者、演讲内容和听众三个要素构成，任何一方面要素的问题都会导致演讲的失败。前面介绍的两个方法，讨论了演讲者和演讲内容之间的关系，但是，要想取得成功的演讲，只有得到听众的认可才算真正的完成，这也就是说我们要注意与听众共鸣。

**高明的演讲者绝不会以自我为中心，而会以听众为中心。他们总是热切地希望听众能同意他的观点，能和他产生同样的感觉，**他不仅希望自己热情，也希望把这种热情传达给听众。这个道理听起来似乎很简单，但是实行起来却很难。

在推行节俭活动的时候，我曾经对美国银行学会纽约分会的部分职员进行演讲训练。其中有一位学员遇到了困难：他发现无论自己怎么努力，都无法调动听众的积极性，也无法与听众沟通。我对他说，纽约85%的过世的人，身后都没有给他们的家人留下分文；只有3.3%的人留下了1万美元或者更多，因此，他所讲的内容是帮助听众进行准备，以便他们能够老来衣食无忧，并且留给妻儿安全的保障。他所要做的事情是，让听众知道他所说的东西对他们确实很有帮助。

他对此进行了深入而细致的思考，终于认识到了与听众共鸣的重要性。于是，当他在演讲的时候，他尽量找到听众感兴趣的东西，并且与他们就这方面进行积极的沟通，最后他终于取得了成功。

上面3种方法就是我总结出的最基本的方法，它们确实能够帮助我们更好地当众说话。要想练习和掌握好说话技能，一定要经由自身的实践，所以，这些具体的方法也是应该由你自己的经验中获得的。

# 人人都能快速掌握的说话技巧

有能力当众说话、说话时所获得的快乐，以及我能够为社会提供更多的服务……这些都是我最感到高兴和自豪的事。和别人进行有效的交谈，并争取到他们的合作，是每一个努力追求进步的人所必须具备的一项能力。

任何人如果希望迎接语言的挑战，能够言简意赅地表达自己，就一定要具备坚毅的决心。当众说话其实并不困难，只要你能遵循一些简单却又十分重要的规则，就可以做到这一点。

当众说话的第一堂课是示范表演。我每次都先请一些学员上台，对大家讲述他们自己选这门课程的原因，以及期望从这一课程训练中学到什么。

"面对众人讲话时，我觉得浑身不自在，总担心自己会说错话。这种想法使我不能集中精力思考，不能清晰地表达自己的思想，有时甚至不知道自己在说些什么。我希望通过成人教育和学习，增强自信心，能随心所欲地思考问题，逻辑清晰地归纳自己的思想，并信心百倍地当众说话，或在商业场合和社交场合侃侃而谈，思路清晰而又不乏语言魅力。"

这些话听起来不觉得耳熟吗？我想许多人都曾有过这种心有余而力不足的感觉吧。说话时，每个人都希望自己能口若悬河、侃侃而谈、令人折服，为了达到这一目标，他们即使花再多的钱也愿意。现在，你也正在翻开这本书，说明你也同样希望获得这种说话的能力。

我这一生的精力几乎全都用在帮助人们消除恐惧、培养勇气和增强自信心上了。在我的培训班上发生的种种奇迹，可以说能写出几十本书，因此，你问的问题不在于我是否"真的认为"，而是你一定要根据我书中的方法和建议，坚持练习，那么你就一定能够做到。

为什么站在众人面前就不能像独自坐在家里那样冷静地思考呢？为什么当着众人站起来说话，你的胃部就会疼痛，身体就会不停地发抖呢？难道这些问题我们都不能克服吗？事实上，只要接受正确的训练，这些问题都是可以克服的，你完全可以消除面对听众时的恐惧，并充满了自信。这本书将帮助你实现这一目标。它不是一本普普通通的教科书。它既不罗列一大堆的说话技巧，也不教你如何练习发音，而是努力用具体的方法来训练如何成功说话。

本节将使你快读掌握当众说话的技巧，以下4条对你将十分有用。

### 一、学习别人的有效经验，激发自己的勇气

当众说话是一门精致的艺术，必须谨遵修辞法与优雅的说话方式。曾有段时期人们若想成为一名优秀的说话家是十分困难的事，要知道，绝对没有任何一个人是天生的说话高手。但是，时至今日，我们却将当众说话看做是一种交谈，只不过是交谈的范围有所扩大而已。

当众说话并不是一门封闭的艺术，它也不像许多教科书中所说的那样，必须经过多年的美声训练以及十分艰苦的修辞训练之后才能取得成功。我的教学生涯几乎全都致力于向人们证明一点：当众说话其实并不困难，只要你能遵循一些简单却又十分重要的规则，就可以做到这一点。

我的那些成功的学员们都觉得自己需要足够的信心，勇于在公众场合中表达自己的意见，以便让别人接纳自己。正是他们取得了一定的成效，并实现了自己目标，因而心怀感激，特意给我写信表示感谢。当我开始计划写这本书的时候，有一个人立刻出现在我的脑海里。在我所教过的几千名学员中，他对我的影响非常大。

这个学员名叫根特，是费城一名成功的企业家，刚参加我的训练班不久，他就邀请我和他一同吃午餐。

在餐桌上，他倾身向前对我说："卡耐基先生，我曾有许多机会在公众场合说话，但在我的潜意识中，总想逃避与人正面交流。现在我已经成为

一家大学的董事会主席，必须经常主持各种会议。我真担心，自己晚年之后是否还能学会当众说话？"

在我的训练班上，像他这样的人太多了，他们经过一段时间的训练之后，取得了很大的成效，因此，我可以用我自己的经验向他保证，他一定能够取得成功。

三年后，当我在企业家俱乐部用餐时，我和他又一次相遇了。巧的是在同一个餐厅的同一张桌上，我们又谈起了我俩从前谈过的话题，我问他我的预言是否已经兑现了？他微微一笑，从上衣口袋里面掏出了一个红色的小笔记本来，笔记本上面记满了未来几个月他早已经预定的日程表。

事情还远不仅于此。根特先生还十分得意地告诉我，他所在的教区曾邀请英国首相来费城发表讲话，由他负责向人们介绍这位杰出政治家。而他三年前还在这张桌子旁问我，他将来是否能够当众讲话？他的说话技巧取得了如此神速的进步，是否超乎寻常呢？当然不是的！像根特先生这样成功的事例何止千千万万？

## 二、不要忘记自己的目标

集中全部精力，时刻不忘自信与侃侃而谈的说话能力，对每一个人都非常重要。只要想一想由此结交的朋友对你的重要性，想一想自己为大众、为社会服务的能力将大大增强，想一想它对你的人生和事业所产生的深远影响……总之，这将为你未来的成功铺平道路。我相信那些成功的学员之所以能坚持下来，完全是出于自我需要，出于希望成为一位成功说话家的愿望。

想想，当你充满了自信，站起来和别人共同分享你自己的思想和感觉时，该是多么的满足和舒畅啊！我曾多次环球旅行，深深地感受过用语言影响全场听众的那种愉悦心情，它是任何其他事物都不能相比的。它能带给你一种力量感、一种强大感。

有一位毕业生曾形容这种感觉说："在最初两分钟，即使用鞭子抽打你，你也无法开口。但到结束之前两分钟，我情愿挨枪也不愿停下来。"

现在，不妨闭上你的眼睛，想象一下你自己面对听众，充满自信地走上讲台，心里想象全场鸦雀无声，感觉一下听众的全神贯注，感受一下当你离开演讲台时听众掌声的温馨，并带着微笑接受大家的赞赏。

哈佛大学最卓越的心理学教授威廉·詹姆斯曾写过六句话，可能会对你的一生产生深远的影响。这6句箴言就是：

（1）不论什么课程，只要你对它充满了热情，就可以顺利完成。

（2）如果你对某件事情足够关注，你就一定会完成它。

（3）只要你想做好，你就一定能做好。

（4）如果你渴望致富，你便会拥有财富。

（5）如果你想学识丰富，你就会学富五车。

（6）只有做到上面各项事情，你才会真正地渴望这些事情，心无旁骛地一心期盼，而不会白费心思去胡思乱想许多不相干的杂事。

当你学会有效地当众说话之后，即使你一辈子都不需要正式公开演讲，但接受这种训练仍有说不尽的好处。例如，当众说话的训练，可以培养你的自信，因为当你发现自己能够站起来，口齿伶俐、有条不紊地当着众人说话时，一定会信心倍增的。

### 三、树立必定成功的决心

我所学过的最重要的一课，就是我们的思想对我们自己非常重要。如果我能知道你的思想，就能了解你这个人，因为正是你的思想造就了你这个人，所以，如果我们能改变自己的思想，就能改变自己的人生。

现在，你的目标就是建立自信，和别人进行有效的交谈。**你必须相信自己有能力进行当众说话，并对自己努力的成果保持轻松而乐观的态度。一定要把你的决心烙在每个词句、每项行动上，并且竭尽全力培养这种能力。**

### 四、利用一切机会练习说话

当有人问萧伯纳是如何获得气势磅礴的当众讲话的经验时，他说："我借鉴了学溜冰的方法。我会固执地让自己一个劲儿地出丑，直到学会。"

据说，萧伯纳年轻时，是伦敦最胆小的人之一，当他去找人时，常常在走廊上徘徊20分钟或更长的时间，才敢鼓起勇气敲门。他还承认，很少有人像他这样仅仅因为胆小而痛苦，或者深深地为它感到羞耻。

后来，萧伯纳无意中使用了最好、最快，而且最有效的方法来克服羞怯、胆小和恐惧的弱点。他决定把这个弱点变成自己最强有力的资本。为此，他参加了一个辩论学会，只要伦敦有公众讨论的集会，他都要去参加。萧伯纳全身心地投入到各种社会运动中，到处发表演说，终于把自己锻炼成了20世纪上半叶最有信心，也最出色的演说家之一。

说话的机会到处都是，你不妨参加一些组织，做一些需要讲话的工作。你可以在大会上站起来说上几句，哪怕只是附和别人的意见也可以。开会时，一定不要躲在角落里。要敢于说话。例如到教堂去为人讲道，或者做一个童子军领队，或者加入任何一个团体，让自己有机会参加各种聚会。

当你继续阅读此书，并将其付诸实践时，你也是在冒险。你将发现，**在这项冒险活动中，你的自我引导力量和敏锐的观察力将会给你巨大的帮助，你还会发现，这项冒险会改变你，从里到外地改变你。**

# 让听众参与到你的说话中

为什么罗素·康威尔能在一场接一场的演讲中成功地维系着和听众之间轻松愉快的关系呢？其中的确存在他成功的秘诀。

在罗素·康威尔发表著名演说《发现自我》时，他前后发表过近6000次。或许你会想，重复这么多次的演讲，可能已经根深蒂固地刻在演讲者的脑海里，说话时的字句音调该不会有任何改变了吧？但结果并非如此，因为康威尔博士知道，听众的知识水平与背景各不相同，那么必须要让听众感到他的演讲是有针对性的、活生生的东西，是特意为他们准备的。

康威尔博士非常清楚，成功的沟通有赖于演讲者使他的演讲成为听众的一部分，同时也使听众成为演讲的一部分。尽管《发现自我》成为最受欢迎的演说，但我们却找不到一本演说词的副本。尽管他已经给大约6000场的听众讲过，但同一次演讲不会说两次。

通过这个例子，也许你应该有所领悟，准备演讲时，头脑里始终应该想着特定的听众。这里有一些简单有效的方法，可以帮助你建立起与听众之间的和谐与密切关系。

## 一、更重要的是，说听众所感兴趣的

这种方法也正是康威尔博士所用的有效方法。他习惯在自己的演讲中加入许多当地人经常谈论的东西和他们熟悉的事情。听众之所以对他感兴趣，就是因为他的谈话内容与他们自身有关，与他们的兴趣有关，与他们的问题有关。正是这种与听众本身及其兴趣相关联的内在联系，才使他能够牢牢地抓住听众的注意力，保证他和听众之间的沟通顺利进行。

许多人在说话时，只谈论自己感兴趣的事情，但是听众对这些事情却感到无聊至极，所以他就不能成为一名成功的演讲者。所以，你不妨反过来做，**引导别人谈论他们自己的兴趣、他们自己的事业、他们自己的成绩、他们自己的成就，如此一来，即使你说话很少，你也会被他人认为是一位很好的谈话对象。**

当你面对听众时，如果不考虑听众自我中心的自然倾向，你就会发现自己面对的是一群烦躁不安的听众。他们会局促不安，表现出不耐烦，不时地抬起手看手表，并且渴望尽早离开。

**二、唯有真诚地赞美听众，你才能成功**

如果你对他们所做的值得称赞的事情表示衷心的赞美，你就会赢得通往他们心灵的钥匙，但这也需要你去认真地加以研究。如果你的赞美只是一些夸张、肉麻的词句，比如"各位是我曾见过的最有智慧的听众"，也许会被大多数听众认为是空洞的谄媚而感到厌恶。在这里，我只想引用著名演说家德普的话："你必须告诉他们一些有关他们的事，并且是一些他们没想到你可能会知道的事。"这将会是一项非常高超而有效的赞美手法。

有一个人最近要在巴尔的摩的基瓦尼俱乐部发表演讲，虽然他找不到该俱乐部的特殊资料，他只是知道大家都掌握的新闻，俱乐部的会员中曾有一位出任过国际会长、一位出任过国际董事，但是，他却使大家感到了与众不同的东西，他是如何做到的呢？

"巴尔的摩基瓦尼俱乐部是101898个基瓦尼俱乐部中的一个！"会员们听了有些奇怪，这个演讲者大错特错，因为全球只有2897个基瓦尼俱乐部。

然后这位演讲者接着说："就算各位不相信我说的，但这仍然是事实，至少在数学方面是这样。各位的俱乐部确实是101898个当中的一个，而不是10万或20万个中的一个。

"我是如何计算出来的呢？不错，国际基瓦尼组织只有2897个俱乐部。但是，巴尔的摩俱乐部过去曾有人担任过国际会长和国际董事。从数学的角度来看，任何一个基瓦尼俱乐部想同时出一个国际会长和董事的几率是1∶101898。我曾获得过琼斯·霍普金斯大学的数学博士学位，可以证明我计算出来的数字的准确性。"于是，他引起了大家的注意。

当然，他的赞美虽然巧妙，更主要原因还是他经过了精心的策划、用心的思考，可以看出他是发自内心的真诚，所以，**如果你表示不出真心诚意的赞赏，那最好什么也别说。**

### 三、尽快与听众建立起某种联系

演讲时，要尽早指出你和听众之间存在某种直接关系。如果你感到被邀请很荣幸，就不妨照实说出来。

另一种有效的方法，就是提到听众的名字。

在一次演讲前的宴会上，我坐在主持人的边上。我很奇怪他竟然对每一个人都非常好奇，不停地向宴会的主人打听，如那个穿蓝色西装的人是谁？那位帽子上缀满了鲜花的女士叫什么？直到他站起来讲话时，我才了解他为什么好奇。他非常巧妙地把他刚才了解的名字用到了自己的演讲中，那些被他提到名字的人，全都脸上洋溢着快乐，而这个简单的技巧也为演讲者赢得了听众的友谊。

不过要提醒你的是，如果你在演讲中用了比较奇特的名字，而这些名字是你通过询问得知的，那么你必须确保要正确无误，而且只能以友好的方式提到它们，当然还得有一定的节制。

还有一个方法可以让听众始终保持高度的注意力，那就是在演讲中使用第二人称代词"你"，而不要使用第三人称"他，他们"，这样可以让听众保持 种亲自参与的感觉。

### 四、鼓励听众积极参与并配合你

你是否想过，怎样用点小小的表演技巧，就能让听众紧跟着你的思路前进呢？如果你在演讲时，让听众来协助你展示某个观点，或是把你的观点戏剧化地表现出来，那么听众的注意力就会明显地提升。

有个演讲者为了说明汽车在刹车后，还必须前进多长的距离才能够停下来，特意请了前排一位听众出来，帮他展示汽车在不同速度下的距离有什么不同。这个听众拿着钢卷尺的一端，沿着走道把它拉长到45尺……就在这位听众演示的过程中，其他听众也都全神贯注。那条卷尺除了能生动地展现演讲者的论点之外，还成了听众与演讲者之间一座沟通的桥梁。

这种方法之所以见效，正是因为当听众中的一个人被演讲者带入"表演"中时，其他听众就会敏锐地注意所发生的事。很多演讲者认为，在讲台上的人和讲台下的人之间有一堵墙，而你若能利用听众的共同参与，就可以推倒这堵无形的墙。

提问也是一些最常用到的方法。我喜欢请听众站起来，跟着我重复一句话，或举手回答我的问题。请记住本小节所讨论的重点，如果能让听众参与进来，你就把合伙人的权利送给了他们。

### 五、谦虚谨慎的态度必不可缺

在演讲者和听众之间的所有关系中，真诚是不可或缺的基本要素。

在美国电视界，竞争非常残酷，在每一季获得收视率最高的演员们都要陷入这种竞争。在这里能够保持常胜的演员只有艾德·苏利文。他是一位新闻从业人员，在竞争激烈的电视圈里只算是业余选手。他之所以能够在竞争中取胜，是因为他没有把自己看得很高，只认为自己就是业余的。

尽管他在镜头前会有些不自然的举动，例如他手撑下巴，弓着两肩，拉扯领带，说话结巴……别人也都可能会认为是一种失误，这些缺陷都无损于他。

即使有人批评他，他也不计较。他每年至少要请一位模仿高手在电视里惟妙惟肖地模仿自己，并且把自己的缺点进行夸大渲染。他还会和别人一样对这些可笑的动作哈哈大笑。他这种欢迎批评的态度，使观众也很喜欢。因为观众喜欢谦逊的言行，厌恶自大自夸的卖弄者。

# 用你的激情点燃现场的气氛

不知道你是否注意到了，在众多演讲成功的案例中，起决定作用的是演讲者的激情。只要演讲者保持旺盛的精力就总会点燃现场的气氛，会变得很有吸引力和号召力。因此，我在聘请演讲班的演讲者和指导老师时，首先会要求他们充满活力，另外还需要具备活泼、热忱等美德。这是因为，**人们总是容易被精力旺盛的演讲者所吸引，喜欢聚集在他们身边，**就好像饥饿的小鸟总是喜欢聚集在秋天里的麦田中寻找食物。

那么，你是否也想成为这种富有活力的演讲者呢？也许你已经迫不及待地想知道如何来做了。下面我将告诉你获得成功的这3个妙方，它将会帮助你散发出自己的热情和激情，牢牢地吸引听众的注意力。

### 一、对自己的题目要有深刻的感受

在前面我也一再强调，对自己的演讲题目要有深刻的感受，这一点非常重要。如果你对自己的演讲题目并没有特别的偏爱，那就别想让听众相信你。为什么呢？道理很简单，如果你对这个题目有实际接触和经验，对它充满了热情，或者是你已经对它做过深入思考，有自己的关注，那么你就会满腔热情，不愁演讲时没有热情了。

我至今还记得20多年前的一场演讲，因为演讲者的热忱而形成的说服力现在还鲜明地呈现在我眼前，我认为至今还没有一场演讲比它更精彩的。我听过很多令人心服的演讲，可是这个被我称为"兰花和山胡桃木灰"的演讲实例，却独树一帜，成为一个纯粹以热忱战胜常识的绝好例证。

那时演讲的情况是这样的。纽约一家极具知名度的销售公司的一位非常优秀的销售员，提出了一个有违常理的观点，说他已经能够使"兰花"在既无花种，又无草根的情况下生长。因为他有一次曾将山胡桃木灰撒在新耕过的地里，然后兰花长出来了！所以他坚信，山胡桃木灰——而且只有山胡桃木灰，才是长出兰花草的原因。

在评论时，我向他温和地指出，如果他这种非凡的发现属于事实的话，他将在一夜之间暴富，因为兰花的种子价值高昂，而且这项发现还将使他成为人类历史上一位杰出的科学家，但事实上，没有哪个人曾完成了或有能力完成从无机物中培植出生命的奇迹。

这个错误是如此明显，以至于根本不值得反驳，所以我平静地告诉了他这些。其他学员也这么看这一问题，但唯独他自己不赞同。他想都没有想，立刻站起来告诉我说他绝对没有错。他对自己的发现极其热衷，简直到了不可思议的地步，他还大声说他只是陈述了他自己的经验而已，然后他继续往下说，并扩大了原先的论述，又向我们提出了更多的资料，举出了更多的证据。从他的声音中，我们看到了完完全全的真诚。

我只好再次告诉他，他不可能是正确的，而且这种可能性是零，但是他马上又站了起来，说要和我赌5美元，并让农业部来解答这件事。

你猜想这时候发生了什么变化？有好几个学员竟然开始相信他的发现，还有许多人开始不敢肯定自己的判断。我相信如果进行一次表决的话，可能有一半以上的人不会同意我的观点。我问那些改变主意的人，为什么他们改变了自己最初的观点，他们异口同声地说是那位演讲者的热忱和确信改变了他们的观点，使他们对自己的常识产生了怀疑。

于是，我只好给农业部写了一封信。我告诉他们说，向他们询问这样幼稚的问题我感到很不好意思。结果他们肯定了我的答案，说不播种而想使兰花或其他东西从山胡桃木灰里长出来，根本是不可能的。他们在回信中还说收到了另一封同样的信，原来那位销售员确实很相信他自己的发现，因此也给农业部写了一封信。

这件事给了我一个十分重要的启发，**如果演讲者真的确信某件事，并充满热情地谈论它，便能让人们相信**，即使你宣称自己能从尘土和灰烬中培植出兰花，也没有关系。既然这样，如果我们归纳、整理出来的东西是正确的常识和真理，那该会多么令人信服啊！

演讲者几乎都会怀疑自己选择的题目能否引起听众的兴趣。其实，要让人们对你演讲的题目感兴趣，方法很简单，只要激发你自己对题目的狂热，就不愁不能激发人们的兴趣了。

## 二、要用自己的真实感受来描述

你将自己的感受描述得越清楚，你就越能生动逼真地表达自己的内心思想感情。你可以以一个旁观者的身份来讲述，但是如果你对这件事情有着某种切身感受，这种感受会使你的讲述更加明确，表达也更有效果，而以第三人称的方式来表述，则不能给听众留下什么深刻的印象。

当众说话时，你可以根据自己倾注于谈话中的热心程度，来表现自己的热忱与兴趣。千万不要抑制自己，也不要在自己真实感人的热情上头加个阀门，要让听众们知道，你对自己谈论的题目有多热忱，他们的注意力便会被你吸引。

## 三、假装或者真心表现出内心的热情

让听众感受到你谈这件事的强烈愿望，能为你创造奇迹，哪怕这件事情是假装出来的，听众总是容易被你内心的热忱所感染。要知道，调动听众的情绪完全取决于你自身，所以，当你走上演讲台时，要充满了企盼的神态，而不要像一个登上绞刑架的犯人。

在演讲之前，你可以再深吸一口气。不要靠着讲桌，抬起头，告诉你自己："我现在就要给听众讲一些有价值的事情。"在这种提示下，你全身的每一部分都应该清楚地让他们知道这一点。

如果你表现出热情，你就会感受到热情。

# 成功在于让听众有深刻的体验

你可知道当众讲话的目的是什么呢？不论你是否了解到这些情况，但是任何演讲一般包括以下4个目的中的一个。

（1）说服听众，以获得响应。

（2）说明情况。

（3）增强听众印象，使人信服。

（4）给听众带来欢乐。

如果你的演讲不属于这4个中的一个，那么你的演讲无疑是失败的。

林肯曾发明过一种可以将搁浅在沙滩或其他阻碍物中的船只吊起来的装置，并获得了专利。这件事好像很少有人知道。他发明的这种装置的模型，放在他律师事务所的办公室里，有朋友来看模型时，他就会不厌其烦地讲解它的功能和制造方法。他这种讲解的主要目的，就是说明情况。

他在盖茨堡发表的不朽演说，他第一次和第二次担任总统时的就职演讲，在亨利·柯雷去世时做的悼词……这些演讲的主要目的是增强听众的印象，使人们信服。

他对陪审团讲话时，想赢得有利的决定；发表政治演讲时，想赢得选票。这种演讲的目的，就是要获得听众的积极行动和响应。

林肯的许多演讲获得了令人惊奇的成功，其中一些演讲已经成为人类语言中的经典之作。为什么林肯能获得成功呢？因为在这些演讲中，他明白自己的目的，并且知道怎样实现这个目的。而另外的一些演讲者却不能把自己的目标与听众的目标相结合，所以手忙脚乱，说话结巴，演讲也就不可避免地遭到失败。

曾有一位美国国会议员，在纽约的马戏场发表一次说明性演讲，讲明美国正在如何备战等等。听众刚开始时耐心而有礼貌地听他讲了10分钟，但在后15分钟，大家都希望他的讲话最好能尽快结束，可是他却不理会这些，仍然没完没了地说个没完。

听众们想要的是娱乐，他们可不想在这里接受他的教训，所以就没有耐心听他说话了。于是，开始有人嘲讽地喝彩，其他人也跟着起哄，立刻就有上千人随后吹起口哨，甚至大声吼叫起来。

而这位议员真是太愚蠢了，居然还感觉不到听众的心情，仍然继续讲他的话。人们的不耐烦立即激化成怒气，他们决定让他闭嘴。于是，吼叫和愤怒淹没了他的声音——他被观众的吼叫和发嘘声哄下了舞台，简直羞辱难当。

本节我们讨论的是"打动听众以获得积极行动和响应"。那么，我们应该知道如何组织演讲，使听众乐意接受你的建议，并且采取积极的行动。

下面是有效地打动听众，促使他们采取行动的几种方法。

### 一、要用鲜活的现实案例来说话

心理学家说，人们学习的方式有两种：一种是练习律，即让一连串的类似事件来改变人的行为模式；另一种是效应律，即让单一的事件产生强烈的震撼力，由此改变人们的行为。**在演讲中，应该花大量时间描述曾给你带来启示的经验。**

**在陈述事实的时候，一定要重新改造自己经验中的东西，使听众产生与你相同的感受。**你可以把你的经验戏剧化地表达出来，让它们听起来更有趣，也更有力量。那么，你可以按照下面的建议来做，这样可以使听众非常喜欢你的演讲。

（1）用自己难忘的一次记忆开始。

一般来说，那些对你的生活造成强烈冲击的单一事件会是一个不错的选题，将会是一个非常有效果的选择。这种事情持续的时间也许不超过几秒钟，可是在那短短的一瞬间，你已经学到了难忘的一课。

你需要记住这么一点：一次永远都不会忘记的教训，是这种演讲必备的条件。利用这种事件，可以打动听众并让他们采取行动。因为听众会这样推理，如果你会遭遇到这种事情，他们今后也可能会遇到，那么最好是听取你的忠告，做你希望他们做的事。

（2）始终让听众好奇接下来的内容。

有句著名的俚语："好奇害死猫。"同样，人们对于未知事情的好奇心常常让他们一种迫切听下去的欲望。只要你把握好人们的这种心理需求，在你的演讲内容中制造这样的一种氛围，那么，你的演讲将会很成功的。

实际上，在我记忆中也有一些令我心动的开场白，它们都总是萦绕在我的耳边，吸引着我不得不去注意到它们：

"那一年我突然从睡梦中醒来，却发现自己躺在医院的病床上……""去年的夏天，当我快速驾驶着我的车驰向高速公路时……""我在书房看书时，转身看到房门开着一条缝……""办公室的门被打开了，我们的经理径直冲了进来……""当我在美丽的湖边行走时，远远地望到湖中央有个巨大的水波荡漾开来……"

（3）精确的描述更有吸引力。

**细节本身不具备趣味性，无关紧要的细节太多，会让演讲成为无聊的活动，所以，你必须选择那些能突出你说话重点的细节。**

如果你能围绕话题重点，用细节来渲染你的故事，这确实是最好的方法。这是卡耐基培训班中的一位学员的一段演讲：

"1949年圣诞节前一天的早上，我在印第安纳州41号公路上往北行驶，我妻子和两个孩子也在车里。我们沿着一段平滑如镜的冰路，已经缓慢地行使了好几个小时。稍稍触及方向盘，我的汽车就会任意打滑。时间就这样一小时一小时地慢慢过去……汽车不久走上一段上坡路，进了一处森林地带。当汽车急驰到顶端时，我突然看到北边的山坡因为没有阳光照射，所以路面的冰还没有融化。可是已经太迟了，我们的车一打滑就冲了出去。我们滑过路沿，完全失去了控制，汽车落进雪堆里，仍然直立着，只见车门被撞碎了，我们身上全是碎玻璃。"

这个事例中丰富的细节，很容易让听众有身临其境之感。你就是要让听众看到你所看到的，让听众听到你所听到的，让听众感觉到你所感觉到的。而要做到这一点，唯一的方法就是使用丰富而具体的细节。

（4）按照你的感觉情景再现。

除了运用图画般的细节之外，演讲者还应该尽可能让情景再现。演讲和"表演"有相近的地方，所有著名的演说家都有一种表演的天分，这并非是一种只能在雄辩家身上找到的稀有的特质，孩童们大多具有这种才能，我们所认识的许多人也都有这样的天赋，他们富于面部表情，善于模仿或做手势。我们多数人也都有这样的技巧，只要稍微努力和练习，就能有一定的发展。

**二、与听众形成一种互动性**

假设你只讲两分钟，那你就只剩下30秒钟来表达你的期望，说明你希望听众采取的行动以及他们采取这种行动会有什么好处。这时，你就不再需要讲述细节了，该做直截了当的声明。这与报纸消息的技巧相反，不是先说标题，而是先讲故事，再以自己的目的或对听众行动的要求作为标题。这一步要通过三条法则来进行。

（1）把你想要表达的意思汇总成一个重点。

你要简明扼要地告诉听众，你希望他们做什么。所以，你必须问自己，你是不是确实告诉他们该做什么了？像写电报稿一样把你的重点写下来，这是个很不错的主意，应该尽可能精简，又要使其清楚明白。不要说"帮助我们本地孤儿院患病的孩了"。因为这样太笼统，而应该这样说："今晚就签名，下星期天集合，带25名孤儿去野餐。"

（2）使你表述的方法可以实行。

不论问题是什么，不论人们是不是还在争论不休，你都必须把自己的重点和要求讲得更容易让听众理解和实行。最好的方法就是要明确。

演讲者对听众给予明确的行动指示，比概略的言辞更容易激发听众的行动。例如"在祝贺康复的卡片上签名"，要比劝人们寄一张慰问卡或写信给一位住院的同学更好。

至于是使用肯定还是否定的语气来叙述，则要取决于听众的观点，这两种方式之间并没有好坏之分。

（3）对自己演讲的内容要有自信。

演讲，直接表达出来。你现在就要给听众留下积极的印象，因此你应该有力而且信心十足地陈述出来，让听众感觉到你的诚意。你的请求不能有不确定或信心不足的语气，游说的态度也应该持续到最后一个词。

### 三、让听众感受到利益的吸引

在我们演讲的最后阶段，我们的时间几乎没有多少了，因此，我们要把握好最后的这点时间，做到结尾简短扼要，否则就收不到应有的效果。在这一步中，你必须说出自己说话的动机，或者告诉听众，如果按照你的要求去做，他们会有什么益处，但是，这种目的明确的方法你是否觉得是一种败笔呢？其实不然，按照我给予你的方法来做吧。

（1）给自己的例子做一句话的总结。

**在演讲中，你所要做的，就是在演讲的高潮之际，用一两句话把好处说出来，然后坐下。**不过，有一点很重要，就是你所强调的好处应该是从你所举的事例推论出来的。

（2）总结出一个类似广告语的口号。

说给听众的最后几句话应该清楚而明确，就像刊登在全国性的杂志里的广告词那样。推销员可以举出许多理由，劝说你为什么应该购买他们的产品；你也能举出好几个理由，来支持你自己的观点，并且全都与你所使用的事例有关，最好还是选一个最突出的理由或利益。

# 完美地表达自己的思想

一次，美国参议院调查委员会被一位政府高级官员搞得坐立不安，如坠雾里。原来，这位官员不停地指挥，却含混不清，毫无重点，根本就没有把他自己的意思向大家讲清楚，委员会所有成员的困惑也逐渐增加。事后，一位来自北卡罗莱纳州的参议员小撒姆尔·詹姆士·阿尔文对此事说了几句精彩的比喻把大家说笑了。

他说："这位官员让我想起了我家乡的一个男子。这个男子通知律师，说要把他的老婆休掉，不过他却向律师承认她很漂亮，是个好厨子，而且还是个模范母亲。

"'那你为何还要休掉她？'律师问他。

"'因为她总是在我耳边说个不停。'这个男人说。

"'她都说些什么呢？'

"'这正是令我讨厌的地方，'男人说，'因为她从没说清楚过。'"

这名参议员的比喻让我们联想到了许多演说家，他们在当众说话时也像上面那个男子的妻子一样，大家根本不知道他们在说些什么，他们也从来没有说清楚过，从未把自己的意思讲明白过。你可千万不可小瞧了"说清楚"，它的重要性及困难程度说起来其实很大。

普鲁士名将毛奇元帅在普法战争爆发之初，对他属下的军官说："各位，请记住，任何'可能会'被误解的命令，'将会'被误解。"拿破仑也深知这种"不清楚"的危险。他曾一再向他的秘书下达的最慎重的一道指示就是"要清楚！一定要清楚！"

在前面小节中，我们介绍了如何有助于你做简短的演讲的方法，并且有效地与听众互动。在本小节中，我还要教给你一些方法，帮助你如何将自己的意思表达清楚。

下面的建议，将帮你精确地使用语言，让听众毫无困难地了解你。

## 一、限定演讲的要点

威廉·詹姆斯教授曾指出：**"一个人在一次演讲中，只能针对一个要点。"** 当然，他所说的演讲是针对一小时的演讲而言的，但是我却听过一次3分钟的演讲，演讲者一开始就说他想谈11个要点。也就是说，平均16.5秒钟表达一个要点。居然有人想做如此荒谬的事情，有些不可思议吧？

我们要认清现状，要知道，若想在一天之内匆匆忙忙地看完巴黎所有的风光显然不是办不到的，然而，如果你可以在有限的时间内表达完你所有的观点，结果又会怎样呢？听众最终什么印象也没有！

比如，我们根本不可能在3到6分钟之内告诉人们某个大型组织成立的原因、它所采用的方法、它的业绩和缺失，以及它怎样解决工业争端，等等。如果你坚持要表达得面面俱到，其结果就是没有人会留下印象，而只是一片混乱和含糊，只不过是一些太过简单的大纲。

相反，你可以只讲述这个组织的一个方面，并且详细讲述。这样做的话，虽然你将给听众留下一个单一的印象，但却透彻易懂，也容易记忆。不过，如果你的演讲和议论的内容真的很多，那我建议你至少在每个部分结束时做一个简要的总结。

有时，一些经验丰富的演讲者也会犯这样的低级错误，也许是他们具备多方面的才华，所以看不到精力分散的危险，但你千万不要向他们学习，而是要紧扣主题。如果你的演讲清楚明了，听众就会说："我听懂了他所说的，我知道他现在在哪里！"

## 二、有顺序地展开演讲

在演讲之前，材料的整理都是从最粗糙的原材料开始，然后经过各种各样的加工，最后完成真正的产品，至于其中加入多少细节，就取决于演讲的时间了。

几乎所有的演讲题材，都可以利用一定的时间顺序、空间顺序或者事物的内在逻辑顺序来展开演讲。比如时间顺序，我们可以按照"过去、现在、将来"这样的顺序来展开，也可以从某一天开始进行倒叙。

在空间顺序上，演讲者可以某个点为立足点，然后由此向外拓展；或者按照东、南、西、北的方位来处理。假设你要描述华盛顿城，你可以领着听众，从国会山庄的顶端按照各个方向来叙述。如果你要说明一驾喷气引擎或一辆汽车，最好是把它分解成各部分，再逐一谈论。

不过，有些演讲题材本身就具有自己的内在逻辑顺序。例如，美国政府的结构，有它原有的组织形态，只要按照立法、行政、司法三部门来介绍，效果必然清晰。

### 三、条理清晰，逐一说明

如果你把要表达的语言全部杂乱无章地抛给听众，肯定会把他们吓跑。如果你想让听众对你的演讲有一种井然有序、条理分明的印象，最简单的方法之一，就是在演讲过程中明白地表示你有几个重点，你会先讲哪一点，接下来再讲哪一点。例如你完全可以这样开门见山地说：

"我要讲的第一点是……"在讨论完这一点之后，你可以提示将要谈第二点、第三点……就这样一直说到结尾。

在美国国会联合委员会举行的商业会议上，经济学家道格拉斯以税务专家和伊利诺伊州参议员的身份演讲，同样巧妙而有效地使用了这种办法。

他是这样开始的："我演讲的主题是，最迅速、最有效的经济增长方式，是减少那些几乎会用去所有收入的中低收入阶层的个人所得税。"

然后，他用这样的方式继续他的谈话：

具体说……

进一步说……

此外……

我这样说，有三个主要的理由：第一……第二……第三……

最后他说："总之，我们需要做的，是立即减免中低收入阶层实行的个人所得税，以增加需求与购买力。"

### 四、语言通俗易懂

也许你会有这种感觉，你辛辛苦苦地忙了半天，却还是没有把自己的意思向听众解释清楚。本来你是很清楚这件事的，可是要让听众也明白它，就需要深入的解说。这该怎么办呢？我的建议是，不妨把它和听众熟悉的事情相比较，告诉他们这件事和另一件事一样，和他们所熟悉的事一样。

当你向听众谈论他们不熟悉的话题时，你能希望他们有很深的了解吗？这当然很难，所以，我们得想办法。**用你所能想到的最简单、最自然的方法去解决，把人们不知道的事物和他们已经知道的、非常熟悉的事物联系起来。**

比如，要介绍催化剂在化学中对工业的贡献。如果告诉人们这是一种物质，它能让别的物质改变而不会改变其本身，人们也许很难理解；如果你可以说它正像个小男孩，在校园里又跳又打又闹，又推别的孩子，结果自己却安然无恙，从没有被人打过、碰过，这不是更好吗？

# 当众说话场合的形象打造

对于教授如何说话这门艺术，我也走了不少弯路。我最初教授当众说话这门课程时，花了大量的时间教学员们进行发声练习，来增加他们的音量，增加尾音的轻松活泼。

对于那些能花三四年时间来改进声音表达技巧的人来说，这些训练确实是不失为一个好方法，但是对于成年人来说，这些完全是毫尤用处的东西，因此我开始寻找这些值得花费时间和精力的更重要的目标，这样，我将会取得快速而持久的惊人效果。

我很明智地这样做了，而且真的取得了不错的效果。

**一、以积极、阳光的形象出现**

我曾经强烈地请求我的学员们从害羞的硬壳中走出来，尽管这需要一定的时间，但很有意义。这就像法国福熙元帅解释战争的艺术时说的："概念虽然极其简单，但不幸的是，执行起来却很复杂、很困难。"**说话最大的绊脚石，就是紧张羞怯，这不仅是身体上的，还有心理上的，而且它将随着年龄的增长而变得更加顽固。**

要自然而流畅地说话，并不是一件容易的事，这需要反反复复的练习才能达到。当你还是个孩子时，你也许敢上台向大家流利地讲话。然而，当你到了24岁或45岁时，你还能有孩童时那种不知不觉的自然吗？或许会有吧，但更多的可能是你会变得拘谨而羞涩，并且像一只乌龟，很快缩回自己的壳里去了。

因此，我认为指导成年人当众说话的重点，并不是帮助他们增加什么个性特征，而是帮助他们排除心理障碍，做出最本能的反应。

**一旦你敢于在众人面前自由随意地表达自己，你就不会再退缩了**。你会突然觉得，自己就像一只小鸟，走出拘禁的笼子，可以展翅高飞了。

**二、打造独树一帜的个人风格**

别人的风格始终不能完美地在我们身上呈现出来，这是我们必须要谨记的一点。

我们总是羡慕某些演说家，因为他们把表演融入了演讲，毫无困难地表达自己，并能够灵活自如地使用个人独特的、富有魅力的方式，说出心里想说的话。在这里，最为重要的一点就是说话时的态度，你需要知道，"说什么"和"怎么说"是两回事，绝对不能混为一谈。

在一次公开演奏会上，我坐在一位年轻小姐的旁边。当著名钢琴家帕德列夫斯基演奏肖邦的一首舞曲时，她也正在看曲谱。令她困惑不解的是，帕德列夫斯基的手指在钢琴上弹奏的音符，与她弹奏这支舞曲时完全一样，然而她的表现远不如帕德列夫斯基那样令人入迷，那样美得难以形容。

其中的关键并不在于音符，而在于演奏的方式。正是帕德列夫斯基在演奏时融入的感觉、艺术才能以及他的个性，构成了天才和凡人之间的天壤之别。

同样，当俄国绘画大师布鲁洛夫为他的一个学生的习作做了一点修改之后，这位学生惊奇地，大叫道："呀！你才改了那么一小点，可是它整个都不一样了！"布鲁洛夫说："**真正的艺术，就在于一小点改动。**"

说话与绘画、演奏钢琴是一样的道理。在这个世界上，没有另外一个人和你是完全相同的；也没有一个人有着与你完全相同的思想和想法，很少有人能像你那样谈话并表达你自己的意见。这就是你独特的个性特征。

作为一名演讲者，这就是你最宝贵的财富。一定要抓住它、珍惜它，并努力发挥它，它将会让你的演讲产生巨大的力量。这是你个性中唯一而且真实的凭证。请记住，**千万别把自己装进模子里，抹杀了自己的个性。**正是因为这些，成功的演说大师都把自己独特的才能发挥到了极致，因而显得与众不同，更具有感染力和说服力。

### 三、选择最恰当的方式表达出来

有人认为："你说什么，绝对不比你怎么说更重要。"说话的重要因素，不仅包括字句，还有说话者的态度。**良好的说话态度，可以让很简单的事情产生长远的影响。**例如，在大专院校的演讲比赛中，获胜者往往不是那些演讲题材最好的人，而是演讲态度最佳的人，因为这种态度有助于他们把演讲题材发挥到最佳的效果。

我将通过下面的这个例子来阐述我这个观点的正确性。

英国政治家爱德蒙·伯克的演讲稿，不论是从逻辑、说理，还是从文章结构上来看，都是极佳的作品，即使到了现在，全世界一半以上的大专院校仍把他的演讲稿当做演讲的经典范本。

你也许想象不到的是，伯克本人曾是一位失败的演讲者，他并不具备表达他这些杰出作品的能力，而且也不能使他的演讲产生吸引力和震撼力。他曾被戏称为英国下议院的"晚餐铃"，因为只要他一站起来讲话，其他议员就会咳嗽或打牌，或者就是睡觉，甚至是成群结队地走出会议室。

由此，我们可以看出，演讲质量高低的关键在于演讲者的态度，和演讲稿无关，所以，一定要注意你的说话态度。

你与人说话的态度要让他们感觉到如同和一位老朋友聊天一样亲切，你也许会进展得很顺利，实际最后你也向听众解答了这个问题。例如你可以在谈话当中这样说："各位是不是有这样的疑问？你这样说有没有什么证据？当然，我掌握了充分的证据，我现在向各位说明如下……"接下来你应该回答你想象中提出来的这个问题。这样就显得十分自然，有利于打破一个人唱独角戏的单调局面，你的演讲也会显得直接而愉快，更像和朋友在聊家常。

我有幸聆听了奥立佛·罗基爵士的演说。他用自己花了半个世纪的时间思考、研究所得出的成果，作为他的演说题目——"原子与世界"。这些已经成为他心灵、思想与生命的一部分，他觉得有一些非说不可的东西，所以他根本不担心什么，早就忘了自己这是在演讲。奥立佛·罗基爵士只关心告诉听众有关原子的事情。他满腔的热血沸腾，一心想让我们看到他所看到的和他所感受到的，他的演讲明确、流畅，而且感情丰富。

结果，他做了一场超凡脱俗的演说，演讲深深地吸引了听众，并给他们留下了深刻的印象。他全心全意地投入演讲，然而，我相信他自己并没有这样想，听他演讲的人也没有把他当做"公众演说家"。

如果你做了一次公开演讲之后，听众们怀疑你是否受过当众说话的训练，那你可就丢了你老师的面子，尤其是训练班老师的面子。我们希望你能用轻松自然的态度讲话，让听众做梦也想不到你竟接受过"正式"的训练。这就好像一扇好窗户，它本身并不会引人注目，它只是默默地让光线射进房间。好的演说家也正是如此，他自然而毫无遮掩，听众不会留意他的神态，只感知到了他演讲的题材。

### 四、投入自己全部的感情

当一个人受到自己的情绪影响时，他真正的自我就会浮出表面。一个人的感情投入，无论他的真诚、热情，还是高亢激昂，可以帮助你完成你想做的一切。**热烈的情绪将有助于你摧毁一切障碍，在感情的催动下，你的行为举止也将出于自然，演讲也将出于自然，因此你在讲台上的表现也就更为自然、更加流畅了。**

很多人都没有注意到这一点，因为它似乎有点含糊，也不很准确，而一般人都希望得到简单易行的建议，或者是更明确一些的建议，就好像是汽车驾驶手册那样的建议，我当然也希望能做到这样。

对许多人来说，这样做起来就会容易得多。那么，到底有没有这种忠告或规则呢？有，但它们没有任何作用，它们只会让你的演讲毫无生命力和趣味性。我在年轻的时候，就浪费了很多精力去练习这些规则，所以我很清楚这一点。也正因为如此，这些规则不会出现在我这本书中。

### 五、细节到位，声音发乎自然

如何使演讲更加自然呢？也许会有人这样说："我知道了。只要强迫自己做这些事情，就可以做到了。"但事实并非如此。如果强迫你自己做这些事，那你将会变得像木头人一样僵硬，像机器人一样呆板。

演讲者和听众沟通的时候，要充分利用整个发音器官和身体的其他部分。例如，我们会耸肩、挥手臂、皱眉、提高音量、改变音调，根据场合与题材改变语速，讲得或快或慢，但这些都要发乎自然。就是演讲者必须把自己的理念完整而全身心投入地表达出来。

要想成为一位优秀的演说家，就要不断地接受各种自我训练。例如，你可以借助录音机等设备，测量一下自己声音的高低变化和速度，请你的朋友评价一下也很有用，如果有专家指点当然更好。

这些都是自我练习，当你站在听众面前时，就要把自己投入到演讲中，集中精力，对听众形成心理与感情的冲击，那么你可以讲得更强劲、更有力。

当你昨天与人交谈时，也许就使用了这些原则，而你一点也不会感觉到你使用了它们，就像你的胃在消化昨天的晚餐那样自然，这才是使用这些原则的真正方法，而且是唯一的方法。要想达到这种境界，我已经强调过很多遍，唯有勤加练习一条途径。

（1）强调重点。

在日常谈话中，我们会对重要的字词加重语气，其他的字词则轻轻跳过去。用这种方式处理，就可以突出一些重要的字词。这个过程并不奇特，只要你注意听一听，你就会发现，你周围的人都是这样做的。也许你昨天就这样说了上百次，甚至上千次，毫无疑问，你明天也会这样说上无数次。

（2）改变声调。

我们平时与人交谈时，声音会高低起伏变化，就像大海永远起伏不定那样。为什么会这样呢？没有人知道，也没有人关心这个问题，但是，这种方式显然令人感觉愉快，而且它也是一种很自然的方式。我们不必专门学习，就可以做到，我们小时候就用这种方式说话，没有刻意追求，但却不知不觉地学会了。

然而，现在要我们站在观众面前讲话时，我们的声音却变得枯燥、平淡而单调，就像一片沙漠一样。如果你发现自己经常用这种又高又尖的单调声音讲话，请停下来反省："我现在说话的样子就像木头人。向这些人说话时，要有点儿人情味，要自然一些。"

在演讲的过程中稍微停顿一下，可以让你有时间思考，找出相应的解决办法。

（3）变化语速。

小孩子说话的时候，或者我们平常与人交谈的时候，总会不停地改变语速。这种方式让人感觉愉快、自然，不至于产生奇怪的感觉，并且具有突出强调的作用，事实上，这也是突出强调的方法之一。

试试下面的，很快说出"3000万美元"，语气平淡，听起来像是一笔小数目。

请再说一遍"3万美元"，速度慢些，而且充满厚重的感觉，仿佛你对这笔金额的印象极为深刻。这样一听，是不是觉得后面的3万美元反而比前面的3000万美元更多呢？

（4）注意适时的停顿。

在林肯的谈话中，当他说到某个重点，希望给听众留下深刻的印象时，他就会向前倾斜身体，直视对方的眼睛，足足一分钟什么都不说。这种突然的沉默犹如突然而来的嘈杂，有同样的效果，能够吸引人们的注意力。这样可以使人们提高注意力，认真倾听他下一句要说什么。

一位给林肯写传记的作家指出："这些简单的话，和他当时的演讲态度，深深地打动了每一个人。"这就是林肯的停顿强调法。他会采用保持沉默的方式来增加演讲的力度，同时也让它们的含义深入听众内心，影响他们的感情。

大诗人吉普林说："你的沉默，道出了你的心声。"在说话中巧妙地运用沉默技巧，可以发挥它最大的功用。沉默是一种强有力的工具，它的重要性不容忽视。但是令人遗憾的是，初学者却往往很容易忽略它。

如果一个演讲者遵循本章提出的技巧，他的演讲很可能还会有上百个缺点，例如和他平时的谈话不完全一样，声音也许有些令人不舒服，还有文法上的错误，态度拘谨，甚至还可能有些令人不愉快的举动……但是，只要能坚持按照这些方法进行训练，就可以逐渐完善你的谈话技巧，使你的演讲达到完美自然的境界。

# 一场演讲的精彩往往在于开始

我曾经向前西北大学校长、尊敬的林·哈罗德·胡教授询问，他在漫长的演说生涯中，您觉得演讲中什么是最重要的。他稍微思考了一下，回答我："一段能够吸引听众注意力的开场白，我想是最重要的。"不只是林·哈罗德·胡教授如此认为，我曾经就说话艺术请教过很多演说家，他们也同样重视开场白。

好的开始是成功的一半。对于一场演讲来说，开场白的作用确实很大。当年，威尔逊总统在国会上发表演说，针对德国潜艇战发出最后通牒，只不过用了20个字，却成功地把人们的注意力吸引住了。这段话是："我有义务向诸位坦白，我国和德国的关系出现了一种全新的情况。"

如果把演讲比做飞行，把开场比做飞机的起飞，那么开场的失败就相当于起飞没有成功——虽然有些不同，但是却一样很危险。虽然每一个演讲者都不希望自己精心准备的演讲被平庸的甚至是非常失败的开场白所破坏，但是并不是所有人都能避免这一点——他们一次次地使自己的飞机在起飞时便坠落，或者经过危险才勉强起飞。

我们希望在开场候就能抓住听众的注意力，建立和听众之间紧密的、和谐的关系，而不希望相反的情况发生。我们希望听众在听完我们的开场白后说："看来我应该认真地听下去。"如果你也希望这样，那么你需要避免下面这些导致你最终失败的开场白，其中有一些一度被认为是很合适的。

**一、道歉**

没有人希望一开始就听到不幸的消息，除非你一不小心碰倒了讲台或者按灭了演讲大厅的灯，否则你不需要道歉。

听众不希望听到你的借口或道歉，即使他们没有表现出来。你没有必要浪费听众的时间，要知道，他们原本是怀着很大的热情来听你的演讲的！

道歉的原因是因为你内心的不安所引起的。**不安是很自然的事情，但是你没有必要在一开始就讲出来**。试想一下，当你兴致勃勃地倾听一位演说家的演讲时，他这么说："很抱歉，我将只能简单地为大家讲几句，因为我的时间很紧。"你感觉到了吗？这明明就是表明了你是个以自我为中心的家伙。难道听众没有资格站在这里听你说话吗？

很多人也许会这么说："很抱歉，大家看到的不是原来那个演讲者，而是我。"你认为这对听众有用吗？这无疑是对观众和自己情绪上的蹂躏。

### 二、消极否定

大家先听一下这样的开场白：

"我希望大家听我的演讲不至于是浪费时间，但是我的确没有准备充分……"

也许这样的表白是想获得听众的原谅，因为你"的确没有准备充分"，但是，这样的表白无疑是一种自杀式的开场，这样的开场会使你一无所获。因为你不但在自我否定，也在否定下面的听众，因为，听众会从你的这句表白里读出这样的意思："你们一点都不重要。"否则，你为什么不准备呢？

如果你的开场白是这种自我否定式的，那么我在这里引用吉普林的一首诗的第一句话："继续下去，将会是毫无意义的。"因为，这就是这种开场白的后果。

### 三、刻意的幽默

将幽默作为开场白有点像是一个成功率极低的赌注——我提倡冒险，但是我坚决反对赌博。很多喜剧演员如此说："去死很容易，但是要演好喜剧却很难。"是的，要制造幽默很困难，尤其是当需要这种幽默跟你的演讲有关的时候，用幽默的方式开头无疑是在给自己制造麻烦，结果就会使你的演讲冷场。

但是有无数的演讲者都喜欢用幽默作为演讲的开场白，好像除了这个方法之外再没有其他的选择一样。你也许会说，他们不是成功了吗？听众都很喜欢听。表面上看起来好像很受听众欢迎，他似乎成功了，但是事实上却并非如此，因为听众就好像是在看一场滑稽剧一样，看完之后就忘记它的内容和表演者了。

## 四、高深的专业词汇

你想吓跑还是吓唬观众？否则，就不要在一开始的时候就用那些古怪、陌生的词语。因为这些无聊透顶的词汇会使听众的兴趣消失殆尽，虽然你很想显示你的学问丰富、高深莫测，但是运用这样的开场白还不如没有开场白。

## 五、陈词滥调

千篇一律或者时髦的、低俗的话作为你的开场白会使听众失望和厌烦，因为这些句子简直让听众听得耳朵失去了灵敏性，对他们而言，完全失去了新意。你要尽量给听众新的感觉，做到这一点并不难，只是需要花点儿心思罢了。

## 六、区分对待听众

有些演讲者一开始总要特别提及那些坐在台下的重要人物，比如政府官员、学术权威，或者德高望重的人。我并不反对提到他们，但是千万不要让别的听众以为自己被轻视了。千万不要区别对待听众，否则你失去的将是大部分人对演讲的兴趣。你要告诉他们，他们全部都是重要人物，你将会并且已经注意到他们了。

## 七、你是被迫演讲的

每个人都会有这么一种共同认识：被迫做某件事情时，你一般做不好，或者本来可以做得更好却没有做好，但是，却有一些演讲者的确常常在一开始的时候就告诉听众他是被迫来发表这个演讲的。这样的开场白无疑让听众产生无谓的联想，比如你也许会谈点儿别的什么——你为什么是被迫的呢？更加重要的是，这句话表现出你很无奈、消极，在这种情况下，想让听众对你所说的东西感兴趣是十分困难的。

## 八、讲这个主题很艰难

这是自信心不足的表示，没有人喜欢倾听一位自信心不足的人唠叨。因为，这样会使人感觉得不到他们想要的东西，所以千万不要这么说："对这个主题我感到力不从心……"

这样的开场白会透露出你的胆怯，难道是你害怕你的演讲中有错误，会被权威笑话？既然你已经选择了这个主题，那么它就一定是你所熟悉的，除非你的演讲稿是别人替你准备的。如果听众认为你发表的只是你个人的意见，又怎么会介意你犯错误呢？

# 狗尾续貂将会让人感觉遗憾

在戏院里，人们评判演员水平高低的一个简单方法是，看他们的进场及出场，演讲也是如此。如果一个演讲的开头和结尾都很糟糕，可以断定这不会是一个出色的演讲；如果演讲的开头和结尾都很出色，那么这绝不会是一个糟糕的演讲。

我曾经对工业家乔治·福·詹森做过一次访问。当我到达他的办公室的时候，他对我说："你来的正是时候，我马上要进行一次演讲。你看，我现在已经准备好它的结尾了。"

"对一个演讲者来说，"我说，"能够预先在头脑中有清晰的思路，这的确是很好的。"

"噢，"他说，"我现在才开始准备它的结尾，我头脑里还没有完全清晰的思路，刚有了笼统的概念和结尾的方式。"

詹森先生并不是一个专业演说家，他只是依照自己的经验进行了许多成功的演讲。他已经认识到了结尾对一个演讲来说非常重要，并且认识到需要合情合理地进行推理，最后得出结论，结论可以说是演讲最重要的一部分。当演讲者结束演讲后，他所说的最后几句话可能还停留在听众的脑海中，这些话将会被听众长久地记住。

**如果说开场白是飞行的起飞的话，那么结论就是飞行的降落。我这么说并非耸人听闻。**演讲者常常在结尾中犯这样那样的错误，使自己的演讲像飞机一样在"降落"时"失事"，我希望你能够做到"平稳降落"。为了做到这一点，你需要避免下面几种错误的结尾方式。

## 一、不作出结论

有些演讲者常常不知道应该如何结束自己的演讲。他们带领观众就如同进行一次没有规划过的旅行一样，他引领听众进入一个又一个的景观，并对景观进行了详细的描述，但是他却不知道如何停止下来。只有天黑了，他才意识到自己该结束了。这类演讲没有任何结论性的语言，但是他确实已经发表完自己的演讲了。

这种感觉就好像跌入了一个没有底的洞，原本愉快的心情突然被毫无征兆地关闭起来，让人感觉很不舒服。

## 二、不像结论的结论

很多人在演讲结束部分都会这么说："对于这件事，我只能说这么多了。"又比如他们会这么说："谢谢诸位。"

既然他们已经发表完自己的演讲，为什么还不坐下来呢？这种结论就好像他们释放的烟雾弹，他们想借此来遮掩自己不会做结论的事实。

## 三、无要求的结论

演讲就如同一场平等的交易，开场的时候你告诉听众你想要得到什么，结束的时候你很自然地希望听众能够满足你的要求，这是成功的演讲家常常会做的事情，这很自然，听众通常也不会拒绝。

也正因为这种交易，才让听众有参与的感觉，才能引起听众的兴趣。

## 四、重复的结论

说话切忌说雷同的话，千万不要在你的结论照抄前面的话，这种结论没有任何好处，只会让听众更加厌烦，因此，当听众不耐烦地说"又来了"的时候，你千万要小心。

## 五、仓促的结论

你知道急刹车的感觉吗？是不是感觉舒服呢？演讲也如同开车一样，平稳的驾驶才能让人感觉舒服，但是有些演讲者结束得过于迅速，当听众还沉浸在他的演讲之中，并且准备听他继续说下去的时候，他就匆匆地结束了演讲。

"这就结束了吗？"听众会产生这样的疑问。这就像汽车还没有到达目的地就抛了锚一样令人不愉快，这种结论没有任何的过渡，在听众刚开始感到愉快的时候，就突然"踩了急刹车"，听众不明白这个结论是怎么来的。

### 六、信心不足的结论

在前面我一再强调，只有充满信心地说话才能取得良好的效果，所以，在演讲的结论部分你也要注意到这点。

如果你对听众说："你们可以听听，我说的对不对。"这样的提问无异于自杀。许多演讲者为了引发听众的另一番思考，会在结论中提出一些问题。我并不反对提问题，关键是看提哪些方面的问题，但是像这种自杀式的提问方法还是不要尝试。

对自己表达的主要观点不确定的话最好不要讲，比如，"我前面说的不一定全都正确。"你知道你的这句话会让听众多么愤怒吗？这就好像听众费了很大的劲儿听完你的演讲，结果听到的演讲却只是胡说八道一样。

### 七、繁冗的结论

一些演讲者的总结比他对主要观点的论述还要多，我很惊讶他们是怎么做到这一点的。要知道，所谓的结论只是对前面所说的话的概括，而不是展开另一番论述。

我听过很多场演出，对于这种结论比主要观点还长的演讲，我只看到听众一个接一个地离开了座位，没人会强打起精神来听你的第二次演讲，而且是关于同一主题的。

### 八、前后失衡的结论

如果你的开场白给人一种规模宏大的感觉，结论部分却草草收尾，这似乎表明你对自己的观点产生了怀疑，或者说你已经不耐烦演讲下去了。

当然，也许你的结论并不简单，但是相对于你的开头来说却显得十分寒碜，也就是说，**你的结论一定要与你的开头部分相互照应，做到整体协调、前后一致，不要给听众留下头重脚轻的感觉。**

# 演讲后如此解答听众的问题

如何处理提问是一件很重要的事情。一个比较夸张的说法是，如果你无法回答提问，你甚至可能被怀疑用别人的演讲稿发表了一次精彩的演讲——你会被怀疑是冒牌货。当然，**如果你能巧妙地应对观众的提问，哪怕是冒牌货也会当成是真货。**

爱因斯坦在美国的许多著名大学作过很多次演说。他的司机有一天对他说："教授，你的演讲我已经听过很多遍了。我想我都能够作这场演讲了。"爱因斯坦说："那好，今天晚上就由你来替我演讲。"

于是，在演讲的时候，那位司机被介绍是爱因斯坦。奇怪的是，这位司机讲得没有任何差错，并且连动作和神态都很像爱因斯坦。但是在演讲过程中，一位学者向司机提了一个问题，这位司机没有办法回答出来，于是他急中生智地说："这个问题太简单了，我想，就由我的司机来回答你好了。"

这虽然是一个不大可信的故事，但是却说明了一个道理，那就是在演讲的过程中，回答提问往往是让演讲者最头疼的问题。的确，正如我所了解的大多数情况那样，即使是出色的演讲者，在被提问的时候都会感到紧张。

我们没有办法逃避提问的考验，这是客观存在的事实。**逃避只会让演讲者在演讲的过程中败下阵来——因为他们没有很好地处理提问而影响了整场演讲**。那么，我们应当如何才能勇敢地面对这些问题呢？我这里有一些建议。

### 一、先克服内心的恐惧心理

我们在前面已经探讨过恐惧的根源，那就是对未来的不确定，所以，我们首先要做到，千万不要对提问产生恐惧。

如果你允许提问者提问，那么同时你也是在接受一种危险的考验，因为提问者会问出各种各样的问题来。这些问题有的你曾经考虑过，但是也必然有一些你没有考虑过，但是你要记住，你害怕，是因为你已经丧失了主动权。

说话是一种冒险，你应该还记得我说过的这句话。**接受提问是为了解决听众的疑问，使演讲有更好的效果**。它是演讲的一部分，或者是演讲本身的延伸。更加有诱惑力的是，当你冒风险的时候，同时也会有很多收获。如果你能够精彩地回答听众的提问，那么它一定会为你的演讲增添不少的光彩。即使你的演讲本身不是特别出色，你也可以通过精彩的对提问的回答来加以弥补。

实际上，如果你对自己演讲的内容足够熟悉的话，那么就基本上不会存在什么问题，至于丧失的主动权，在一定程度上仍然能够由自己掌握。

### 二、演讲前做好周密的准备工作

我们都希望能够预先知道听众的问题，如果真是这样的话，我们就能够满怀自信地去应对听众的问题了。虽然我们不能真的做到知己知彼，但是我们却可以事先预测提问者可能会产生哪些疑问。运用你的知识，充分地考虑演讲和听众，看看听众可能会提出什么问题，然后就这些问题进行深入的思考。

你甚至可以事先找一位思辨能力较强的朋友来对你的演讲提出疑问，我们虽然不能做到万无一失，但是至少应该尽可能把准备工作做好。

当然，做好这些准备工作后，我们还是要做好最坏的打算。要想到听众可能会提到某一个你不曾考虑的或者刁钻的问题，也要考虑将如何对这些问题进行处理。考虑对这些问题是进行转移还是说"对不起，这个问题我还没有认真考虑过。回去我会认真考虑的"。当然，还是尽量使这种情况少出现为妙，因此，你准备得越是充分，你成功的几率也就越大。

### 三、主动控制听众的问题

掌握话语的主导地位会让你更加容易地化解这种危机，但是必须承认，在听众提问的时候，他们事实上已经掌握了话语的主动权——即使是暂时的。但是，这并不意味着对此你无能为力，你必须尽你最大的努力去约束提问者和控制他们的提问。

一般而言，经过充分准备和深入思考的演讲者，能够就合理的提问给出正确的答案，不幸的是，那些提问者可能会问不合理的问题，所以，你开始应该说："现在，我将回答你们的一切合理的问题。"必须强调"合理"这个关键词，因为你没有必要也不可能回答那些与你的主题没有关系的问题。如果你对那些刁钻古怪的问题——即使你知道答案——都进行了回答，这说明你已经丧失了主导权。

有效控制提问的时间，会是一个不错的方法。在你演讲一开始的时候就告诉听众，你准备将问答环节放在什么时候。**不要给听众过多的提问时间或随时发问的机会，因为这对你会很不利。**此外，我们不要给一个或者一小部分人过长的时间，要尽可能地照顾到其他的听众，这样才会使我们的演讲成功。我们同样不要让提问者发表长篇的演讲，当听众准备长篇累牍地引用或者陈述自己的疑问的时候，要想办法打断他们，让他们尽快回归到自己的问题上来，其实方法很简单，你只需要对他们说："那么请问，你要问的是……"

### 四、巧妙地解答听众们的问题

如何正确回答听众的提问是很多演讲者关心的问题，实际上我们做到了前面的几步，接下来我们就能够很好地应对这种情况。

首先，仔细倾听提问者的提问，并且尽可能发掘他们的真实意图。有的提问者并不能够——不是他们不想——把自己的疑问明白无误地表达出来，这可能正是他们会产生疑问的原因之所在。你可以这么想："他其实是想问……"

其次，向提问者复述他的问题，以确定你并没有理解错。对于提问者含糊的问题，我们可以要求提问者解释清楚；对于那些错误的问题，我们要礼貌地指出来。

再次，创造时间来构思你的答案，如果这个问题是你事先已经想好的，也不要急于回答，这样能显示出你在认真思考提问者的问题。

对于我们的回答应该遵守3条原则：一是答案要尽可能地简单，不要让自己再做第二次解释，也不要无节制地发挥；二是不要回避问题，不要自作聪明地转移话题，表面上你似乎是在作出回答，实际上却是在回避，这只会给人留下不诚恳的印象，是极不礼貌的行为；三是要提及前面演讲中说过的内容，这样做的目的既是为了强调你回答的问题是"合理"的，是与主题有关的，也是为了加深听众对于演讲内容的印象。

### 五、让听众感受到自己受到重视

听众对于演讲者反馈给自己的态度甚于演讲者给出的正确答案。因此，请尽量保持真诚的态度，让听众感受到自己受到了重视。无论在你倾听对方提问或者回答问题的时候，必须注意你的举止。鼓励那些紧张的提问者，夸奖那些提出很好的问题的提问者。即使听众提出了一个很简单或很愚蠢的问题，也不要表露出来。在回答问题的过程中，尽量给人一种严肃认真、谦虚谨慎的印象。

### 六、不要畏惧质问者的刁难

质问者不同于提问者，提问者是为了自己能够得到更加清楚的答案，而质问者只是为了使演讲者难堪。

许多演讲者的噩梦并不是像前面所述的那些情况，而是被质问者打断。因为质问者居心不良目的是让你难堪，想看你的笑话。所以，这个时候你应该抓住机会更好地表现自己，正是这些质问者提供给你这样的机会——你在反驳他们的同时，有可能使听众对你的演说印象更加深刻。关键在于，**你必须用反驳维护自己的尊严，而不是让它对你的演讲产生不利的影响。**

# 第六章
## 谈判的艺术

# THE ART OF
# ELOQUENCE AND SPEECH OF CARNEGIE

如今，谈判对于身处复杂社会的我们而言，就像家常便饭一样。我们希望涨薪水，希望用最低的价格买到一套房子，甚至在处理某件事情上与别人的意见相左，都需要通过谈判来解决。

那些能言善辩的谈判专家为许多人羡慕，他们总是能够使别人相信他们所说的话，然后达到自己的目的，不过，他们并非一开始就在这一行做得那么出色，而是多半由于自己后天的努力。你也完全可以像他们那样——只要你愿意。但是在此之前，你需要掌握一些技巧和像他们一样付出努力——可能是十分艰苦的。

现在，人们都希望能够实现双赢。在不损害对方利益的前提下，使自己的利益最大化，这就是双赢。我们这一章要讨论的，正是如何使谈判实现双赢。

# 谈判要讲求策略

对于一个谈判者而言，他考虑的是在对方同意的情况下，得到自己想要的东西，这使谈判技巧的运用显得极为重要。我们先看一个谈判失败的例子，也许这更加能够说明问题。

劳资之间的矛盾一直在我们国家存在着。一次，某一家钢铁公司的劳资双方由于第一轮谈判的失败，使情况变得十分糟糕。当时，正像在通常情况下一样，其中的一方说："我们需要更多。"这当然就意味着对方要给予得更多。这样一来，双方都不会轻易同意谈判条件。工人们最后实行了罢工。而实际上，即使工会取得了胜利，他们所得的补偿也将远远低于自己罢工期间所损失的工资，而对公司来说，他们因为罢工也遭受了很大的损失。对双方而言，他们都是受损的。

**在大多数情况下，一次失败的谈判会使双方都遭受损失，而如果运用一定的谈判策略，就能达到一种双赢的效果。**

比如，在劳资之间的谈判中，工厂方面答应给对方提高薪水、改善工作环境，而工人们则答应做出更好、更优的产品，提高生产效率，这样就为对方都带来了利益。

一位职员走进老板的办公室，对老板说："在这样的工作环境中工作，我要求加薪水。"老板多半会对这个要求表示厌烦，从而拒绝这个要求。但是如果他对老板说："我希望能够改善工作环境，这样我可能会有更高的工作效率。"老板则会选择为他加薪水。

谈判策略对谈判的成功的确具有很重要的作用。在谈判过程中，应该运用以下的谈判策略。

## 一、就事论事

跟你谈判的人，绝不会是你的敌人——如果是的话，你们已经没有谈判的必要了。把对方和你们所谈论的问题分开，否则你将没有办法理智、客观地看待这个问题。不管事实如何，都要想象你的对手是一个理智、有礼貌和讲道理的人，你们正在就共同的利益达成一致的意见，而不是在相互争夺利益；你们正在商量，而不是在争论。

把注意力放到事情上，而不是你个人的感觉和情绪上。**不要想当然地认为事情如何，你应该看到实际情况，因为那些主观性的东西往往会影响甚至决定一个人对某件事情的看法。**

你们正在处理分歧，因此你需要保持开放的头脑，而不要被成见和思维定势所束缚。就这件事情本身，用正确的方法去思考，而不能你以前怎么样判断或解决这件事情，现在还要那样做。每一件事情都会有它的特殊性——虽然也有不少的共同点，关键在于，你不知道这件事情的性质究竟具有哪种特点。

因此，你最好实事求是地从讨论的事情本身去思考解决的办法。

## 二、告诉对方自己很了解他

在谈判的过程中，许多人担心自己的观点没有很好地被对方所了解。如果你能够让对方知道你对他的观点已经十分了解，甚至告诉对方你知道他观点背后的一些想法，那么效果一定会很好。

要做到这一点，首先需要从对方的立场去思考问题。移情是常用的一种思考方法，它可以帮助你了解对方。试着把自己想象成对方，想象他处在这样的情境之中会有什么想法和感觉、想要得到什么，以及会想什么办法来得到这些东西，但是，千万不要以自己的负面心理来随意猜度别人。

积极地倾听对方的意见，这一点至关重要。他的语言代表了他部分重要的思维，而他所表达的信息是你了解他的思维的重要渠道。即使他没有把自己的真实想法表达出来，你也可以从语言中找出一些蛛丝马迹，所以倾听对方的意见当然是了解对方的最直接的手段。

最后，你需要用真诚的态度表示自己很了解他，并且很理解他，如果有必要的话，你可以适当地复述一下他的观点或陈述他的需求。

### 三、坦白自己的需求

在谈判的过程中，坦白自己的想法是一个争取别人信任和同意的好办法。每个人都希望别人能够把心里话表达出来，并且坦率地和自己分享他的想法、感受和需要；每个人都喜欢跟真诚、坦率的人打交道，而且这也并不是什么见不得人的事情。

比如，当你在面试的时候，你对主考官说："我没有什么经验，但是这对工作没有太大的影响。我认为对一个人来说，最需要的是能力和奉献精神，而这两点我并不缺。我需要一个证明的机会。"当你毫无保留地把自己的想法表达出来的时候，谈判可能会让你收到意外的好效果。

### 四、挑明对方将得到的利益

直接挑明你们的共同利益和对方的利益，这一点胜过千言万语。**冲突和矛盾当然意味着一些立场的对立，但是更多的却是共同利益的存在，而这正是人们进行谈判的原因。**有时候对方坚持某项要求，并不是因为这项要求很重要，而是因为这种坚持的象征意义很重要，因此，你需要了解哪些是对方真正感兴趣和觉得很重要的利益。在你了解了对方的需求之后，最好反复强调能够满足他需求的那些利益。

### 五、运用迂回策略

如果你在谈判的时候遇到了很大的困难，不要灰心丧气，你可以运用迂回的方法，来达到你的目的。英国人哈利说："在战略上，迂回的包抄常常是达到目的的最佳途径。"这句话恰好说明了迂回的重要性。有时候，直接的方法可能会使你失去方向，而间接的方法却能够达到你的目的。

的确，如果你只想用直接的方法去达到你的目的，有时候会十分困难。当大路走不通的时候，为什么不走小路试试呢？

### 六、列出合适的选项

列出选项意味着谈判进行到了最后，将要进行决策了。对一次谈判而言，这是最关键的时刻。这时候，你已经对谈判的方向非常了解，并且通过深思熟虑已经得出了一些解决的办法。这些选项应该是符合双方的共同利益的——如果仅仅是从你的立场出发，那么它们不会给你带来任何好处。

在列出选项的时候，应该**抛弃那种蛋糕只有一种最佳分法的想法，而应该考虑各种方法；甚至你不应该限定蛋糕的大小，而应该想办法使蛋糕变得更大。**另外，你也不应该认为只有自己才能取得最大的那份蛋糕，因为这可能使你失去更多。总之，你应该考虑得更加长远和全面一些。

# 谈判前要做好细节准备

谈判总是会让参加者感到很紧张，这可能是因为谈判的结果直接跟自己的目标，或者更加直接地说，跟自己的利益有很大的关系——那些为自己的公司或者国家谈判的人也同样如此。谈判的成功与否跟谈判者的表现有很大的关系，因此谈判总是充满着悬念。正是这种悬念给了那些出色的谈判者展现自己才能和智慧的机会。

谈判一般分为几个阶段：准备阶段、商谈阶段、建议阶段和决策阶段。毋庸置疑这几个阶段都是十分重要的。但是，在正式谈判之前的准备阶段既是影响到后面几个阶段的重要阶段，也是谈判者完全能够把握的阶段。虽然不能说谈判前的几天甚至几个月的准备工作可以完全决定谈判能否成功，但是有一点是可以确定的：**一般而言，不经准备就开始谈判是很难获得有利于自己的谈判结果的**，这一点在下面关于谈判前的细节准备的一些说明中也可以得到证明。

对于谈判前的准备有两种理解方式。我更加偏向于这样一种理解，即将谈判前的所有时间都算入准备阶段，在这样一个准备阶段中，我们需要从以下一些方面去考虑细节。

## 一、提高谈判者的能力

正如我前面所说的那样，谈判的成功与否在很大程度上取决于谈判者的能力和素质。谈判作为一种说话艺术和说服艺术，对谈判者的表达能力、判断能力、应变能力以及学识等有很高的要求。谈判是一种即时性与尖锐性相结合的说话，能够较好地处理谈判的只有那些有很高素质和能力的谈判者。

谈判者的表达能力当然十分重要。一般而言，谈判双方必须在相对较短的时间内达成一致，并且，如果谈判人数过多的话，那么每个人发表意见的时间一定不是很多，这就更需要谈判者在有限的时间内把自己的观点简洁有力地表达出来。

为了实现谈判目标，谈判者所发表的任何言论都应该有利于自己的目标的达成。另外，谈判需要鼓动对手以及打动对方，所以要求言辞具有强大的感染力。这些都需要谈判者具有十分高明的说话艺术。

谈判者的判断能力十分重要。结合你得到的关于对手的信息，判断出哪些是有用的和重要的，哪些是没有参考价值的和次要的，并从这些信息中判断出对手的实力、要求和可能运用的谈判方法等，这些都需要你具有较高的判断能力。在谈判的过程中，需要通过对手的表现、言语对谈判局势进行整体的判断，进而采取有针对性的应对办法。**要根据自己的目标和对方的目标以及双方的共同利益，提供最适当的备选方案，达成最终的谈判协议。**这些都跟谈判者的判断力息息相关。

应变能力对谈判者来说也很重要。应变能力是建立在谈判者的判断能力基础上的另一种能力，它使谈判者能够基于自己的判断得出一定的应变办法。在谈判的不同阶段，谈判者需要采取不同的应变措施，使谈判朝自己有利的方向发展。针对对方不同的反应，适时调整应变措施，甚至适时调整自己的谈判"底线"。这些都需要谈判者具有相当强的应变能力。

除了以上这些能力之外，学识、经验等对谈判者来说也都很重要。遗憾的是，一些谈判者以为只要在谈判之前的几天甚至是几个小时之内做好准备，就能够取得谈判的成功。这种想法太天真了。从某个角度来说，即使在谈判之前没有做好准备，那些综合能力较强的谈判者也能游刃有余地和对手进行谈判，因为这种能力更加基础，也更加重要。

因此，谈判者应该努力提高自己的各种能力。对你来说，这也许不是一个好的建议，因为谈判马上就要开始了，现在做这种准备已经太迟了。那么你只能在现有能力的基础上，尽可能出色地发挥，但是我并不能保证你一定成功。当然，如果你打算选择一位谈判者去和别人谈判，拥有这些能力的人选是最合适的。

## 二、尽可能了解对方更多情况

在谈判之前，通过详细的调查尽可能多地了解对手，对谈判者来说也很重要。既了解自己，也了解别人，这一点可以帮助你使谈判走向成功。

了解对方的情况有助于你做好充分的思想准备，提前研究对策，进而使你在将要进行的谈判中掌握主动权。如果是商业谈判的话，你要了解的信息包括对方公司的业绩、经营状况、资金等，还包括对方谈判者的一些基本信息，如相关经历、性格特征。你可以通过你了解的信息判断出对方可能采取的对策以及可能设置的底线，当然，这些东西都需要在接下来的谈判中加以修正或补充。

一些谈判者认为没有必要这么麻烦。他们相信，对对手一无所知的不足，可以通过试探和了解对方来弥补。这么做的缺点显而易见，不仅表现在时间有限、机会有限，更加重要的是，你的试探可能会给你带来不利的影响。如果你能够在谈判开始之前就了解对方，显然是更加适当的，当然，在谈判的过程中你也的确需要去更深一步地了解对方。

## 三、确立自己的目标

实际上，对一个谈判而言，你要做的就是两件事情：确立自己的目标和达成自己已经确立的目标。**确立目标是一件十分复杂的事情，因为你要考虑的东西太多，并且目标不一定是确定不变的。**

最好的方法是，设定你的底线。实际达成的结果只会在你的底线和对方的底线之间浮动，因此应该把你的目标确定在这两个底线之间，剩下的事情就是不断地使你的目标朝对方的底线方向移动。

为了更加有效地在谈判中达成你的目标，你需要分解你的目标。在多数的谈判之中，整体目标并不是一次就得以实现，而是通过一个个分解的目标来实现的，这些分解的目标会更有可操作性。

## 四、调整谈判心态

不论对方是多大的公司或者地位多高的人，还是与他们的合作对你来说多么重要，都不要有不利于谈判的态度和心态。对方能够坐到谈判桌前和你进行谈判，绝对是因为你们有着共同的利益，而且你能够给他一定的好处。这就表明，实际上，你们的地位是平等的，你们正在商量解决问题的方法。因此，你大可不必战战兢兢，让对方感到你在求他。

如果情况正好相反——你认为自己的地位高过对方或者公司的规模大过对方，他们正有求于你，这对你也是不利的。对方可能会因为你的态度傲慢而拒绝跟你友好地协商，而一旦如此，受到损失的一定也包括你。这个道理跟上面是一样的。

**不卑不亢的心态才是谈判者应该有的。这种心态能够使你最大限度地促成谈判的成功，达到自己的目标。**

# 谈判中应该用礼貌用语

在我们的脑海中，谈判的场面一般都是这样的：双方都非常严肃地注视着对手，生怕错过对方的任何一个细节；然后，他们为了某一个问题高声争吵起来，甚至到了剑拔弩张的地步；最后，某一方得意洋洋地以胜利者的姿态走向门外，而另一方则垂头丧气，像泄了气的皮球那样。

现在我们已经知道，谈判并不一定非得如此不可，因为我们都希望能够达到一种双赢的结果。即使我们希望自己能够获得最大的利益，也知道需要经过对方的同意，因此都会以一种温文尔雅的方式去取得。

基于这一点，跟以前有所不同的是，现在的大多数谈判都展现出一种融洽友好的气氛，最后也达到了双方都满意的效果。实际上，**融洽友好的气氛是有助于实现双赢的。**

那些谈判高手都会展现出一种大度礼貌的形象，以营造一种融洽友好的气氛，即使他们和谈判对手的利益和立场的对立已经相当严重。事实上，他们的努力收到了应有的效果。

因为正如我们说过的那样，礼貌的确能够使交谈双方心情变得更好，更加容易接受别人的意见和建议，也更加愿意满足别人的一些要求。谈判高手的这些方法值得我们借鉴。

在谈判的过程中，适当地运用一些礼貌用语，就会起到汽车润滑油那样的作用。如果你和你的谈判对手因为某个问题而产生了矛盾，无法达成一致的意见，你不妨说："不好意思，可能是我错了。让我们再分析一下。"对方一定会把自己因反对你而建立起来的心理屏障拿掉，然后跟你一起进行分析，这就是礼貌的作用。

让众多谈判者感到为难的是，他们虽然想表现得有礼貌，但是却也不愿意丧失自己的原则。表面上看起来，这两者似乎是矛盾的，但是实际情况却并非如此。

对一个谈判者来说，既有礼貌又不丧失原则的方法是，充分地利用自己的语言技巧，正像一个说话高手说话一样，**礼貌只是表达自己看法的手段，而绝不是目的。**有经验的谈判者，往往会借助高超的技巧，委婉、含蓄、间接地发表自己的意见。如果说他们的意见有可能伤害到对方的话，他们不是不把它表达出来，而是会选择另外一种让对方可以接受的方式，同时丝毫不会影响到自己想要表达的意思。在这里，主要介绍在谈判中经常用到的3种礼貌的态度。

**一、谦虚**

谦虚能够促成谈判的成功。在没有听清楚或弄明白对方的谈话内容、有关专业词汇时，有的谈判者以为说出来会影响自己的形象，因此避免说出来。其实，适当地表示自己有不明白的地方能够使自己得到对方的好感，也更加容易得到对方的帮助。那些趾高气扬，号称自己无所不知、无所不能的人，才容易引起对方的反感，因而也会勾起对方挑战的欲望。因此，适当地说"我不太清楚"、"这个词是什么意思"这样的话，对谈判是会有促进作用的。

**二、称赞**

适时地对对方表示欣赏，有利于谈判的成功。每个人都希望受到别人的尊重，喜欢被人称赞，这是人的天性。当他说了一句精彩的话或者做出了某个决定的时候，你应该称赞对方做得非常出色，这样能够为你赢得他人的好感，从而使谈判对你更加有利。

**三、感谢**

当对方称赞你或者表示同意你的某个意见的时候，你应该对他表示感谢。"谢谢"是被运用得最广泛的一个词，在谈判桌上它仍然有效。任何人都希望自己被人重视，希望自己能够对别人有所帮助，因为这能够体现自己的价值。

同样地，在营造平和、融洽的气氛的时候，应该避免犯那些不该犯的错误，即谈判时的一些禁忌。这些禁忌会使气氛变得不和谐甚至使双方对立。

**一、弄虚作假**

如果把谈判想象成一场你死我活的斗争的话，那么这种现象将是无法避免的。关键是谈判并不是你所想象的那样，而是可以双赢的。这种方法掩盖缺点、夸大优点，不顾事实地胡编乱造，因而一旦被对方发现，就会使其失去对你的信任。

**二、卑躬屈膝**

有些谈判者在谈判时企图以一种请求的态度达到自己的目的。他们扮演了可怜者的角色，希望得到对方的同情。遗憾的是，对方并不会如他们所愿。最后他们通常会发现，自己本来应该得到的都没有得到，更不用提那些无谓的奢望了。他们把自己的位置摆得很低，因此对方就会把他们摆得更低。

**三、目中无人**

与上一种禁忌相反的是，许多谈判者认为自己在身份、地位或实力上高人一等，因此在谈判中往往盛气凌人。他们认为对方是在请求自己给予好处。但这样做最后的结果往往是，谈判无法达成一致。对方可能的确因此受到了一些损失，但是自己受到的损伤往往会更大。

**四、以自我为中心**

谈判最忌讳以自我为中心，完全不考虑其他人的感受和需要。这些谈判者在整个谈判过程中一直在说"我想……""我认为……""我需要……"等句子。他们希望对方满足自己的需要是没有错的，但是忽视了对方的想法和需要却是错误的。要知道，这可是一场将满足双方需要的谈判，而不是某一方的演讲。

**五、咄咄逼人**

许多谈判者喜欢在各方面压倒对方。一旦对方提出某一个观点或建议，他们马上就劈头盖脸地发表演讲，似乎想封住对方的嘴巴。当然，他们的原意并非如此，而只是急于表达自己的看法，让对方接受自己的建议。但是，这种做法是愚蠢的。正如我们前面说过的那样，没有人喜欢接受这样的批评或建议。

## 六、信息不确定

有一些谈判者由于接收的东西过多或者由于信息传播的途径问题，得到的消息往往是不确定的，甚至是自相矛盾的。然而，他们却用这种不确定的信息作为自己观点的论据。殊不知，当他的论据遭到怀疑的时候，他的观点也必然遭到怀疑，从而失去说服力。这种不确定的信息是不值得信赖的。

# 必要时可以妥协退让

电器设备供应商泰茨公司生产的电机产品在国际上都处于先进水平，而且型号齐全、服务完善。当公司打算进军波士顿的时候，那里的市场已经被另一家电机生产公司——肯德公司占领了。泰茨公司一直在努力争取，却没有能够占领一席之地。后来，他们了解到伍德公司正打算引进电机设备，于是就派了业务员和对方进行谈判。为了能够打破肯德公司的垄断地位，泰茨公司在价格上作出了很大的让步，最终和对方达成了协议。这种让步虽然让他们开始进入波士顿市场，但是在波士顿的产品价格却比在其他地方的价格低了很多，而且提价也变得十分困难。

这个案例给了谈判者一个印象，那就是在谈判中不能让步，否则对自己会很不利。他们认为，泰茨公司完全可以依靠自己性能先进的产品和完善的服务跟肯德公司竞争，最后也一定会取得胜利。

的确，在谈判中，泰茨公司在价格方面的大幅让步，这使得他们以后的经营陷入了不利的局面。但是，他们公司的做法的错误，不在于在谈判中作出了让步，而应该在于他们在价钱方面作出了让步，因此，不能因为这个案例否认让步在谈判中所起的作用。我们完全可以想象，如果泰茨公司咬紧牙关一点儿都不让步，他们肯定就无法进入波士顿市场。

**实际上，在谈判的过程中，谈判的双方不可能都没有让步，否则就无法达成一致。**既然是谈判，那么就必然存在可以沟通的空间。正如我们前面所说的那样，谈判者只是在尽量争取使达成的协议朝着对方的底线运动，而并非一成不变地进行交谈，可以说，正是让步使谈判变得有意义。

必须强调的是，谈判者的让步也不是没有目的、毫无意义、无原则的妥协退让。有的谈判者在谈判的过程中，不打算作出让步；而与此相反的是，有的谈判者为了达到某个目标，进行了毫无原则的妥协退让。两种做法导致了不同的结果，但是对谈判者来说却都不是好事。前一种做法使谈判者失去了和对方达成协议的机会；后一种做法尽管更加可能和对方达成协议，但是这种协议对己方来说是不利的。

**在谈判的过程中，有些时候应该坚持自己的观点，有些时候则应该作出一定的让步。**把握好这个分寸是十分困难的。因此，我们在谈判中必须讲究一定的策略，即在必要的时候让步。谈判者在谈判中让步，一般都是希望对方也同样能够作出让步。这样做有两种作用：一是用自己的让步来满足对方的需求，对方才会满足自己的需求；二是表达自己的诚意，表示自己希望协议达成。

在谈判的过程中，应该把让步当成是谈判整体策略的一部分，当成是为了达到自己的最终目标作出的一点儿必要的牺牲。因此，应该有计划、有步骤地进行让步。在谈判开始之前的准备过程中，谈判者应该对自己可以作出的让步和对方可以作出的让步有清醒的认识，而不应该毫无头绪。正如我前面所说过的那样，要考虑对方的底线和自己的底线，因为这两条底线是让步的最终参考对象。

**是否让步、如何让步，这是关于让步的两个基本因素。**下面我简单地介绍一些在让步时必须掌握的原则。

**一、最好不要首先让步**

在谈判的初始阶段，不要因为急于达成协议而匆忙让步。在大多数情况下，首先让步的人会处于被动的局面，因为这似乎说明他更加希望达成协议，这个谈判对他来说更加重要。在这种情况下，对方一定会更进一步提出自己的要求，在谈判的心理上也会占有优势。

因此，尽量不要首先对对方让步。你必须保持对自己产品或服务的信心，让对方感到自己的实力。当然，在适当的时候，你应该通过让步来表示自己的谈判诚意。但是，你必须让对方明白，自己是不得已才作出让步的，只有这种让步才是积极的让步。

## 二、只能在次要问题上让步

因为让步是无关于原则问题的，是为了达到自己的整体目标的，是谈判整体策略的一部分，所以，可以在一些次要的问题上进行让步。这样的让步不会使你作出太大的牺牲，而只会赢得最后的胜利。

与此相对应的是，不能作出原则性的让步。这种让步会使你失去自己的目标，最后无法达成有利于自己的协议。这就好像你跟对手谈了一个小时，结果达成的协议却对自己完全没有好处。这种无原则的让步是不可取的。

## 三、在损失很小的时候让步

如果那些在次要问题上的让步会导致你损失很大，那你也一定不要让步。在特定的情况下，次要问题的让步可能会带来比原则性问题的让步更加严重的后果。不能简单地用主要还是次要的标准来分析，在很多情况下，次要问题也可能会给你带来无法承受的损失。

## 四、每次让步小一点

如果你让步过大，对方可能会错误地估计你的底线，因此你会更加难以取得效果。比如，作为卖方，你如果作了较大幅度的降价，这必然会让对方怀疑你的产品并没有想象中的那么好；如果你每次都只是采取很小的让步，对方会认为他差不多已经使你达到了底线，因此，你们更加可能较快地达成协议。

## 五、估计自己让步的价值

自己每作出一定的让步，就要判断自己的让步在对方心目中的价值。在此之前，你已经掌握了对方的一些信息，了解到了对方的策略和底线等一些重要的问题，因此，你可以准确地预测到自己的让步所产生的影响。有时候，对你来说是很小的让步，而对方却很在意，这种让步是理所当然应该选择的，而那些连对方看来都并不重要的让步，你也就没有必要让步。

## 六、拒绝对方让步的要求

当对方提出让步的要求时，你应该对要求进行仔细的考虑，慎重地做出最后的决定。有时候对方所提的要求对你而言并不是什么大问题，但是有时候却与你的原则相冲突。在后一种情况下，你应该拒绝对方的要求。

不要因为你需要达成协议就轻易答应对方的要求，因为对方也有同样的需求，否则你们就不会坐到一起来谈判了。

# 把握谈判的陈述技巧

陈述技巧是谈判中的重要技巧之一。陈述是谈判者向对方介绍自己的情况，阐明自己的某一个观点或看法的基本途径，是让对方了解自己的想法、方案和需要的重要手段。

陈述技巧对谈判者来说至关重要。关于这一点我不打算进行详细论证，而只会在下面直接介绍一些技巧。

像所有的陈述话语一样，谈判中的陈述跟一般的陈述有很多相同的地方，也有比较特殊的地方。其特殊性在于，**谈判要求能够更加快速而准确地说明一个问题，而且谈判的针对性更强，它要求谈判双方能够直接解决某个问题**。众所周知，谈判可能是人们在更加迫切地需要解决问题的时候采取的一个方法，正因为如此，谈判者需要具有更高的陈述技巧。它要求谈判者不仅能够清晰明确、言简意赅地把自己的想法表达出来，而且能够吸引对方的兴趣、满足对方的需求，并且具有相当的说服力。

我们很难想象一个没有掌握好陈述技巧的谈判者能够在谈判中取得成功。一般而言，谈判会有两种结局：一种是谈判达成了对他不利的协议，另一种是谈判无法成功。导致这两种结局的原因多数在于，他甚至不能够清晰地把自己的想法表达出来，更不用说说服对方满足自己的需求了。

## 一、谈判中陈述的语言要点

（1）坦诚。

许多谈判者在谈判的过程中闪烁其词，似乎在隐瞒自己的想法和动机，这样势必会给对方留下一种不真诚的印象，从而影响谈话气氛的和谐。在谈判中，谈判者应该把自己的想法和需求明白地表达出来。只有这样，对方才能知道你的想法，或者满足你的需求。另外，把对方想了解的情况告诉他们，这样你才能得到对方的信任，从而也了解对方的想法，并最终达成一致的意见。当然，你只需要在一定程度上坦诚相对，因为在某些时候，绝对的坦诚可能会被对方利用。

（2）简洁明了。

应该尽量使自己的话简洁明了。谈判的目的性和急促性不允许你发表长篇大论，你们需要的是马上找到一个明确的解决方案。不要使用过多的论据来证明你的观点，这样会使对方无法抓住重点，并且认为你说了太多的废话。事实证明，大多数谈判者都对那些夸张的、有着许多虚华文采的字句很反感，并且会在谈判的过程中显现出不耐烦。直接说出你要表达的观点，并且进行必要的解释和说明，这样就足够了。

（3）使用合适的语调和语速。

很多谈判者急于表达自己的观点，希望尽快说服对方同意自己的意见，以快速地达成协议，因此总是非常急促地说话。

这样做的后果是对方并不明白他说了些什么，并且对此颇不耐烦。另外，有一些谈判者总是打算用气势压倒对方，似乎希望对方连话都不要讲，想用这种方法赢得谈判的成功。这样做的后果是对方干脆保持沉默，但是也绝不会同意他的观点。这两种做法的结果都会使谈判破裂、无果而终。因此，不要试图用咄咄逼人的气势去压倒对方，最好使用平和的语调；也不要使用过快或者过慢的语速，只要对方能够听得清楚就行。

（4）正确处理专业术语。

在谈判中，为了使你看起来更加有实力，你可以使用一些专业术语，但是，有一些谈判者对专业术语的处理方式令人失望。他们抛出一个专业术语之后，往往不作任何解释，就直接运用在下面的谈话中。他们想当然地认为，对方应该明白自己所说的词。实际上，即使是在商业谈判中，那些谈判者也未必就一定是专业人员，他们更多的可能是业务人员，更不用说其他类型的谈判了。只有对那些专业术语进行恰当的处理，如询问对方是否懂得自己所说的意思，或者干脆进行一些简单的说明，这样效果才会更好。

## 二、谈判中的语言陈述技巧

（1）缓冲语言。

在谈判的过程中，谈判双方的观点难免发生冲突，双方的需求自然也会有矛盾。为了使自己的想法和观点更加容易被对方接受，或者改变对方的某些看法，你需要使用一些缓冲这种对立的语言技巧。比如，"你的观点有一定的道理，但是我有另外一些想法，不知道对不对……"这样你既没有直接指出对方观点的错误之处，也没有拔高自己的意思。而是以一种商量的口气表达了自己的看法。对方的观点得到了一定程度的肯定，所以对方不会反感你，也不会对你的观点产生抗拒，因而也更加容易接受你的观点，也许还能够平心静气地跟你一起讨论。

（2）解围语言。

有一种情况是所有谈判者都不愿意看到的，那就是谈判似乎马上要破裂了。谈判双方出现了难以调和的矛盾和冲突，气氛也变得紧张起来。双方好像站在了完全对立的两面，因此都陷入了尴尬的境地。这时候，需要运用解围语言来处理这种局面，比如，"我觉得我们这样做，可能对谁都不利。"

指出谈判正朝着危险的境地发展。对方也一定不愿意看到这样的情况出现，而你也表达了你希望谈判成功的诚意，因此这一般会使气氛变得好起来，双方也更加可能达成协议。

（3）弹性语言。

我们在前面已经说过，我们应该针对不同的人说不同的话。这并不是说要改变自己说话的内容，而是要运用一些说话的技巧而已。在谈判中也应当如此。如果对方谈吐优雅、文明礼貌，谈判者也应该尽可能使自己文雅一点；如果对方朴实无华、语言直接，那么谈判者也不必使用那些高雅的词汇。这种做法能够快速而有效地缩短谈判双方之间的距离，更加有利于沟通思想、交流感情。

（4）肯定语言。

即使对方说了一些愚蠢的话，你也不要直接指出来。你应该尽量看到对方正确的地方，并且诚恳地指出来。你无法使一个受到指责的人同意你的观点，除非你肯定他。更加重要的是，**千万不要在谈判结束的时候说一些否定性的话，这样会使谈判以一种不愉快的方式结束，也会对以后的交流产生很大的影响。**应该告诉对方，这次谈判让你收获不小，跟他谈话是令你很愉快的事情。

# 谈判中适当地提问

在一次谈判中，卖方和买方进行了如下的对话：

卖方：看起来你好像对我们公司的洗衣机不太满意，我可以知道是什么原因吗？

买方：我不太喜欢你们洗衣机的外型，它看上去好像不是很结实。

卖方：的确如此。如果我们在生产下一批产品时，改变它们的造型，使之能够防腐，你是否会满意呢？

买方：这很好。不过，这样一来，交货时间一定会延迟很多了。

卖方：那么，如果我们能够尽量缩短交货时间，按照你要求的时间交货，你能够马上签字吗？

买方：完全可以。

我们看到，在这次成功的谈判中，由于卖方恰当地提问，最终谈判双方达成了协议。这说明提问在谈判中的确十分重要。可以说，**提问在严肃而紧张的整个谈判过程中，自始至终都发挥着重要作用**。正如我所举的案例中的卖方一样，那些谈判高手对提问这一方式的运用有着十分娴熟的技巧。正是这样的提问，使他们始终有力地控制着谈判的方向，牢牢地掌握着谈判的主导权，从而使谈判达成了对他们有利的协议。

那么，提问在谈判中究竟有什么作用？具体地说，有以下一些作用。

**一、开场时投石问路**

许多谈判高手在已经做了充分的准备、非常了解对方的情况下，为了获取更加具体、可靠的信息，在谈判开始时都会使用提问这一方式。谈判该采取什么样的策略、对方可能会有什么想法，谈判者都能够在开场的提问中获得一定的信息，然后再利用这些信息去制订或改变自己的谈话策略。

**二、获得信息**

提问是谈判者获得对方信息的最直接、最有效的手段。对方的真实情况是什么、需求是什么、想法是什么，都可以通过提问来得到。虽然你也可以通过其他的方式去了解这些信息，但是都不如提问这种方式来得直接和有效。不过，我们需要注意对方提供的信息是否真实。

**三、提请对方注意**

为了吸引对方对我们提供的信息的注意，你也可以使用提问。提问可以建立自己的观点和对方意见之间的联系，从而使对方认真思考你所表达的观点。比如，"我认为……你觉得是不是这样？"这种方式很自然地会把对方的注意力吸引过来，使对方不得不给你一个答案。因此，即使你的本意并不是想询问对方的意见，而只是表达你的观点，也可以使用提问。

**四、传情达意**

当对方谈了一个看法的时候，提问可以传递你对这个看法表示关注的信息，而对方一定会非常热情地回答你的提问，这样就营造了一种和谐的谈判气氛。比如，"我对你所说的很感兴趣，不过我有一个问题……"这表示你对对方所说的东西十分关心，而对方一定也会用同样的关心回报你。

**五、引发对方思考**

提问当然能够引起对方的思考。你不能直接地对对方说："关于我刚才说的，你好好地想想吧！"因为这样说似乎是一个命令；你可以说："关于我的意见，你有什么看法呢？"这样自然更加容易让对力接受。

**六、谈判结束时作结论**

在谈判快要结束的时候，结论可以以提问的形式出现。比如，"现在是不是该到下结论的时候了？"这种问话很明显地比说"让我们赶快下结论吧"更加容易得到对方同意。对于后者，对方的回答很可能是"不急，还有些问题没有解决"。

上面提到的是谈判中提问的重要作用。正因为它有这么重要的作用，所以，如果谈判者想要取得谈判的成功，就有必要学习恰当地提问的技巧。

总的来说，提问应该使谈判朝对你有利的方向发展。具体来说，在运用提问这一方法的时候，应该注意以下一些问题。

### 一、把握恰当的提问时机

提问十分重要，这也恰好说明不能滥用提问这一方法。不要认为随时都可以提问。在提问之前，最好能够仔细考虑提问可能会带来的影响，比如是否会打断对方的思路、影响对方的情绪等等。不要在别人谈兴正浓的时候打断别人的谈话，这样显得很没有礼貌，也会使谈判受到影响。

### 二、提恰当的问题

谈判者提的问题一定要有针对性，也就是要提恰当的问题。提问应该把谈判引到某一个方向上去，而不能随意发问，不要因为那些跟谈判没有关系的疑惑去提问题。在谈判中，如果你了解到对方可能对某个问题产生了怀疑，你可以用提问的方式去引导他把自己的疑惑说出来，然后找到合适的说辞进行有针对性的说服。在提出一个问题之前，你最好能够对自己的问题进行思考。要避免那些可能有歧义、让对方不知道怎么回答的问题。

我在前面已经提到过一些无效问题，应该尽量避免提那样的问题。

### 三、用恰当的方式提问

我们知道，提问的内容一样，得到的回答却可能不一样。这是提问方式的不同所引起的。提问的方式十分重要，因此，在提问的时候，应该注意用合适的方式提问题，用更加有技巧的方式表达你的问题。一位信徒问牧师："我可在祈祷的时候吸烟吗？"牧师答道："当然不行！"另一个信徒问同一位牧师："我可以在吸烟的时候祈祷吗？"牧师答道："当然可以！"两个相同的问题，却得到了完全不同的回答，这是因为提问的方式发生了变化。

# 掌握谈判中的应答技巧

有问必有答。如果说提问已经成为贯穿在整个谈判过程中的重要组成部分的话，那么跟它相匹配的应答也有着同样的地位。关于应答的重要性，我们已经在前面说过，但由于谈判在某种程度上具有强烈的针对性，因此应答在谈判中也显得更加重要。

在《新约》里有这样一个故事：犹太人和法利赛人带来了一个通奸的女人，他们当众问耶稣："按照摩西的法律，应该用石头砸死这个女人。你说应该怎么办？"这是一个圈套。如果同意的话，耶稣身为一个"救世主"就要为这个女人的死负责任；但是如果不同意，那么他就违反了摩西的法律。于是耶稣说："你们中如果谁没有犯过错的话，谁就用石头砸死她吧！"众人扪心自问，都觉得自己并不干净，于是就走开了，而那个女人也就得救了。

在谈判的时候，有些问题不见得比耶稣面对的问题更难回答。耶稣凭借自己的聪明机智巧妙地回答了问题，而有些谈判者却倒在了那些问题面前。

那么，在谈判中该如何回答问题呢？这里，把我所了解的一些应答技巧告诉你们，并且希望大家从此能够从容地应答所有问题。

## 一、留下充分的时间进行思考

在回答问题之前，你应该给自己留下充分的时间对对方的问题进行思考。不过，一般来说，在谈判的过程中，对方不会给你充裕的时间让你从容地思考。因为他知道，时间越长，你越能给出对你自己有利的回答。在这种情况下，**即使他催促你立即回答，你也可以礼貌地告诉他，你必须对这个问题进行思考，并且需要一些时间。**

## 二、对问题进行分类

你思考的第一点应该是对对方提出的问题进行分类。也就是说，这个问题是友善的还是不好回答的，甚至是带有敌意。这三类问题应该有不同的应答方法。第一类问题，像你一些基本的信息等，由于对方并没有敌意，而且说出来对你也并没有什么影响，如果你还闪烁其词的话，就显得不够真诚了（甚至有可能是对方拿已经掌握的信息对你进行的试探）。

第二类问题虽然没有敌意，但却是你不想回答、不便回答的问题，对方可能是无意之中问的，也有可能是故意这么问的。总之，回答这类问题应该把握好分寸，看是否会对谈判有影响。我在后面谈论的方法基本上都属于这一类（除非特别指出来的）。

第三类问题是发生在你们的矛盾很严重的时候，对方可能因为对你的行为有所不满，对你有敌意，所以问这样的问题。回答这种问题时应该礼貌，不应该采取针锋相对的态度，然后把握好回答的分寸。

## 三、转移话题

在有些谈判中，对方可能会直接问你底线问题。如果你回答了这样一个问题，那么你会很明显地陷入被动。对于底线这样的问题，你自然不想这么直接地告诉他，因为在一般情况下，**无论哪一个谈判者都不希望谈判结果只是底线，而你一旦告诉了对方你的底线，就已经失去了继续谈判的意义。**

对于这样的问题你必须想办法进行转移。比如，对方问你，产品的价格最低是多少。你可以跟他说，你提供的价格绝对不会过高，在你告诉他之前，你打算先介绍一下你们产品的一些优越的性能。这样，你就把话题转移了，从而也为自己赢得了主动权。

## 四、模糊回答

对那些不得不回答，但是却难以立即作出回答的问题，你可以使用模糊语言，所谓模糊语言即那种给对方不确定的答案的语言。比如，对方问你价钱最低多少的时候，你可以说："不会高于你能承受的价格。"这种模糊语言显得十分巧妙，既回答了问题，又没有使你陷入被动。

模糊语言能够为自己留有足够的余地。比如在应聘的时候，面试人员问你："你的期望工资是多少？"你不能给对方一个确定的答案，但可以说："2500到3500之间。"这样，显然有可能与对方能给你的工资符合。

## 五、延迟回答时间

当对方要求你立即回答某个你不想回答的问题的时候，你可以拖延回答的时间。比如，你可以对对方说："我想，现在还不是谈论这个问题的时候吧！"或者"我现在没有第一手的资料，我想等我查阅完第一手资料的时候再给你一个详尽而准确的答复，这样可能会更好些。"这些理由都具有不可辩驳的说服力，因此你将不会再遇到同样的问题。

不过，延缓时间只能是暂时的。如果你这一次拖延了回答对方问题的时间的话，下一次你就不能再借故拖延了，因此，你最好找一个更好的办法来解决这个问题。

## 六、适当地处理对方的错误

在谈判的过程中，由于沟通上的问题，对方可能并没有完整地理解你说的话，因而产生了误解，这是谈判中经常会出现的情况。

一些谈判者在对方误解了自己的情况下采取了观望的态度，如果这种误解有利于自己，他们就视而不见、将错就错；而如果对自己不利，则马上指出对方的错误。这是一种只看眼前而不顾长远的做法，他们害怕自己会受到损失，而忽视了谈判实际上是以坦诚为基础的。

在这种情况下，正确的做法是，不管对方的误解对自己有利还是不利，都应该委婉地向对方提出来，你不用担心你会因此而遭受损失，那些东西可能并不是你应该得到的；如果你隐瞒了真实信息，那么等对方发现的时候，你会得不偿失的。

# 谈判中的拒绝技巧

谈判就是为了满足双方的要求而彼此参与的过程。每个人的需求不同，因而会展现出不同的行为和表现。虽然我们希望谈判双方能够配合默契，顺利地完成谈判，但是大多数情况下，利益冲突导致的问题还是会不断地发生。鉴于要营造一个平和、融洽的谈判氛围，以使谈判能够成功，我们不能直接拒绝或否定对方，而是必须进行有策略的拒绝。

在下面这个十分经典的案例中，谈判的一方使用了一种极高的拒绝策略，使原本对对方有利的局面变成了对自己有利的。

美国有名的电器生产商海锐公司和另一家不怎么有名的公司进行商业谈判，希望能够把电器设备卖给那家公司。那家公司的三个采购代表看起来像他们的公司一样不起眼，而海锐公司的谈判代表则准备得十分充分，并且似乎十分精于谈判。

海锐公司的谈判代表约翰和他的同伴们的表现是压倒性的。他们在一开始的时候拿出准备好的一大堆图表、图像和数字，无可辩驳地说明了他们公司的电器产品是最合适不过的。等他们介绍完自己的产品之后，两个小时已经过去了，而对方在整个过程中一直安静地坐在沙发上，一句反驳的话也没有，只是默默地听着。

约翰说完之后，吐了一口气，轻蔑地对反应迟钝的对方说："你们觉得怎么样？"

其中一位采购代表彬彬有礼地说道："的确，你讲得十分精彩，但是我们却不大明白。"

约翰惊诧地问道："你们不明白？我们讲了这么久，你们居然说不明白？那好，你们不明白什么？"

采购代表说道："所有事情。"

锐气十足的约翰感到不可思议，因为他们的介绍十分详尽，而且颇具说服力，但是他只得问道："你们从什么时候开始不明白的？"

"一开始，"采购代表说，"我们从一开始就不明白。"

约翰又能怎么样呢？于是他问道："你们想要我们怎么样呢？"

"你最好重复一遍吧！"

约翰像泄了气的皮球一样，刚才的那股信心和气势一下子都不见了。对方并没有针对某一点提出反对，他们的沉默就是对所有意见的否决。但是约翰和他的同事们难道会继续用两个小时来重复介绍他们的产品吗？当然不会。采购代表们正是运用这一点巧妙地拒绝了对方，同时也为自己赢得了谈判的主动权。果然，海锐公司的价钱开始下跌，而且形势对他们越来越不利。

这就是拒绝策略的奇妙用处。**在谈判中知道何时拒绝、如何拒绝，你会收到很好的效果。**有些谈判者担心自己的拒绝会给自己带来不利的影响，因而即使不同意对方的意见，也从不表现出来。他们担心的其实不是拒绝本身所带来的影响，而是拒绝的方法不当带来的。

另外，我们鼓励谈判者进行拒绝，并不意味着他可以随时拒绝对方。谈判者如果不是对对方表示不满，或者想和对方进行争论，就不要轻易地使用拒绝。你必须在恰当的时机进行拒绝，比如，当对方的确非常想要买下你的产品，却因为价钱的问题迟迟做不了决定的时候，你可以对他说："先生，我决定不卖这件产品了。"一般情况下，对方都会提高价钱来购买你的产品的。

究竟该如何拒绝谈判中的对方？我觉得以下这些拒绝方法值得借鉴。

**一、援引客观条件的限制**

在很多情况下，如果对方给你提出了一个无法回答的问题，而且无论你怎么解释，对方都苦苦纠缠的话，你最好表示自己也爱莫能助，由于客观条件的限制，你无法回答对方的问题。这样能够使对方不再纠缠，并且对你表示谅解。

所谓的客观条件主要包括两个方面：一个是局限于你自身的客观条件，比如技术力量、权限和资金条件等；另一个是社会条件的限制，比如法律、制度和形势等。当然，这两者可以单独使用，也可以综合运用。

### 二、先肯定后否定

当对方提出了一个要求或看法而你不能同意的时候，你可以先找出其中合理的部分予以肯定，然后委婉地表示你不能确定其他的部分。"总的来说，你的看法有一定的道理。"以这样的话语答复对方，对方会更加容易接受你的意见。

在谈判的时候，尽量不要使用否定性的词语，即使你需要表达出来，也应该用一种更加有技巧的方式。对每个人都应如此，尤其是谈判的对方。他们是提供给你某种利益的人，一旦遭到了否定，他们就会产生不快，从而产生一种抗拒的心理。

### 三、以攻为守

**当对方提出某个你不能接受的要求的时候，为了不受到对方的牵制，你可以化守为攻。**你可以提及对方在前面拒绝的你的某个要求，告诉对方你可以同意他的这个要求，但是他也必须满足你的那个要求，并说对方的这个要求跟你的那个要求是一致的。这样，即使你同意了对方的要求，也不会有任何损失。

### 四、引导对方自我否定

即使对方提出了一些不合理的要求，你也不要针锋相对。有时候，你可以旁敲侧击地暗示对方，让他认识到自己的看法有一定的局限，进而自觉地撤销自己的不合理要求。只有让对方自己否决自己的想法，他才会真心地接受，而不会产生不快。

### 五、补偿安慰

如果你不想因为拒绝而引起对方的不快，但是又不得不拒绝，你必须想办法对对方进行补偿和安慰。不论你的拒绝策略有多么巧妙，都终究掩盖不了拒绝了对方这样一个基本的事实，对方可能会因为被拒绝而产生消极的情绪。这时候，你必须想办法进行补偿和安慰。

提出你可以满足对方某一个对你来说无关紧要的要求，或者对你的拒绝表示遗憾，这样，对方的心情可能会好一点儿。充分地表达你的谈判诚意，这一点对你来说很重要。

# 谈判中的说服技巧

谈判在某种程度上是一种要求很高的说服术。一般的说服术预设了一个前提，即你要么能说服对方，要么不能说服对方，而对方一般不会反过来说服你。但是在谈判的时候，由于谈判双方地位的平等，你需要做到的是，在对方说服你之前先说服对方。

许多人认为，要在谈判中说服对手太困难了，因为双方的利益冲突实在是很激烈。为了解决这个问题，我先举一个小例子。

我和一位同事曾经到曼哈顿出差。在我们吃早餐的时候，因为点完菜之后还剩下不少时间，于是同事出去买报纸。大概10分钟之后，他两手空空地回来了，嘴里似乎还在咒骂着谁。

"怎么回事？"我问他。

"该死！"他回答道，"我到马路对面那个报刊亭去买报纸，当我拿到报纸后，递给了那家伙10美元。他居然不接我的钱，而是把我手里的报纸拿走了。之后他还教训我说，他的工作不是在上班高峰期为别人找零钱。"

"这的确让人不高兴。"我说。

"这个傲慢无礼的家伙！"那位同事接着说，"我敢打赌，像他这种爱发脾气的人是绝不会给别人兑换10美元的。"

"虽然我不喜欢跟人打赌，"我说，"但是我愿意接受这一挑战。我待会儿就去和那个老板试一试。"

于是，我在吃完饭后就去了同事所说的那个报刊亭，而他在饭店门口看着。当那个报刊亭的老板注意到我的时候，我用一种胆小的外地人的声音对他说道："先生，不好意思。我不知道你能不能帮我一个忙？"

那位老板随口问道："什么事？"

"我是外地人，"我说，"我需要一份《纽约时报》，但是我只有一张10美元的票子。我该怎么办呢？"

还没等我把话说完，对方就递给我一张报纸，说："拿去吧，这不是什么大事！"

我的同事亲眼目睹了这一幕，他后来称这件事情为"54街上的奇迹"。

很多谈判者都像我的同事一样，把在谈判时说服别人当做是一件十分困难的事情。他们都把谈判对手想象得过于固执。我对我的卡耐基口才训练班的学员多次说道："这并不困难，只是需要技巧而已。"

的确如此。既然谈判双方都坐到了谈判桌前，就必定有着共同的利益。双方深知，**如果要对方满足自己的要求，那么自己就一定也要满足对方的要求。**为了达到说服别人的目的，你只是需要一定的技巧罢了。

那么，谈判者需要什么样的说服技巧呢？以下是比较重要的几种方法。

**一、满足对方的需求**

在此之前，你已经对你的谈判对手作了一定的了解；而在谈判的过程中，相信你也已经对对手有了更进一步的了解。在此基础上，你首先要确定他的需求，然后针对他的需求进行说服。

你只有告诉对方自己的意见能够满足对方的需求，才更加容易让对方接受。任何人都只对自己感兴趣——在谈判中尤其如此。他所有的善意举动可能都是为了你能满足他的需求，因此，这一点特别重要。

**二、针对对方的实力**

如果对方的实力足够强大的话，他们可能就会对那些蝇头小利没有太大的兴趣。大企业或者实力较强的人，一般更加注重的是品牌或荣誉，因此，尽量满足对方这些方面的要求，这样对你的说服可能大有裨益；如果对方的实力较小，他则更加需要现实的利益，他往往对价格、价值、服务更加关心。只有针对不同实力的谈判对手采取不同的策略，才会最大程度地得到对方的认同。

### 三、赢取对方的信任

信任是使对方同意你的观点的第一步，同时也是最重要的一步，对那些陌生的谈判者来说尤其如此。尽量消除对方的不信任感，消除对方的担忧或恐惧，这会使你更加容易说服对方。

### 四、寻找共同点

尽量找出你们的共同点，即使是谈判者个人方面的，这样可以拉近彼此之间的距离，使对方不至于抗拒你的意见。你可以从你和对方的职位、兴趣以及许多看法中找出一些共同之处，这样更加容易拉近彼此之间的心理距离。另外，共同利益应该是你们始终关注的，因此，在谈判的过程中要不断强调这一点。

### 五、态度要诚恳

使用礼貌而且谦虚的态度说服对方，不要因为你的观点比较高明就轻视对方甚至否定对方的意见。在你说服对方之前，你需要的是对对方的尊重，而不仅仅是摆出你的意见。

### 六、不要指责对方

无论对方提出了多么愚蠢的意见，你都要把你的态度放在心里，而不要把它显露出来。你应该对对方提出的意见给予称赞，并找出其中一些值得肯定的地方，然后再说出自己的想法。不要指责对方犯了错误，这样只会使他坚持自己的意见，而不会听从于你。另外，在谈判中，最好不要使用否定性的语言。

# 打破僵局的口才技巧

谈判似乎总是要经历双方都不愿意见到的局面：谈判气氛似乎都凝固了，双方沉默不语，默默注视着对方，好像都心怀鬼胎一样；或者双方为某个问题发生了争执，面红耳赤地进行辩论。这种局面不知不觉地发生了，它使双方都陷入了尴尬的境地。最后的结局可能是，双方在沉默中不欢而散。

这就是谈判中的僵局。僵局在某种程度上象征着谈判的破裂，是对谈判双方的极大伤害。为什么会产生僵局呢？那是因为双方都不肯在某个方面让步，从而无法达成一致的意见。这是一般的情况，然而，**有一些谈判高手喜欢利用僵局来促成谈判的成功，因为人们一般都不喜欢僵局，他们可能会在许多次要的问题上让步，而当谈到主要问题、原则性问题的时候，则利用僵局来实现他们的目的。**他们可能会对对方说："我们已经作出了最大的让步，已经充分地表达了我们的谈判诚意。现在，我希望你们也能够作出一点让步，否则的话，我们只能对这样的结局表示遗憾。"如果是这种情况，谈判的僵局可能更加难以打破。

但是，为了谈判的成功，大多数谈判者还是希望能够尽快打破僵局。那么，如何打破僵局？

**一、调整情绪**

很多谈判者因为想要坚持自己的意见、改变别人的看法，会变得非常激动。我们知道，当人们在激动的时候，往往会失去理智。也许在演讲之前他就已经想好了该怎么处理僵局，但是当僵局真正出现的时候，他们却忘记了之前想好的做法。另外，有一些谈判者似乎已经做好了最坏的心理准备：既然对方能对他们的要求不依不饶，恐怕自己的目的已经达不到了，也没有希望获得谈判的成功了。这使得他们放弃了原来的礼貌和谦逊，口气开始变得咄咄逼人，甚至开始指责对方。总之，不论因为何种原因，他们都已经对谈判失去了信心。

由于我们之前已经预测到谈判僵局可能出现，那么等它真正出现的时候，就不应该使其成为谈判的终结。无论如何，你都应该尽自己最大的努力促成谈判的成功。你应该做的是，慢慢地平息自己激动的情绪，对谈判的成功恢复信心，然后采取积极的对策。消极回避对谁都没有好处，所以，你应该积极地寻找解决方案。

## 二、换个话题

当对方不论你怎么解释都不同意你的要求的时候，你不妨转换一个话题。转换话题并不是再也不提你们发生争执的话题，而是将其暂时搁置，到适当的时候再进行讨论。转移话题的作用非常明显，它可以缓解紧张的气氛。只有这样，才能使双方平心静气地展开讨论，不再发生争执，才有利于谈判的成功。对你来说最重要的事情是缓解谈判的紧张气氛，因为这对谈判而言是致命的威胁。

然而，**转换话题并不是一件容易的事情。它并不是消极地回避，而是积极地争取机会。**在适当的时候，你的话题还是要回到你们产生争执的地方上来。因此，在你们谈论别的话题的时候，你要对你们的僵局进行反思，并寻找问题所在，然后采取有针对性的方法。

转移的话题必须跟你的主题有关，只有这样，才能保证你随时都能够把话题转换回来。不要谈那些不着边际的话题，这会让对方认为你在故意拖延时间，而且你也无法成功地转回到原话题。转移话题之后，要使话题自然而然地朝正题靠拢，从而让对方在不知不觉中接受你的意见。

## 三、更换主谈人

谈判者可能会因为情绪问题而影响自己的判断，而且可能会在很多问题上形成成见，正是这些成见使谈判陷入了僵局。对对方而言，现在的谈判者及其各种做法和想法可能正是刺激他的主要原因。因此，如果可能的话。更换主谈人也是一个打破僵局的合适的方法。

选择那些对本次谈判比较熟悉的、具有较强能力的谈判者参与谈判。当然不能选择那些对本次谈判完全不了解、没有多少谈判技巧的人来继续谈判，因为如果你们更换了谈判者，说明你们已经作出了让步，而这样的谈判者无法掌握谈判的方向。

### 四、扩大双方的利益

如果可能的话，可以适当地扩大双方的利益，即自己在某个问题，即使是原则问题上作出让步，而对方也能在某些重要问题上作出让步，这样双方都能够得到更多的益处，不过，这自然是建立在作出一定牺牲的基础上的。

必须要注意的是，务必使自己得到的益处比作出的让步多，这样才有让步的必要，否则你失去的将会更多。你的目的并不只是要达成协议，而应该是达成对你有利的协议。另外，不要要求对方作出太多让步，这样你也将达不到目的，而且可能会在另一个问题上造成僵局的出现。

### 五、调整自己的策略

僵局出现的一部分原因是谈判策略不当。有经验的谈判高手甚至认为，没有不合适的目标，只有不合适的策略。他们的意思是，只要你的策略合适，那么无论你的目标有多高也都可以实现。这样说虽然有些夸张，但是却的确表明了策略的重要性。

我在前面已经说过了谈判中的策略问题，它们并不都是并行不悖的。实际上，对一次谈判、一个谈判对手而言，可能只有一种合适的策略，因此，如果你发现这种策略不合适，可以换另一种更加合适的策略。

### 六、心理置换

心理置换要求用一种换位思考的方法来处理谈判。很多时候，由于经验、学识、立场和价值观不同，不同的人对同一个问题的看法会存在很大差异，甚至会相互对立。如果你能够从对方的角度来看一些问题，对这些差异你可能变得更加容易接受，当然，你也可以要求对方从你的角度和立场来考虑问题，前提是你要告诉对方，你已经从对方的角度思考过这个问题了，然后，采取一种合适的、折中的方案来解决使你们陷入僵局的问题。

# 第七章
# 推销的艺术

## THE ART OF
## ELOQUENCE AND SPEECH OF CARNEGIE

推销作为现代商业社会最重要的一环，对企业具有决定性的意义。推销对很多人来说都是一个诱人的职业，它可以给人们带来丰厚的提成和奖金，给公司带来丰厚的利润，让人们接触各种各样的人……

然而同样地，对很多人来说，推销是一个让人痛苦的职业。长久以来，那些杰出的推销员已经用自己的实践，为我们摸索出了若干重要的方法。这使得我们的推销员可以将这些方法运用到自己的推销工作中去。他们得出的最重要的一个结论是，推销出去的并不仅仅是商品，还包括推销员自己。

# 推销商品时的说话艺术

作为一个推销员，最大的问题就是无论他怎么努力，对方都仍然无动于衷，而一个出色的推销员却能够掌握推销时的说话艺术，从而使推销变得很简单。我想，任何一个推销员都渴望拥有这样高超的说话艺术。

遗憾的是，这种说话艺术并不是轻易就能得来的。一个很有说服力的事实是，在商业活动中，成功的毕竟只是少数，大多数推销员都还在苦苦地奋斗着。

我将介绍推销时可以用到的几种重要的说话艺术，其中有一些是我在前面已经提到过的。

## 一、迎合对方的兴趣

最重要的一点其实不是你的产品有多么出色，而是对方对你和你的产品的认同。一般来说，这种认同跟他的兴趣是相符合的——只有这一点才是最重要的。

柯达公司的总经理伊斯曼先生为了纪念自己的母亲，准备建造"吉尔本剧院"。纽约优美座椅公司的经理艾当森想要得到剧院座椅的订单，于是跟剧场的建筑师约特一起去见伊斯曼先生。

在路上，约特对艾当森说："我知道你很想得到这个订单，但是伊斯曼先生很忙，脾气也不好，这次会面最好不要超过5分钟，否则你就一定得不到这个订单。你最好尽快说明情况，然后迅速离开。"

伊斯曼先生确实很忙，当他们走进办公室的时候，他正在埋头整理文件。他摘下眼镜点头示意，并且问道："两位有何贵干？"

约特介绍了艾当森。艾当森并不急于说明自己的来意，而是说："伊斯曼先生，我没有想到你的办公室这么漂亮！能够拥有一间这样的办公室，是一件多么美妙的事情啊！说实话，我从未见过这么漂亮的办公室。"他走到办公桌的旁边，问道："这个办公桌一定是用英国橡木做的，如果我没有猜错的话。"

"是的，"伊斯曼回答道，"是从英国进口的，我的一位研究木材的朋友帮我选的。"

接着，艾当森又称赞了伊斯曼先生的许多收藏品，并且对他的善举表示了由衷的赞美。艾当森引导着伊斯曼说出了自己早年的创业史。

伊斯曼深情地回忆起他早年的贫穷日子，包括他为了赚50美分而去做推销业务。他说道，当时他拼命地赚钱，就是为了让和自己一起受苦的母亲过上好日子。

时间一分一秒地过去，很快就超过了两个小时，但是伊斯曼先生却谈兴正浓。到了午餐的时间了，伊斯曼先生邀请艾当森一起进餐，艾当森当然不会推辞了。

艾当森一直没有提订单的事情。他知道，对伊斯曼来说，这件事情现在已经变得不值一提，因为他已经把艾当森当做朋友了。后来，等艾当森打算告辞的时候，伊斯曼主动提出要向艾当森公司下订单。

可以看出，艾当森看起来好像并没有在说服伊斯曼上费多大劲儿，但是他用适当的话题使谈话以一种平和、愉快的气氛朝对他有利的方向发展，并在最后达到了自己的目的。

假如艾当森没有采用这种方法，而是一直对伊斯曼进行说服，可以想象，不出5分钟，他就不得不离开伊斯曼的办公室。

**迎合对方的兴趣的确很重要，因为这种方法可以拉近你和客户之间的关系，建立相互的信任。**众所周知，在与陌生人交往中，这点是极为重要的。就像艾当森做的那样，原来显得十分困难的事情，最后却变得极为简单。

**二、请别人帮个忙**

每个人都希望被别人重视，不管他处在何种地位、有多么成功或失败。在推销商品的时候，请别人帮个忙，能够使别人得到一种被欣赏和受尊重的感觉，从而更加愿意购买你的产品。

爱莫塞尔负责推销铅管和暖气材料，他进入这个行业已经很多年了。这次，他在布洛克林地区推销的时候，遇到了一位难缠的客户。这位铅管经销商只要一见到爱莫塞尔，就会冲他吼道："走吧！我什么都不需要！"

爱莫塞尔作为一个优秀的推销员，并没有被这种困难打倒，他依然坚持不懈地对这位客户进行推销。后来，他想出了一个好办法来解决这个难题，于是他又一次走进了那位经销商的办公室。

"我不是来推销产品的，"爱莫塞尔说道，"而是来请你帮个忙的。我们公司准备在这里成立一个分公司，而你正好对这个地方比较熟悉，你认为我们公司应该把分公司选在哪儿呢？"

这位喜欢吼叫的经销商一下子就变得非常友好了，滔滔不绝地跟爱莫塞尔聊开了。当离开的时候，爱莫塞尔已经用这种方式同这位经销商建立起友谊，并且得到了一个不小的订单。

### 三、适当地否定你的产品

很多推销员急于把自己的产品推销出去，大多用的都是肯定性的语气。他们在无形之中给人的印象是，自己的产品适合所有人，而且没有一点儿缺点。事实当然并非如此！即使你把自己的产品说得天花乱坠，也无法打消顾客的疑虑。你的产品真的很完美、无懈可击吗？其实人人都知道这是不可能的。他们需要知道关于这种产品的一些不好的信息，否则会认为你正在隐瞒什么。

因此，你应该适当地给对方介绍一点儿你产品的不是之处，说明它并不是完美的。你应该知道，你现在的推销只是针对这位客户而已，并不需要把自己的产品说成适合每个人。

"这种产品并不适合那些油性皮肤的人，但是非常适合你。"这样来介绍你的美容产品，对方当然会更加相信你说的话，而这是帮助你建立诚信的一个很好的机会。

### 四、避免与对方争论

在你推销的过程中，即使对方做了一件事情或者说了一句话而冒犯了你，你也不要和他争论。对推销员来说，这可能算是一个最好的建议了，因为一旦你与对方发生了争论，就说明你的推销已经彻底失败。

### 五、恰当的语言技巧

实际上，恰当的语言技巧并不需要单独列出来，因为在所有的交谈当中，都需要注意运用语言技巧，我之所以把它列出来，是因为我想对它进行强调。

很多推销员在推销的时候兴致不高，这直接导致了他们的失败。他们的话显得平淡无奇，对顾客没有足够的吸引力，甚至会使顾客产生反感。这里指的是声音的语调、语速以及其他声音元素。

在需要有技巧地表达自己的意见的时候，他们也并不能让人满意。他们喜欢直来直去，而不喜欢运用语言的技巧。老实说，虽然职业要求他们更加能说会道，但是事实上却并非如此，因此，我对这些没有运用语言表达技巧的推销员的忠告是，完善自己的语言表达技巧，这是你成功的一个重要因素。

# 推销中的应变技巧

我最欣赏的是那种随时都能成功推销的推销员，他们的能力常常让我感到吃惊。在推销的过程中，即使遇到问题，他们也会机智而妥善地进行处理，据我所知，正是这种能力决定了一个推销员能否成功。

机智有时候更多的是一种智力因素，对此我们无能为力，不得不承认有些推销员是天才，而自己却无法变成跟他们一样，但是，**对大部分的推销员来说，重要的可能不是智力因素，而是方法问题。**

前面我已经谈过应变能力的重要性，并且提供了一些基本的方法，这里我们来讨论如何在推销中运用这些技巧。

**一、细心观察**

很多推销员在推销的时候，依照自己预先设想的推销办法照本宣科，根本不顾对方的感受，他们好像在对着墙壁发表演讲一样。

在推销的过程中，必须随时注意顾客的言行，并且要读懂各种言行的"隐语"。你必须首先了解这些"隐语"，才能采取必要的措施。

**二、变换角色**

把对方的重点转移到自己的身上，这种转移法的作用在于分散对方的注意力，使对方关注的焦点发生转变。

约翰决定再次走进亨利的办公室，希望能够说服对方购买自己公司的汽车。在此之前，他已经试过一次了，但是却遭到了失败。当他走进亨利的办公室的时候，亨利对他吼道："你又来做什么呢？我已经说过我不会买你们公司的汽车的。"

约翰没有想到亨利会这么毫不客气地拒绝自己，这使得他格外吃惊，但是他马上就反应过来了，并对亨利说："我并不是来向你推销汽车的。我只是听说你年轻的时候也曾经做过推销员，并且取得了很大的成功，所以我打算向你请教推销的技巧。"

亨利感到很惊讶，但是他显得很高兴，于是，他跟约翰谈起了他的一些经验和看法，直到约翰起身离开的时候才结束。

最后，亨利对约翰说："你们公司的汽车质量的确很好，你下次过来的时候，请把一些汽车的资料给我带过来吧，我想看看。"

### 三、顺水推舟

在推销产品的时候利用发生的意外事件因势利导，会收到意想不到的效果。

一个推销员正在向顾客推销钢化酒杯。开始，他向大家介绍了产品的特点，然后他打算进行一次演示：通过把钢化酒杯扔在水泥地板上却不碎，来说明这种酒杯和一般杯子的区别。不幸的是，他恰好拿了一个质量不合格的酒杯，当他把它扔在地上的时候，杯子一下子就摔碎了。这种情况他以前从未遇到过，完全出乎他的意料。那些顾客则开始交头接耳，讨论起酒杯的质量来。

"你们看，"不一会儿，这位聪明的推销员就恢复了镇定，并说道，"我是不会将这种酒杯卖给大家的。"

接着，推销员又扔了五六个酒杯，结果一个都没有碎。这样，推销员又成功地博得了顾客的信任。

### 四、化不利为有利

在一般的情况下，话题都有各自的内涵，但是有时候却变得很模糊。这时，我们可以利用话题的模糊性，为自己的推销找到出路。顾客有时候评论推销员的产品有某种致命性的缺点，而这种缺点可能会影响他的选择，所以推销员必须想办法找出话题的模糊性，重新定义这个缺点。

一位推销员在推销衣服的时候，顾客评论道："质量的确不错，但是样式可能老了点。"推销员接口道："的确如此，不过很多顾客都喜欢这种经典的样式，不知道你是否喜欢？"这样，他巧妙地把不利的因素变成了有利的因素。

**五、转移话题**

**不坚持到最后，就决不放弃，保持这样一种信念，对你的推销事业会有很大的好处**。要知道，很多失败的推销者并不是没有成功的可能，而是因为他们没有尽到自己的努力而已。

比如，无论顾客以什么样的理由拒绝买你的产品，你都可以巧妙地转移话题。你应该控制好话题，使它朝对你有利的方向发展，而不要只停留在一条道路上，或只朝一个方向前进，毕竟，条条大路通罗马。

在转移话题的时候应该注意一定的技巧，当然不能使自己看起来是在故意这么做，而应该自然地做到这一点。

# 推销员说服客户的技巧

对推销员来说，价格因素特别令人头疼，顾客想要以最低的价格买到最好的产品，而公司却希望以较高的价格把产品卖出去。当顾客说"这太贵了"的时候，一般的推销员都会告诉对方，这已经是公司能够给出的最低价格了，结果顾客总是摇摇头走开了。齐格勒似乎从未遇到过这种情况。

齐格勒曾经推销过一种不锈钢锅。这种锅非常结实，所有的顾客在听完他的介绍后，都认为这种锅的质量的确不错，但是他们也都认为它的价钱太高了。

"价钱太高了，"顾客通常会这么说，"比起一般的锅，它起码要贵200美元。"

"的确如此，"齐格勒说，"我们的锅比一般的锅都要贵。先生，你认为这种锅能够用多久呢？"

"它的质量的确不错，它应该是永久性的吧？"

"你确实想用10年、20年、30年或者更长吗？"

"我想它能够用那么久。"

"那么，"齐格勒说，"我们假设这种锅能够用10年，也就是说，相比一般的锅而言，它每年贵20美元，是这样吗？"

"的确如此。"

"那么平均到每个月呢？"

"如果是那样的话，那么就是每个月贵1美元75美分。"

"请问你太太一天做多少回饭呢？"

"一般情况下，两到三回。"

"一个月至少要做60回饭，是吗？这样一来就很清楚了，每顿饭你只不过多花了3美分而已。对质量如此好的锅而言，多花3美分应该不算多吧？"

"的确如此。"

我们看到，齐格勒的说服方法的确很有效，本来他的产品价钱高出一般锅很多，却被他非常巧妙地说成其实一点儿都不贵。在这种情况下，顾客是很容易被他打动的。

## 一、用事实说话

在进行价格说服的时候，要根据事实一步步得出令人信服的结论的。推销员在进行说服的时候，也一定要做到这一点，要依靠产品本身和自己适当的逻辑来说明，让顾客接受你的观点。

我们在前面已经说过，对推销来说，首要的一点是与顾客建立一种信任关系。

任何情况下，都不要企图用诡辩和臆测来说服顾客。很多推销员都喜欢把自己的产品说得天花乱坠，跟实际情况相差很远，以至有时候连自己都未必相信自己所说的话，更不用说那些顾客了。不夸大其词、根据事实说话、以理服人，这才是说服顾客的正确的方法。

## 二、满足对方的需求

有经验的推销员一再告诫那些推销新手，不要对顾客说你的产品有多好，而要看你的产品能够满足对方的需求。把你的产品的价格、质量、特色跟顾客的需求结合起来，这才是正确的推销方法。

**只有你的产品能够满足顾客的需求，顾客才有可能听你讲下去，才有可能被你说服。**

首先，满足顾客的心理需求。在你推销的过程中，你应该对顾客始终保持应有的尊重，以顾客为中心，不断地对他进行赞美；在行为上对他很有礼貌，认真地倾听他的说话，这些都是满足他的心理需求的重要方法。

其次，告诉顾客你的产品能够满足对方的某一种需求，并且针对这种结合点进行恰当的发挥，对方会很容易被你说服。

### 三、以情感人

推销是一种人与人之间的交流，因此，应该使你的推销具有十足的人情味儿。商业箴言说"顾客就是上帝"，在某种程度上就反映了顾客和推销员之间存在的天然联系。这种联系除了是一种物质上的利益关系以外，还包括某种情感关系。

推销员应该对自己的产品充满信心，对推销工作充满热情，并在推销的过程中把自己热情、自信的一面展现出来。你应该用一种富有感染力的语言来说服对方。这种语言本身就具有一种说服作用，它能够表达除语言内容以外更多的内容。

### 四、显得很专业

必须让你的顾客认识到，就这件商品及与商品有关的诸多领域而言，你更有发言权，因而也更加可信；你是这个领域的专家，其他任何人，不管他的知识有多么丰富，也比不上你对这个领域的熟悉程度，你必须为自己建立一种权威的形象。**如果你对自己的产品不熟悉，顾客很难相信你介绍的东西是正确的。**当他们失去这种信任的时候，你再说什么都无济于事。

### 五、消除对方的疑虑

了解对方的恐惧或者疑惑，进行有针对性的说服。顾客之所以不买你的产品，多半是因为心存疑虑。

通过问话或者观察得到的信息来了解别人的疑虑。如果对方并没有说出来，你可以设想他可能存在的疑虑，并用确切无疑的证据消除对方的疑虑和担心。

# 提问的方式可以引起客户兴趣

在研究推销技巧的过程中，我发现，那些成功的推销人士都喜欢用提问的方法来让客户购买自己的产品。

他们深信这样一个道理：懂得发问的人能掌握全局。有些推销员在他的对话中自始至终都穿插提问，从而牢牢地掌握了推销的主动权。

提问对推销来说的确很重要，但是我并不想从这个角度展开讨论。我想说的是，如何用提问来引起客户的兴趣。请允许我说一句废话——我们总是从头开始做一件事情的。虽然这是一个常识，但是人们却常常忘了这一点。很多推销员总喜欢在客户面前喋喋不休，他们生怕遗漏了自己所做推销计划的任何一个细节，然而，他们很显然地忽视了一个问题，即他们的顾客可能对他们所说的东西毫无兴趣，或者他们发现了这一点，但是却无能为力。

结果是，通常情况下，还没有等他们把自己的话说完，客户早已不耐烦地把他们赶了出去。其实，他们一开始就做错了。

只有在一开始就吸引住客户的兴趣，才能进行接下来的工作，否则还是不要继续的好。有一个十分简单的方法可以吸引客户的兴趣，那就是向你的客户提出一个他感兴趣的问题，发问有助于你和客户之间建立相互信任的关系，并且使他们对产品产生浓厚的兴趣。

具体来说，一个恰当的问题对吸引客户兴趣的作用主要表现在：

告诉对方他正受到重视。当你问了对方一个问题，这表明你很关心他；同时告诉了对方，这次推销的关键不在推销员，不在产品的好坏，而在客户自己。

让谈话更加自然。以问答的形式进行谈话，绝对比事先准备的推销计划更加自然。在一般人的眼中，推销员是一些奸诈的、唯利是图的小人。**通过对客户的关心，你可以把你的诚信展现出来**。我们知道，客户对我们印象的转变将使我们和客户之间的关系更加密切，也更加有利于客户在一个自然的氛围中下定购买的决心。

如何让自己掌握提问的技巧，从而引起顾客的兴趣呢？

### 一、针对客户的需求

你知道，我指的是提问的内容以及目的。你提问题是为了了解客户的需求，而你提问题的前提也是了解他的需求。也就是说，你可以根据已经掌握的信息，通过提问来了解更多的信息。

具体说来，你可以根据已有的信息设计一些问题，比如知道他喜欢打高尔夫，你就可以进一步了解他为什么喜欢打、什么时候打以及和谁打之类的问题。

你要真正关心你的客户，了解他的需求并尽量想办法满足他的需求，这样他才愿意满足你的需求。

### 二、问与产品有关的问题

最好使你的提问跟自己的产品结合起来。当然，这种结合不要过于明显，否则显得目的性太强，但是也不能问一些与你的推销无关的事情。比如，你想向他推销保险，却问他是否喜欢读书，这种问话并没有实际意义。

你应该知道客户并不希望进行时间太长的谈话，长时间的谈话会使客户感到厌烦、郁闷，从而拒绝购买你的产品，因此，你必须尽量压缩谈话时间，使你的问话具有更强的针对性，你应该在很短的时间里获得尽可能多的有效信息。

### 三、注意问题的表述

为了了解一个妇女的年龄，第一个汽车推销员问她："请问你的出生日期是……"这位推销员没有意识到她这样问引起了妇女的不满，因为这是个人隐私问题。

第二个推销员则比较小心地处理了这类敏感问题，他问道："这份汽车登记表需要你填上你的年龄等问题，一般人都喜欢填写大于自己实际年龄一岁的数字，你会怎么做呢？"结果妇女非常高兴地把自己的年龄告诉了他。

问题的表述方式要针对不同的人和场合而有所不同。重要的是要考虑到顾客的心理，千万不要对顾客产生伤害，否则，你所有的努力都将会是徒劳的。

不一定非要在开始的时候提问，你可以灵活地把握时机。你可以在一开始就提出问题，也可以在你们谈话进行一段时间之后再提出问题。

# 电话推销技巧的应用方法

相对于当面推销来说，电话推销是一种更加省时、省力和直接的推销方式。随着科技的日益发达和社会环境的日益紧张，可以想象，电话推销将越来越成为推销者十分热衷的推销方式。现在我将就如何利用电话进行推销展开较为详细的说明。

**一、准备工作**

虽然电话推销十分重要，但是你还是不要对它寄予过高的期望。由于传统观念的影响，电话推销的任务应该是创造和有希望成交的推销对象的见面会谈的机会，它不能代替面对面的商谈，它的目标应是创造一个恰当的面谈机会。你绝不要妄想和对方在电话中谈成一笔业务。

和当面推销一样，你应该在电话推销前先做一个推销计划。最好的办法是在你手边的纸张上先列出几条，以免在对方接听电话后，你却由于紧张或者是兴奋而忘了自己的讲话内容。另外，你还应该准备好具体怎么说，如果这是一次十分重要的推销，你甚至可以提前演练，让自己提早进入状态。

当然，你需要选好打电话的时间，尽量避开电话高峰和对方忙碌的时候。一般上午十点以后和下午都较为有利。如正值所找的人外出，可询问接听者是否有其他人可以商谈，或问清对方什么时候回来，以便以后再联系。

**二、直接跟关键人物通电话**

拨通电话后，你可以直接要求和能够跟你谈生意的关键人物通话。不要问对方："我是否可以跟你们公司的经理通电话？"对方多半会说："他没空儿，你有什么事？"不妨直接告诉他："我找你们公司的经理。"这样，对方一般情况下只能听从你的"命令"。

### 三、把握最初时间

一般来说，开始同对方通话的时间对推销员来说是最重要的。如果你不能在尽可能短的时间内吸引对方的注意力，那么他一定会认为自己没有必要跟你再谈下去了。

因此，你必须想方设法在一开始就吸引他的注意力，使对方非常乐意继续听你说下去。**在此之前，你应该思考对方可能对什么比较感兴趣、什么样的语言风格比较适合他等等问题。**

### 四、礼貌的态度

讲话应热情和有礼貌。热情的讲话容易感染对方；而你的礼貌，同样会使你得到有礼貌的正面回答。

不论你之前是否跟对方联系过，你都应该先问好，表明你的身份。确认对方的身份后，再谈正事。在通话结束之前，应该向你的客户致谢。另外，一定要让顾客先挂断电话，以示对顾客的尊重。

### 五、语言措辞

在语言措辞方面，你应该注意的主要有两点：一是态度要真诚，千万不要夸大自己产品的优点，因为这样一来，当对方看到真实产品的时候，可能会改变主意，并进而怀疑你的诚信；二是在介绍自己产品的时候，一定要避免使用专业词汇，你应该用一种通俗易懂的语言来说明你的专业词语。

### 六、以介绍产品为主

一般来说，电话推销应以介绍产品信息、了解对方状况为主，只有不刻意强调电话推销的目的性，你才能更加容易得到和对方见面的机会。

比如，你可以询问对方是否有这种产品，如果对方已经购买的话，则问清楚其购买的产品的一些具体细节——这些东西你以后一定用得着——然后把自己产品的优势说出来；如果对方回答没有购买这种产品，你就可以直接介绍自己的产品。

## 七、作好记录

一定要作好通话记录。对于电话中所谈的内容，你可以一边谈一边记录要点。这些资料一定会有助于你下一步的推销筹划，而且你也可借此建立顾客档案。

确定面谈时间。**提供两个以上的方案或形式供对方选择，应尽量为对方考虑，但不明确的面谈时间容易被对方推脱，因此，较好的面谈时间应该是明确且有所选择的。**

# 如何在第一时间里获得客户信任

你在推销的时候，需要获得顾客的信任。这跟演讲是一样的，如果你的听众信任你，那么他们就会相信你所说的话；如果不信任你，那么就不会相信你所说的话。可以说，信任与说话内容没有多少关系，却和顾客对推销员的印象联系十分紧密，正是这样一种感觉影响了顾客的判断和决定。

**赢得顾客的信任，这是你推销成功的第一步。**如果你不能赢得顾客的信任，你所说的东西对顾客来说都是无关紧要的或者虚假的，那么你也就没有必要继续说下去了，这一点很好理解。假如你对一个陌生人和熟人说了一模一样的话，陌生人一般不会相信你说的话，而熟悉你的人则会相信——如果你是一个诚实的人的话。

这些事实都让我们明白，如果想让顾客相信我们的话，就必须首先获得他的信任。那么，该如何获得顾客的信任呢？我把一些方法列在下面，希望对推销员有所帮助。

**一、不要假设顾客相信你**

一些推销员在遭到顾客的质疑或者指正之后，会觉得很不愉快。我们总是一厢情愿地认为自己应该并且已经得到了他人的信任。

即使有人向你表示了不信任，你也不要因此而生气。你想想，现在我们的电视上、报纸上，甚至大街上，到处都充满了虚假的信息和广告，如果人们对它们一律都相信，会多么糟糕？

因此，永远不要假设顾客相信你，除非对方表明了这一点，否则就要尽你所能向对方证明你是值得被相信的。

告诉顾客，并非只是他一个人这么想，他的想法一点儿都不奇怪，然后以坦诚的态度去说服他，直到他相信为止。

### 二、以朋友的身份谈话

推销员应该避免板着面孔说话，不要把对陌生人推销看做是"公事公办"，不妨把它当做是朋友之间的友好的交谈。

以朋友的身份进行，交谈意味着你的推销是一次建议，既不是命令，也不是请求，对推销来说，这两种方式都是不可取的。只有当你把对方当成朋友，对方才会也把你当做朋友来看待，并且不会用居高临下的姿态对待你。

以朋友的身份替对方着想，真心诚意地为顾客考虑，会使你收到意想不到的效果。因为只有这样，对方才能体会到朋友般的温暖，从而对你产生信任感。

### 三、直接指出缺点

我在前面已经说过了这种方法，实际上它真正的作用也正在于此——获取顾客的信任。

多年前，某广告公司在一个加长型香烟的广告中，就运用了这种方法来获取顾客的信任。他们在广告中直接指出了加长型香烟的种种缺点，如容易碰到别人的脸颊、携带不方便等，结果取得了很好的效果。

这种方法的作用在于，它以一种坦白缺点的方式来赢取人们的信任。当你告诉了顾客产品的缺点之后，他们会认为你比较客观，因此更加容易相信你所说的优点。

### 四、使用精确的数字

事实证明，精确数字的说服力远远大于笼统的数字。人们不会真正关心你的数字的来源，只是会得出一个结论，即那些数字如此精确，证明了它的确是经过了细致而客观的分析的。

象牙香皂的员工深知这个方法的奥妙，他们在宣传的时候，一直在强调一个事实：它们是99.44%的纯净度。

我们根本不会去在乎这个数字的真正意义，即使他们说它们是100%的纯净度，我们也不会去在乎什么，但是我们却认为这个精确的数字更加值得相信，进而认为他们的确值得信任。

### 五、让你本人值得信任

推销员们其实在很大程度上是在推销自己。顾客对产品的优点信任与否，在一定程度上取决于你和你所采取的方法，因此，你有必要通过改变自己的形象去赢得顾客对你个人的信任。

一个方法是使自己的穿着像个成功人士。同样是推销一种产品，你愿意相信一个破衣烂衫的人所说的话，还是愿意相信一个衣冠楚楚的人所说的话？很明显是后者。这不仅是因为那些穿着整齐、举止高雅的人更加让我们赏心悦目，还因为我们更加愿意相信，一个成功人士是不会靠业绩和回扣来维持生计的。

另一个方法是谈吐优雅。使自己表现得尽量优雅一些，这可能会为你赢得更多信任。我们当然更愿意相信一个谈吐优雅的人所说的话，因为他的观点可能更加客观、更加全面。对顾客来说，感觉可能比实际内容更重要。

### 六、向顾客坦白你将得到的好处

一般的推销员对自己在交易中将得到的好处讳莫如深，似乎向顾客坦白后会损失什么。事实上，即使将这种属于私人性的东西告诉顾客，推销员也什么都不会损失，反而会赢得顾客的信任。

一个推销员向顾客推销房屋的时候，对客户说："坦白告诉你，我可以从这笔交易中得到1%的佣金；如果你不买这套房子的话，我当然会失去这个赚钱的机会，但是你的损失会更大，因为你也将失去一个少花钱的机会。这样，我们就是两败俱伤了。"

在听到这样的话之后，这位客户竟然慢慢地改变了自己的主意，这就是坦白的益处。

# 应对不同年龄客户的技巧

不同年龄的顾客的经验、心理、习惯等诸多方面都不一样，因此有必要对他们运用不同的推销方法。**一个成功的推销员，应该具备洞察人性的能力。**因此，你必须对不同年龄的顾客进行详细的研究，以便采取相应的对策。这跟我们前面说过的根据对方决定说话策略的内容很相似，只是把那个方法运用到了推销中，并且具体到了不同年龄的对象上而已。

## 一、应对年轻顾客的方法

对年轻顾客的称呼问题让很多推销员觉得很麻烦，他们既不喜欢被人称呼成"大哥"，也不喜欢被称为"小妹"。其实大可不必觉得这些问题很麻烦，因为他们虽然有自己的喜好，但是在这些方面并不怎么在意。直接称呼他们为"男孩"、"女孩"可能不会有问题，即使你跟他们年龄一般大。

我不敢说年轻人永远走在"时代"的最前端，但他们走在"时尚"的最前端却是毋庸置疑的，我指的是他们追随新生事物的能力和热情，他们在这方面的确是其他年龄阶段的人无可比拟的，因此，在向他们推销商品的时候，你可以告诉他们这类商品很流行、很有创意，这种方法能够使你获得成功。

相对来说，年轻人对这个世界非常好奇，因为他们知道的东西仅限于书本，而没有什么机会去了解这个社会，或者了解得还不够，而求知欲是每个人都有的。他们的好奇心往往使他们容易被不熟悉的东西所吸引，并且愿意进行不断的尝试。

因此，推销员更加容易抓住他们的好奇心理，吸引他们进行各种尝试。告诉他们一些他们所不知道的东西，往往会使他们感到十分高兴，并且非常乐意跟你做朋友。

对年轻人而言，没有什么不可以做的事情，也基本上没有什么禁忌，兴趣是他们最好的导师，理性在指导他们行动的时候已经退居次要地位了，因此，只要你成功地吸引了他们的注意力，就一定会收到很好的效果。

他们一般不会固执于某个观点，但是当他们发脾气的时候，他们的爆发力非常强。这时候千万不要和他们争辩，因为不用等很长时间，他们就会自己平息下来而向你道歉的。

**二、应对中年顾客的方法**

中年顾客不同于年轻顾客的一个很重要的特点是，他们已经有了自己的家庭，他们所做的一切一般只是为了使自己的家庭变得更加富裕、快乐和幸福。虽然他们也有自己的需要，比如个人的一些爱好，但是这基本上不会花费他们多少钱。

中年人较年轻人更加稳重，能力比较强，比老年人又更加机智。因此，不要在他们面前耍什么手段，他们会很容易就识破你的伎俩，然后不动声色地看着你表演。

不过，这对你也有很多好处。如果你的产品的确十分合适的话，他们也会更加理智地购买，而不需要你花费太多口舌和精力进行说服。只要你能够真诚地对待他们，他们很快就会看出来。

他们似乎并不需要多少花言巧语。有调查显示，**口拙的推销员和能言善辩的推销员在成年人面前打成了平手，几乎分不出胜负。**因为他们不需要你的说辞就能进行独立而清晰的思考，你的说辞有时候反而给了他们夸夸其谈的不良印象，这显然影响了那些能言善辩者的推销效果。

成年人都比较实际。他们一般不会去考虑精神上的享受或者那些感性的东西。比如，你对他进行称赞，这很有可能不会影响他的决定，这并不代表他们不需要，只是这些东西退到了次要的地位而已。

中年人一旦决定了某件事情，就很难再改变。不论他接受还是拒绝了你的推销，除了感谢，你都没有必要再多说什么。

### 三、应对老年顾客的方法

老年人对我们来说永远是一个谜。虽然我们已经通过研究得出了许多令人信服的结论，但是存在于他们身上的疑点还是很多。

老年人大都比较孤独，因此，正是他们让人们相信，推销员也可以是一个受欢迎的职业——而实际上，他们喜欢跟任何人说话。这并不表明"好的开始是成功的一半"，因为他们接下来要谈的内容可能并不会让推销员感兴趣，而且推销员们必须想尽办法才能使对方了解自己的希望——仅仅是了解而已。

虽然老年人经历了太多的事情，但是这并不代表他们已经看开了很多。中年时期的他们所拥有的一些品质，现在已经荡然无存了，他们仿佛又回到了年轻时期，变得容易生气、激动和愤怒，因此，永远不要说他们有错。他们的固执让人难以置信，他们已经不可能轻易地改变自己的想法了，即使你已经拿出了确凿的证据，他们还是会继续坚持自己的意见。另外，他们一般都知道自己的反应十分迟钝，因此常常对推销员所说的话半信半疑。

他们像小孩子一样，非常喜欢受到称赞。如果你提及他在某一次战争中的表现非常英勇，这能够使他的眼睛里放出光来，并且乐得手舞足蹈，他对你的好感也一下子就会有很大的提升。这显然对营造一个平和的氛围是十分有利的。

他们喜欢倚老卖老，所以推销员在向老年人推销的时候，要表现得像个老实的小孩，这能够为你赢得他们的好感，进而突破他们的防线。

# 应对不同性格客户的技巧

上一节我们已经讨论过不同年龄的顾客的应对办法，下面接着讨论如何应对那些不同性格的顾客。

## 一、应对理智型顾客的方法

理智型顾客完全以理智来分析和解决问题，较少受到主观情绪的影响，他会主动吸收和分析推销员提供的信息。

产品或服务的质量、价格是他做决定的至关重要的因素，而这些东西往往是比较客观的，因此，推销员在一般情况下很少能够打动他。如果他不需要你的商品，无论你怎么努力，他都会无动于衷的；如果他需要一件商品，绝不会只找一个产品供应商，而是会同时从几个供应商中认真比较，然后选择最合适的一个。

一般来说，他善于捕捉每一个细节，并竭尽所能地收集所有的产品信息，而他的分析能力和方法则使他能够发现产品的几乎所有优点和缺点。

基于以上特点，理智型的客户做出决定通常比较谨慎迟缓，推销员不应该催促他，而应该等候，让他自己慢慢地得出结论。如果他提出某个问题——要知道，这是他深思熟虑后却仍然无法解决的——就一定是希望推销员能够给予实事求是的、明确的答复，因为他希望从推销员所作的解释中得到更多的信息。这时候，如果推销员夸夸其谈、避重就轻，就肯定会失去这位客户。

理智型顾客通常显得沉默寡言、不善言辞。在你和他交谈的时候，应该以与工作有关的话题为主，不要过多地跟他谈论与工作无关的事情，他对此不会有太大的兴趣。特别要注意的是，务必使你提供的信息准确、客观。

### 二、应对个人意志型顾客的方法

简单地说，个人意志型顾客是那种以自我为中心的顾客。他的主观意志很强，做什么事都依照自己的经验，并且认为自己的意见是最好的，而对别人的意见基本上不予考虑。

个人意志型顾客喜欢表现自我，"我……"是他的语言表达方式，同时，他说话的音量一般比较高，语速比较快，问的问题也很直接，而且有比较强的控制倾向。

推销员在跟个人意志型的顾客约会的时候，千万不要迟到，否则他会认为你对这个约会不重视，是一个缺乏信用的人。另外，他更加关心的是产品的效果，即能否降低成本、增加收入、加快生产进度等。一般来说，他们都有很强的升职愿望，因此，如果你的产品能够帮助他做到这一点，你的推销将更加容易成功。

个人意志型的顾客十分善谈，和他交谈的时候，应该围绕他的工作业绩等话题进行，因为他很喜欢跟别人谈及他为公司做出的重要贡献。**推销员在交谈的过程中，要做到言简意赅、切中要点，而且应该直奔主题。**跟理智型顾客一样，推销员不要期望轻易改变个人意志型顾客的意愿或观点，当然，如果你有了充分的证据，他也会适当改变的。

和理智型顾客正好相反，个人意志型顾客的决策速度是比较快的，他常常被认为是"缺乏耐心"的人。因此，一旦他提出异议，推销员最好予以合理的解释，以便促使他尽快作出决策。

### 三、应对情感型顾客的方法

如果你在客户的办公室里看到了大量的私人物品，那么你的顾客就是情感型的。情感型顾客是那种能够给人以感染力的人，他更加重视的是情绪和感觉，而不那么重视客观实际。

情感型顾客更加容易被鼓动和说服。相对来说，他一般不那么在乎产品的质量有多好、有多少实际用途。如果他本来不需要你的产品，但是却被你说服了，他也会很快做决定的；如果他本来就需要，那么他几乎会毫不犹豫地购买你的产品。

情感型顾客的最大的特点是善于人际关系的处理，交友广泛。在与情感型顾客进行交谈的时候，你会发现他有着非常高的热情，他似乎觉得在办公室里谈论个人事情是十分愉快的。他的性格一般来说比较豪爽，行为上不拘小节，对人喜欢直呼其名，因此，跟他在一起谈话的时候，你们谈论的话题可以是多样的，不用局限于工作之类的话题。这样你可以更快地和对方产生共鸣，赢得对方的信任。

情感型顾客比较情绪化，他会更加人性化地对待推销员，但是，如果他对你的印象不好的话，他的决定就会在很大程度上受到影响。他们的喜怒哀乐一般都会表现出来，推销员一定要重视这个非常重要的信息。

推销员在向情感型顾客推销的时候，应该重点介绍产品的最终利益，而不是产品本身的特点。如果你能用那些新奇的方法来展示你的产品，效果则会更好。相对来说，他会更加关心你的感受，如果他拒绝了你的产品，他会认为对不起你，所以，这种顾客是一种可以再次利用的资源。

### 四、应对随和型顾客的方法

作为推销员，你可能更加愿意跟随和型顾客打交道——至少在礼节方面，你会受到很好的接待。他待人接物极其温和，极易相处，他会尽可能地避免与你发生冲突，因此，他常常掩饰自己的真实想法。

但是，随和型顾客也是最让我们头疼的顾客，因为我们没有办法弄清楚他的真实想法，因为这个原因，随和型顾客是最好相处却最难成交的。他们往往只是表面上同意你的看法，但是实际上却另有想法。

因此，在对随和型顾客推销的时候，应该尽量弄清楚他的真实想法，然后根据这些想法进行有针对性的说服。他的决策较为迟缓并且他本人害怕承担风险，因此推销员应该极具耐心地对他进行推销，否则将失去这个客户。

# 处理客户异议的应变技巧

最让推销员头疼的是顾客所提出的反对意见。这些反对意见常常使他们感到不舒服，并且不知道该怎么回答，不过，那些成功的推销员却正好相反，他们担心的是对方根本没有反对意见。他们发现，顾客提出一个反对意见，也就是为自己的推销工作树立了一个目标十分明确的靶子，自己所有的工作都可以朝着这个方向努力，而成功地射中靶子的时候，也就是推销成功的时候。

一般的推销员很难理解这一点。他们所知道的是，只有顾客在没有任何异议的情况下接受了他们的产品，才证明自己的推销是成功的，但是，尽管这种情况的确值得庆幸，它出现的几率却几乎是零。在更多的情况下，如果对方没有任何异议，那么他同时也会无动于衷，最后也不会接受你的产品。这说明他对你的产品没有一点儿兴趣。

因此可以说，**作为一个推销员，你应该真诚地欢迎顾客提出反对意见，因为只有这样，你才有成功的可能。**当然，前提是你能妥善地处理顾客提出的反对意见。

那么，该如何处理顾客提出的异议呢？为了说明这个问题，我们将反对意见分成了不同类型。针对不同的反对意见，处理方式当然也应该不同。

## 一、价格

价格过高是最常见的反对意见。在每次推销的过程中，价格，至少在表面上，是最核心的话题。它往往在推销一开始就被抛了出来："这要花多少钱？""我想这东西很贵，我恐怕买不起。"

但是，一个有关价格的调查结果可能会让推销员感到很惊讶。研究人员曾经对纽约的消费者进行了调查，当被问及决定不购买某件产品所考虑的因素的时候，有94%的消费者强调的是非价格因素；那些告诉推销员自己买不起某件产品的消费者中，有68%的人承认其实另有原因，而他们之所以用价格原因来表示拒绝，只是因为这有助于他们摆脱销售人员。

这个调查表明，有相当一部分消费者真正关心的其实不是商品的价格，而是价值。也就是说，价格在实质上并不是推销中最核心的问题，因此，如果下次在推销中对方对你表示价格过高，你大可不必因此而退却，你只要告诉他们物有所值，并且针对他的兴趣进行说服，你仍然会成功的。

付不起钱和不愿意付钱当然是两码事。当然，消费者不愿意付钱的原因可能并不是他没有看到产品的价值，也许当你跟他说明物有所值之后，他仍然认为价格过高，这个时候，你就应该适当地降低产品的利润和自己的佣金了，否则你会失去这位顾客的。

### 二、要求得到资讯的反对意见

有些顾客提出反对意见并不是因为他们的确反对，而是由于他们想要了解更多的信息。他们之所以通过这种方式提出来，是因为他们认为这样你会更加完整而详细地给予答复，这种反对意见可能也是推销员最欢迎的。

不过，反对意见的性质是会发生转变的。要求得到更多资讯的反对意见，如果处理不善的话，最后也会变成真正的反对意见，所以，你要在一开始的时候对他的问题表示欢迎，最后的时候重复一遍你提供的信息。只有这样，你才能十分详尽地回答他的问题，让他感到满意。

### 三、基于产品本身的反对意见

这种反对意见是顾客对产品的某一项优点和作用所提出的异议。他们不相信你说的话，或者对你所说的话的来源表示怀疑。总之，他们想让这项优点和作用得到更进一步的证明。

你可以用事实展示给他们看。比如，你宣称你的玻璃具有高强度，不妨递一把锤子给对方，让他去锤这块玻璃；你说你的化妆品曾经使许多顾客得到好处，不妨举出一两个名人来，并且拿出他们说过话的录像带；你说你的产品受到了大多数人的欢迎，不妨告诉对方这个调查是某个权威机构进行的，如此等等。

总之，如果你所说的话无法给顾客提供更进一步的证明，你就最好援引别人的话或者别的什么。

### 四、基于你个人的反对意见

有的顾客根本就对所有的推销员反感，当然也包括你在内。这好像已经成为了一个大家都心照不宣的事实。他们并不相信推销员嘴里所说出来的话，认为它们过于虚假。一句话，他们反对你所说的每一句话。

这时候你应该尽量少地发表自己的意见，而应该把焦点转移到顾客身上，他们关心的只是自己，对别人精彩的演说没有兴趣。如果你继续谈论产品的好处，或者表示自己的话有多么可信，他们就会认为，你一定从推销中得到了许多的好处，而你所得的好处恰好源于向他推销的产品的利润。告诉他们，购买你的商品，受益最大的是他们。

### 五、自我夸耀的反对意见

有的顾客认为自己比推销员的知识更丰富，甚至比推销员更加了解产品。他们在听完你的产品介绍后说："我对这种产品十分了解，你说的有些不对，我认为……"当然，他们可能的确有自己的看法，或者他们的资格可能更老，但是，他们发表意见的原因是急于表现自己，而不是想跟你讨论某个问题。

**你要明白你的任务是把产品推销给他们，而不是跟他们争论谁更擅长某一方面的知识。**因此，不要和对方争辩。如果他们发表的意见无损于你的产品的推销，不妨让他们去做胜利者；如果正好相反，你也不要急于发表意见，而应该对他们赞美一番，然后虚心地——即使是表面上如此——发表你的意见，并且仅仅当做你个人的意见，让对方相信你在向他们请教。

# 第八章
# 职场沟通的艺术

## THE ART OF ELOQUENCE AND SPEECH OF CARNEGIE

　　工作如此重要，所以几乎所有人都希望自己能够在职场中获得成功，希望自己能够有更高的工资、更高的职位以及更多的来自他人的尊重。是的，人人都希望成功，但是关键在于，究竟怎样才能取胜？

　　在我的卡耐基口才训练班中，有90%的学员来自职场。他们中有全国有名的公司的高层领导，也有小公司的底层职员；有从事案头工作的文员，也有从事推销工作的推销员；有工作多年、经验丰富的人，也有很多刚刚迈进职场的新人。为什么他们一致地想到来我的卡耐基口才训练班呢？

　　"我希望能够处理好和同事、领导之间的关系。"洛杉矶的一家化妆品公司的策划经理娜瑟说，"因为正是这种关系决定了我未来的前途。我希望自己能够取得成功。"

　　"那么，你认为口才能够帮助你做到这一点？"我问她。

　　"是的。"她非常肯定地说。

　　虽然娜瑟说得有些绝对，导致一个人成功的原因是非常复杂的，但是她的确说出了口才对于那些在职场中的人们的重要性。如果说导致一个人在职场中成功的20%的因素是他的其他个人才能的话，那么还有80%来自于口才的贡献，所以有必要提高职场沟通的艺术。

# 面试时的口才技巧

毫无疑问，对职场新人来说，面试时的口才技巧是一件十分重要的事情，它是进入职场的第一次考验。在面试的时候，你的语言交流技巧非常重要，因为它能表现出你的成熟程度和综合素质的高低。或许有些面试者认为只要自己有真正的才能就行，其他都只是次要的问题。

但是你要明白的是，**你的才能只有展现出来，那些雇主才会对你感兴趣。在你的才能展现出来之前，你在他的眼里跟别人是没有区别的。**

事实上，面试的过程，就是推销自己的过程，你的任务就是说服对方购买你这件独一无二的商品。那么，具体该怎么做呢？

**一、保持正确的仪表态度**

认识到对方有决定是否录用你的权力的时候，你就要知道该采取什么样的仪表态度。你应该穿上最正式的服装。当然，前提是不要过于繁琐，因为你是要工作，而不是参加舞会。最好的办法是，穿上适合你将来的工作的衣服，它将使你给人一种非常胜任的感觉。

同样，针对你将来的工作来决定化不化妆。当然，即使要化，也不要过于浓艳。

尽量提前几分钟到达面试现场。当你到达之后，要注意你的仪表。你需要端正地坐在座位上，安静地等待面试人员的召唤。与面试人员礼貌地握手后端正地坐下，与面试人员保持恰当的距离——不要太近，也不要太远。

说话的时候要礼貌、热情和自信。说话的时候要注意看着对方，虽然对方有决定权，也不要因为害怕而不敢看他。你应该一直面带微笑，这会帮助你给人一种自信的感觉。

当对方说话的时候，要面带微笑地看着他，仔细倾听他所说的话。你应该用你的言行来对他表示回应，表示你正在关注他。不要打断他的话，这是很不礼貌的行为。

你要保持不卑不亢的态度。不要表现得低声下气，好像你在求对方一样，这是一种相互的选择，对方并不能决定你的命运；如果你表现得很卑下，这会让对方对你的能力产生怀疑。

不要过于激动。即使对方对你很感兴趣，也不要忘乎所以，因为失控容易使你错漏百出。即使他已经明显地对你表现出了肯定的意向，你也不要太高兴，因为事情还有转变的可能。

## 二、注意语言表达

注意你的说话。你说话的声音和语调代表着你的性格、态度、修养和内涵。对一个陌生人来说，声音的特点会更加明显地传达这些重要的信息。

务必使你的口齿清楚、语言流利，不要含糊不清、吞吞吐吐。如果你能把每一个字都十分清楚地表达出来，你就会给人一种自信和头脑清晰的感觉。在现在的职场中，你的综合素质将受到更多的重视，而不仅仅是你的知识和智力。

保持适当的音量、语调和语速。如果你平时的声音非常小，那么尽量提高你说话的音量，因为声音小会给人一种懦弱、不自信的感觉。但是也不要使你的声音音量过高，你只需要让对方听清楚，而不是让隔壁的人都能听见，否则会给对方粗鲁的感觉。正确的语调能够给人一种亲切、沉稳的感觉，会在无形之中拉近你和面试人员之间的距离。

有些职场新人由于紧张或急于表达自己，往往在对方问他一句话后，会连续不断地把自己的想法表达出来，他们说话好像是在跟火车赛跑一样。

**在清楚地表达自己的同时，使用含蓄和幽默的语言，可以营造轻松愉快的谈话气氛，拉近你和面试人员的个人距离，这将使你获得更大的成功。**但是，这些语言技巧都不要使用得过多。

### 三、从容地表现自我

一开始，面试人员通常会要求面试者作一个自我介绍，这是自我表现的第一步。不要认为这是一件很容易的事情，因为虽然你最了解自己，但是要通过几句话——的确只有几句话——就让别人了解你却并不容易。

你首先需要知道你的目的是让对方了解你究竟是谁，而不是跟对方闲聊。因此，你可以简单地介绍你的姓名、性格、学历、工作经历等一些基本的信息。这些信息可能很重要，也可能并不重要，关键要看雇主更加看重哪一方面。不过，要记住的是，这只是自我介绍而已，你不需要把你想说的话全部说完，接下来你可以慢慢补充。

面试人员最关心的可能是你的能力，从而判断你是否胜任你希望获得的工作。许多面试者总是想表现得很优秀，在他们的言谈之中，好像在表达这样一个意思："我什么都能做。"也许这是真的，但是能做不代表一定能够做好。雇主希望找到的是能够真正做事的人，而不是一个夸夸其谈的人。

**把自己的特点表达出来，这是最重要的一点。**你需要实事求是，不要夸大也不要缩小你的优点和缺点。不要把面试人员当做傻子，否则他们也会像你这么做的，重要的是要让对方认为你的确适合你希望获得的工作。

### 四、妥善处理问题

有一些在面试中经常碰到的问题，也正是求职者经常犯错误的地方。

"你为什么选择这个工作？"应试人员通常会这么问你。有些人回答得莫名其妙，这让应试人员认为他们没有什么头脑。他们说："我想来试一试，毕竟多一个机会。"或者"本来我不想来的……"当他们说出这样的话之后，他们几乎已经没有成功的可能了。

应试人员这么问通常的意图是，想了解你的职业目标和你对公司的熟悉程度。当认识到这一点后，你就可以进行有针对性的回答。你必须把自己的志趣和你将来的工作、公司联系起来。比如，"贵单位的管理理念正符合我的工作信念"，这样的回答是十分合理的。

第二个问题是："你认为自己有什么不足？"应试人员问这个问题，是想了解你的诚信度和你是否与你应聘的职位相匹配。一般人只会顾及到两个方面中的一个方面，他要么直截了当地把自己的缺点都说出来，以求给应试人员一个诚实的印象；要么掩饰自己的缺点，向应试人员撒谎。

自然，这两种做法都是不可取的，我们应该在两者之间寻找一个平衡点。比如，如果你应聘的是一个财务工作，你可以这么说："我是个慢性子，这使得我常常对每件事情都考虑得很细致。"又比如，你笼统地说："我的确有很多缺点，但是我想这些缺点并不会影响我的优点的发挥。"

应试人员通常还会这么问："如果你的意见和上司的意见发生了冲突，你会怎么做？"这种假设是想试探你的沟通能力和自我认同感。你的回答应该是："首先，对上司的意见进行思考，因为毕竟他比我更有经验，看问题也会更加全面和深刻一些；其次，如果我的确认为我的意见更加准确，那么我会把我的意见和上司进行沟通，相信他也会赞同我的意见，因为毕竟我们的目标是相同的。当然，在沟通的过程中应该注意运用一定的技巧。"

第四个问题是你关心的，那就是薪酬。求职者即使不认为这个问题是最重要的，至少也会认为它很重要。如何跟面试人员谈论薪酬问题十分关键，它对你面试成功与否有很大的影响。

**大胆地说出你的期望薪酬，不要说"按照公司的规定办"之类的话。**这表明你对现在的工作并没有很清楚的认识。当然，你的期望薪酬应该跟公司和你个人的要求都相符合，过高或过低对你都没有好处。给出一个可以浮动的范围，这样让对方有考虑的空间。一般而言，如果你的确很适合的话，雇主不会让你失望的。

# 职场中应当采用的说话方式

曾经有来自各行各业的很多学员向我抱怨，说他们拥有相当高的才能，却没有办法取得成功。我知道他们的问题之所在。实际上，大部分职场中的人都有一个误解，很大的误解。他们认为，在职场中要成功，要得到更高的薪水和职位，只有一个办法，那就是让自己的工作出色。

事实并非如此。"一切都是人跟人之间的问题。"有一天，史考伯先生很有感慨地对我说道。他的这句话十分有道理，在职场中也是如此。

那些职场中的人们有时候会非常惊讶地发现，讲话的方式有时候甚至比讲话的内容更加重要。如果想要领导同意自己的某个计划，不仅需要这个计划很出色，更加重要的是要让他相信这一点；让下属努力工作的方法不是命令他们这么做，而应该是鼓励和建议他们这么做；同事不会因为出色的工作而尊重你，除非你也尊重他们。

威尔逊是美国某连锁店的老板，每周他都会举行一次经理会议。某一年夏天，由于市场疲软，几家店的业绩连续几个星期都在下滑。威尔逊打算批评这些经理，但是，他并不打算直接对他们进行批评，因为这样对公司没有任何好处。所以，在会议一开始的时候，威尔逊极力赞扬了这些经理，肯定了他们为公司做出的很大的贡献——在市场这么疲软的状态下，都只是稍微减少了公司的利润。

本来打算为自己辩护的经理们对威尔逊的赞扬十分认同，他们感到自己受到了重视，心情自然就开始好起来，一个个都精神焕发。威尔逊的话音刚落，马上就有一位经理站起来发言。他对自己经营的店面的业绩下滑展开了自我批评，认为自己完全可以做得更好。他向威尔逊表示，他打算在下一阶段推行一些新的政策，力争使业绩能够回升。其他的连锁店经理也纷纷表明了自己的意见和决心。这种热烈的场面是以前从来没有过的。

威尔逊作为连锁店的老板，具有绝对的权威，但是他明白用强迫的方式不一定能够达到自己的目的，因此就用了另外一种说话的方式。事实证明，采用这种方式的确取得了成功。

如果说领导对下属说话应该注意说话的方式，那么下属对领导说话就更加应该注意。下面是一个十分有代表性的例子。

德国一家著名的电器公司在某一年推出了一个新产品。他们准备设计一个出色的商标，并重点把这个新产品推向日本市场。

这家公司的总经理设计了一个商标，并自鸣得意。在一次会议上，他提议大家对他设计的商标进行讨论。会上，这位总经理说："我想，这个商标绝对是非常合适的。它的主题图像是太阳，这使它看起来像日本的国徽。日本人一定会喜欢它的。"

看得出来，这是次没有多少实际意义的会议，因为大家似乎都只有一种选择，那就是同意总经理的意见，所以，绝大多数人都极力赞扬这个商标设计得非常出色。

但是，一个年轻人——广告部的经理，站了起来说："这个商标并不非常合适。"

这时候所有人的惊奇的目光都集中在了他的脸上，总经理也露出了惊讶的表情，大家都等着他继续往下说。

"它设计得太完美了，"这位年轻的经理不慌不忙地继续说道，"毫无疑问，日本人一定会喜欢这样的商标。但是问题在于，我们的商品并不全部销往日本，也销往其他亚洲国家。他们都会喜欢吗？"

这样，他不但给总经理留了面子，而且也巧妙地暗示了这个商标的错误。总经理在会后说，这位经理的话简直是"再高明不过的语言"了。

一般人如果认为自己的意见比领导的好，就会直接向领导提出来。

他们满以为领导会接受他们的意见，但是事实往往与他们想象的相反——领导拒绝了他们的意见，于是他们就开始抱怨这个领导过于独断、自私和蛮横。

实际上，每个人都有这些性格特征，只是有没有表现出来而已。当自己的意见被下属否定时，领导一定会产生一种不满意感，觉得自己很没有面子，从而失去客观的立场。这样一来，他拒绝下属的意见也是顺理成章的。

这位年轻的经理成功地使领导接受了他的意见。为什么他能够成功？因为他采用了正确的表达方式。而就同事之间而言，说话的方式也很重要。相对于领导和下属之间的关系而言，同事之间有的只是平等的合作。这样，**如果你打算请求同事配合你的工作，你没有权力要求别人这么做，所以就应该特别注意说话的方式了。**

总之，我们在职场中注意说话的方式，会使你游刃有余地活跃在这个大舞台上。

# 与下属沟通的口才艺术

　　如果你是一个领导，那么你就不得不与你的下属进行有效的沟通，可以说，沟通艺术是领导艺术中非常重要的一种。一个领导只有掌握了沟通艺术，才能成为一个好的领导。遗憾的是，很多领导与下属之间出现了沟通上的问题，这不仅对个人产生了很不利的影响，而且也阻碍了工作的顺利进行。

　　该如何有效地和下属进行沟通？我认为应该做到下面这几点。

　　**一、清晰、明确地下达指令**

　　很多领导喜欢长篇大论，这往往导致在说完某件事情后，下属们完全不明白他想要表达的意思究竟是什么。这是因为领导者在下属的心目中已经建立起了某种权威，他们说的每一个字、每一句话都会作为重要信息传达到下属的大脑里。正因为接受的信息过多，下属忽略了领导想要表达的重要信息。我并不想说这完全是领导者的责任，但是至少他应该承担大部分的责任。

　　**清晰、明确地下达指令，这是对领导者的基本要求**。用简洁、有力的话表达你的意思，让它们有效地传达到下属的脑海中去。尽量让你的指令没有歧义，也符合下属能够理解的水平。你考虑的不应该光是你想要表达什么，还应该包括听的人接受了什么，不要让自己的话漫无边际，只有等下属完全明白了你的意思，你才可以这么做——而且你的确不应该长篇大论，因为下属有他们自己的工作要做，他们不是来听你的高谈阔论的。

　　不要朝令夕改，要让你的指令都是你成熟的想法。许多领导者有许多新奇的想法，他们是高效率的"点子"生产机，他们经常会否定一个小时前的指令，而用新的指令去代替它。这让下属十分头疼，不知道该怎么去做，因为他们往往同时得到几个相互矛盾的指令。

**二、对下属进行有效批评**

**当下属做错了一件事情，或者没有完成某件事情的时候，领导当然应该对其进行批评和训导，关键在于，你的出发点是想解决问题。**

保持平静的态度。不要给下属一种正在被审判的感觉，你需要营造一种平和、认真的沟通气氛。在这样的气氛当中，你们才能有效地解决问题。

对事不对人。在你进行批评和训导的时候，应该让他觉得你并不是针对他本人，而是针对具体的事情进行批评的。你应该平静地指出问题之所在，并且以各种方式暗示对方，你的目的只是为了使工作做得更好，而不是图一时之快。

公正地指出下属所犯的错误和应该负的责任。任何一个错误都不会只由某一个人造成，并且，你的下属当然也不希望犯这样的错误。不要给他一种罪不可恕的感觉，你应该指出他只是造成这个错误的一分子，并且应依照相关的规章制度客观地指出他应该承担的责任。

对其进行鼓励。不要忘记鼓励犯了错误的人，他们可能已经在某种程度上对自己失去了信心，急需别人给予肯定。当然，也不要忘记指导他们对错误进行改正。

**三、随时和下属进行谈心**

及时了解下属的想法和意见，是防患于未然的一个重要方法。谈心是一种最直接和最有效的沟通方式。要做到成功地与下属谈心，应该注意以下几点。

（1）确定目标。

确立你谈话的具体目标，明确谈话的主题，列出你可能和对方交换、传达的信息，然后安排好谈话的时间和地点。我认为不应该固定时间和地点。

（2）了解下属。

彻底了解你谈话的对象。要从下属的角度出发考虑谈话中可能会出现的问题，以及谈话会对他产生的影响。

（3）引导谈话。

将谈话引导到你的预定方向上去，这样你可能也会得到很多意想不到的收获。

### 四、让下属服从命令

让下属服从自己的每一个指令，这是领导极希望看到的事情。"拿着大棒轻轻地走路"，这个外交政策在让下属服从你的时候正好适用。在你"轻轻走路"的时候，如果你能够找出别人需要什么，然后告诉对方你能够满足对方，那么你就成功地控制了你的下属。

在这一阶段你可以采取以下3种方式满足对方的需求。

（1）称赞对方。

称赞这一古老的方法依旧有效。告诉对方他干得十分出色，你实在很需要他，这样他就会听从你的命令。

（2）让对方明白这一工作对他很有用。

了解他的需求，告诉他这项命令正是能够满足他的需求的，这样他就会很自然地为你效命。

（3）给他实际好处。

告诉他如果他能够干得出色，就将得到很多实际的好处。这一方法很有用，但是你需要付出点儿东西，而上面两种方式不需要你付出什么。

如果你在第一阶段遭到了失败，不要灰心。不要忘记你是领导，把你的大棒在他面前挥一挥，这样他很可能就会听命于你，不过，你最好尽量少地使用这种方法。

### 五、巧妙地拒绝下属

当下属向你提出某个你不能满足的要求，或者提出某个你不同意的计划的时候，不要直接地拒绝，你应该学会拒绝的技巧。

（1）对事不对人。

让他明白这是公司的制度或者他的计划的确不行，对任何人你都会拒绝的，不过，你最好尽量少地以公司的制度来作为借口，如果他的确是那种可以通融的人才，不妨放他一马；如果正好相反，则告诉他你拒绝的理由。

（2）换一种方案。

为了使他容易接受，建议他换一种方案，比如，如果他想调整工作时间，但是现在公司却处在紧张的状态下，告诉他如果有同事愿意跟他调换的话，你可以同意他的要求。

（3）拖延时间。

这是一种不得已的办法，它可以帮助你暂渡难关，但是一段时间以后，对方还是会旧事重提的，不过，那时候也许你会有更加巧妙的借口。

# 与领导沟通的口才艺术

　　如果你认为勤奋苦干就能让你在职场一帆风顺，那么你就想错了。职场是一个十分复杂的地方，并不是全部由才干和能力来决定你的前途和方向的。在这里，你的个人需求和公司的需求必须有一个恰当的结合点，你的个人爱好和工作性质可能会发生冲突。听起来让人比较沮丧的一个事实是，在某种程度上，你在职场的前途是由你的领导决定的，因此你必须得让他觉得满意；或许有些事情可能要询问同事的意见，但不管如何，你的升迁或加薪等事情毕竟最终是由他说了算的。

　　因此，如果你身处职场，就要学会恰到好处地跟领导交流。我给你的建议如下。

　　一、主动地与领导交流

　　你不一定要等到领导召唤的时候才走进他的办公室。如果你有一个工作上的意见或建议，你可以去敲他的门。我还没有见过哪位领导的办公室是不让下属进的，一般而言，他们是欢迎你的。

　　**主动地与领导交流能够使你给领导一个非常好的印象，因为这代表你在用心工作。**用心工作我并不反对，但是关键是要让领导知道这一点。另外，了解所有下属是领导需要掌握的一种信息和基本的工作任务，因此即使你不找他，他也会主动找你谈的。

　　二、不卑不亢的态度

　　领导对身处职场中的人来说的确非常重要。我在前面已经说过，他们对你的升迁和加薪等问题具有决定性的作用。即使某些人不是你的直接领导，也或多或少具有一定的影响力。

另外，他们的确在某些方面比你更加出色，在工作和事务上，他们也扮演着更加重要的角色。在这个意义上说，我们必须对他们保持相当的尊敬。

但是这绝不意味着你很卑微，因为在人格上，大家是平等的。传统的那种对领导一味地奉承和附和已经没有多大的意义，你并不会因此给领导留下深刻的印象。

现在的领导都相信，自己需要的是那种有见识并且诚实可靠的下属。随声附和除了能够满足他们的虚荣心之外，对他们没有任何意义，因此，你需要勇敢地表达自己的观点。

要游走于尊敬和独立之间，做到这一点的确很难，但是如果你想在职场中取胜，也只有做到这一点。另外，你可以把做到这一点当做是一次挑战。

### 三、合适的表达技巧

注意你和领导说话的方式。你应该做到语气适当、措辞委婉；你应该继续保持那种尊敬和独立之间的平衡，在表达的时候要特别注意这一点。另外，为了不浪费领导宝贵的时间和展现自己的语言表达技巧，你都应该言词简短，当然是要以把你的意思表达清楚为前提。

注意一些说话的禁忌。选用那些合适的词语，不要使用和你的地位不相称的词语。这些词语包括，"您辛苦了""我很感动""随便都行"等等，它们会让你看起来更加像领导。

### 四、正确对待批评和指正

所谓的"正确对待批评和指正"是指，对领导所说的话，接受正确的部分，拒绝错误的部分。

**领导有责任、有资格对我们进行必要的批评和指正，这样才能使我们不断地进步。**他们比我们拥有更多的学识和经验，看问题也更加全面和深入，角度也更新。因此，我们不应该因为受到批评而羞愧，甚至怨恨；我们应该很高兴才对，因为我们又可以纠正自己的一个错误了。

当意识到领导的观点有错误的时候，一般的人首先会对自己的观点产生怀疑，这种怀疑是十分必要的，关键是不能因为怀疑而轻易地否定自己的观点。还有一部分人经过怀疑后确认自己的观点是正确的，但是却不作任何反应，就好像领导的话是金科玉律一样。

领导怎么可能没有错误呢？他们只是比我们少一些错误罢了。一种观点是，我们好不容易发现了领导的错误，因此不应该错过表现自己的机会，但我更加喜欢换一种方式理解，即认为这是对工作的一种认真态度。做任何事情都要尽自己的所能做到最好，而不是采取马马虎虎的应付态度。

当然，向领导提出我们发现的问题也不是一件十分简单的事情。虽然我们一再强调领导应该宽容、大度和理性，但是现实生活却是另一番情景。他们往往在做事的时候并不那么理性，甚至比我们还偏激。

因此，**我们应该采用一种既符合我们的身份又可以被他接受的方式去提出我们发现的错误，并且说出自己不能接受的理由。**当然，在任何时候，我们都应该以理服人。

千万不要当面顶撞领导，这会给领导和你自己都带来伤害。那些莽撞的，自认为有才识、有能力的下属常常以顶撞领导为乐，因为这好像能说明他的确很有才能和与众不同。也许的确如此，但是他们这样表现出来并不是很高明。

### 五、提建议

如果你的领导对你说："有自己的想法是好的。"在一般情况下，这不是客套话。一般的领导都喜欢有想法的下属，他们似乎更喜欢那些新奇的玩意儿。千万不要忘记，正是这些东西能够给他们带来好处。

因此，向领导提工作意见，是博取领导好感的一个很有效的方法，当然，其实际内容也应很不错，不过，在此之前你必须先做一些事情。首先，你应该对自己的意见或建议有十分成熟的思考，而不是仓促之间形成的一个灵感的闪现。如果是一个建议，你最好不仅告诉他你的建议是什么，还要告诉他为什么要这样以及应该怎么做，有时候，一个点子的可执行性恰好是决定它的好坏的关键。其次，摸清你的领导的工作习惯，把握好交流的时机。当然，你不能在领导会见客人或者通电话的时候去见他，尽量不要在他专心思考某个问题的时候去打扰他。

不要表露"我比你聪明"之类的想法。这种想法本身就不是事实，也没有任何好处，它对你来说是致命的错误。因为这正说明，你向领导提建议的本意只是为了表明自己更加优秀而已，而不是为了工作本身。

**六、提要求**

为了谋求更高的职位和薪水或者更好的工作环境，你可能需要向领导提一些要求。一般来说，领导对提出要求的下属的态度是：理解，但也十分为难。领导感到很为难的原因很复杂，其中有一些原因与下属无关，另外一些原因则与下属有关。为了使自己的要求更加容易被领导接受，你需要注意一些提要求的技巧。

（1）不要提过高的或不切实际的要求。

领导不但无法满足你那些要求，而且会因此对你产生反感，它很容易使你和领导的关系变得很糟糕。

（2）注意你的措词。

不管你认为你的要求有多么合理，都要尽量用商量的语气跟领导说话。不要让领导觉得自己受到了威胁，或者被命令满足你的要求，他会不自觉地拒绝你的要求，即使没有太多的理由。

# 与同事沟通的口才艺术

在职场中的人们有时候会感到很累——自己不喜欢的应酬太多，或者不得不跟那些自己不大喜欢的人一起工作。的确，你可能没有更好的选择，但是，职场也未必像你所想的那样只是让人悲观，关键是要看你如何看待。关于如何与同事交流，我给你的建议如下。

**一、端正你的态度**

除了亲人之外，最经常见到的人恐怕就是同事了。一般而言，同事和你仅限于工作上的合作关系，当然，你们可能成为朋友，但大部分同事的确如此。如果你愿意，**你可以从同事那里学到很多有用的东西，就好像你从朋友身上学到的一样。**

不论你对同事多么喜欢或者讨厌，在跟他们交谈的时候，你都要首先尊重和体谅对方，每个人都有自己的优点和缺点，他们会给我们提供很多工作上的经验和知识；如果在你们之间划出一道鸿沟，你就失去了更多提高的机会。

**二、少说话，多倾听**

不要在办公室里唧唧喳喳地说个不停，这里不是表现你的演讲才华的地方。许多人急着想要别人了解自己，话说得太多了，你应该把你的主要精力放在观察和学习而不是表现自己上。只有向你的同事请教工作上的问题，才会使你自己得到提高；否则，你就将落后于他人。

仔细地倾听同事所说的话，不要因为对方说的话不重要或者没有水平就心不在焉，尽量发现对方说话中的积极因素。任何人都有可能成为你以后的合作伙伴、好朋友，甚至是顶头上司。

### 三、多赞美同事

不论是同事穿了一件漂亮的衬衫，还是工作干得出色，你都可以赞美他。不要吝于赞美你的同事，因为赞美是最直接、最有效的使他对你产生好感的方式之一。当然，你不能毫无原则地赞美他，否则会给人一种不真诚的印象。

### 四、适当地运用幽默

为了活跃工作气氛，办公室里可能需要一些欢声笑语。你的一两句幽默话可能会起到这样的功效，也可以展示你的才华和个性，但是你必须注意掌握开玩笑的分寸。

（1）注意开玩笑的场合。

在专心工作的时间内，最好不要突然来一句幽默，这样不但违反纪律，而且会影响工作。

（2）开玩笑要适度。

不要把玩笑开得过火，否则势必会给你和同事带来不利的影响。

（3）分清对象。

对不同的同事，应该有不同的对待。

### 五、巧妙地拒绝

同事之间难免有工作上或者生活上的事情需要相互帮忙，但是有些时候你不得不拒绝对方的请求，这是让人为难的地方。

拒绝同事必须以维持你们之间的关系为前提。当你的同事打算请你办一件事情的时候，你可以告诉他你还有一些重要的事情要做，等把这些事情做完了，你才能帮他做这件事情。摆出你拒绝的原因，对方一定会理解你的。

### 六、交流的忌讳

不要刺探别人的隐私。人人都以了解别人的隐私为乐，却不希望别人了解自己的隐私，因此，为了不至于引起别人的反感和警惕，千万不要打听别人的隐私。

**不要在同事面前说上司的坏话，不要随便交心。**你的有些似乎是开玩笑说出来的话被你的同事听到后，一部分人可能会把你当做他的垫脚石，你不能不防这一点。

不要命令别人。我在前面已经说过，不论是在经验、学识还是在地位方面，你都没有资格去命令你的同事。如果你想得到别人的帮助，只能使用别的方法。

不要过于张扬。不要在同事面前显得自己多么与众不同。实际上，每个人都会认为自己与众不同，因此，保持低调、谦虚的态度，只有这样才会使你得到同事的认同。

# 指正别人错误的口才艺术

我在前面已经说过，不要指责别人的错误，因为这样做的话，别人不但不会承认错误，反而会对你产生反感。当别人做错了事情或者说错了话的时候，你应该采用委婉的方式指出来。

在职场中，你仍然需要，而且更加应该这么做。如果说亲人、朋友犯了错误，你直截了当地指了出来，他可能因为了解你或跟你比较亲密而接受你的意见，但是在职场中，情况就变得十分复杂。你和对方仅仅是工作上的关系，如果你直截了当地指出了对方的错误，可能会引起你们之间的误会。

我将把在职场中指正别人错误的方法的重点放在领导和下属之间的处理方法上，因为领导和下属之间的关系更加特殊。

不论你是否承认，**领导在职场中都享有权威的地位，更加应该得到别人的尊重**。基于这样一个前提，在你指出你的领导或者下属的错误的时候，可以采用下列一些方法。

### 一、暗示法

暗示法即用一种行为或语言向对方暗示对方的错误。我在前面也已经说过了暗示在一般人际关系中的运用。这是一种十分常见的方法。

很多大公司或机构的主管通常难以约见。他们的确很忙，可是主要的原因是下属过分保护。他们不愿增加上司的负担，因此挡掉了不少求见者。卡尔·朗佛曾当过佛罗里达州奥兰多市的市长，那里是迪斯尼乐园的所在地。他在任的时候，虽然要求自己的部属让百姓进来见他，以推行自己的"开门政策"，但是市民还是常常被秘书和管理人员挡在门外。

后来，市长想出一个解决的办法，他把门从办公室移走，这一象征的举动，果真显示了市长的决心，也暗示了自己对于部属们行为的不满。但是这种做法却比当面批评要有效得多，自此以后，助手们对这位上司的话真当回事儿了。

### 二、先说出自己的错误

"我的错误是……"以这样的话开始，对方可能会对你所说的话表示出很大的兴趣。人们似乎更愿意看别人犯了什么错误，而对自己所犯的错误并不关心。

在指正别人的错误之前，先说出自己的错误，这样更加容易掌握谈话的主动权。在心理学上，这实际上是一种平衡心理在起作用。一般的人可能对自己一个人犯错误感到不可接受，如果你提醒他自己也有错误的话，会使他更加容易接受。

### 三、提醒法

用一种轻描淡写的方式提醒对方犯了错误。在一般的交流之中，领导说的每一句话，下属都会仔细地聆听；而那些注重下属的领导也会如此。

在说话的过程中，尽量用一种轻描淡写的方式提醒对方犯了错误，这样就给了对方一个反思的空间。

"我听人说你最近心情不是很好，因此在工作上出了一些问题。"一位领导在下班后走出公司的时候，对他的下属说。这位下属说："是的，不过我本不应该把我的情绪带到工作上来的。"如果这位领导非常正式地把下属叫到办公室，对他说同样的话，效果一定会大为不同。

**那些聪明的人是不需要对方强调自己的错误的，他们都会从提醒中得到一些重要的信息；而那些并不怎么聪明的人，即使对他们进行了严厉的批评，效果也不会很好。**当然，如果对方犯的错误的确很严重，已经或者将要给工作带来很大的麻烦，则应该用严肃和认真的语气提出来。

### 四、先赞扬后指正错误

先肯定后否定。虽然这种方法非常老套，但是却十分管用，这实际上也是一种平衡心理的方式。用赞扬拉近你和对方的心理距离，从而创造一个十分和谐和融洽的谈话氛围，这样对方就不容易因为你指正他的错误而对你产生抗拒了。

"你一直干得很出色……"以这样的方式开头，让对方知道自己的错误是一时不慎造成的，而并不是他一直以来都如此。另外，这种方式实际上是告诉了对方你对这件事情的态度，并没有因为这件事情而否定他。

如果是你的领导犯了错误，这种方法仍然管用。我们举过的那个经理否定总经理设计的商标的例子中，那位聪明的经理对总经理说："这个设计太完美了。"谁不喜欢听这样的话呢？那么接下来，领导自然会顺理成章地接受，只要你解释得合理。

### 五、指出正确的做法

这种方法十分高明。在整个谈话的过程中，你甚至可以在许多人参加的会议上这么去做，你并不需要提到对方犯了错误，而只需要直接告诉对方正确的做法是什么，从而让对方拿自己的去和正确的做法比较。这样做，对指正他的错误的效果也许会更大。

"我十分欣赏杰克。他上班从不迟到，对工作也相当认真。"你这么说，对方肯定会知道自己在某些方面没有杰克出色，并且知道了应该怎么做。最好的方法莫过于让对方自己意识到自己犯的错误，并且想方设法地进行改正。

# 如何批评才能不让别人怨恨

对一个领导者来说，如果没有掌握一定的技巧，即使你对工作十分认真负责，也仍然不是一个称职的领导。

**好心做坏事是让很多领导都十分尴尬的事情，在批评下属的时候尤其可能如此。**我们都不怀疑他们的出发点是好的：希望指出下属的错误，帮助下属改正错误，使其以一种更加积极的状态投入到工作当中……但是，他们也的确常常让批评发挥了截然不同的作用。对个人而言，领导者则常常因为批评而为自己招来了怨恨。

如何批评才不致引起下属的怨恨？经常有人问起这个问题。答案就是，要掌握批评的艺术。具体说来，大体应该注意以下几点。

## 一、不要轻易批评别人

不要让在下属面前拿出你的气势成为你的习惯。他们都知道你的身份，你没有必要去证明这一点。**不要动不动就以训话和批评别人为乐，这样只会损害你的权威。**

可能他犯的是一个小小的错误，甚至只是你认为他犯了错，实际上，他完全有可能并没有错，只是意见有所不同罢了，因此，在批评下属之前，最好审慎地判断他是否真的做错了。另外，如果你把注意力集中在小错上，那么势必分散你在大的错误、大的事情上的注意力。

即使下属犯了较严重的错误，在对他进行批评的时候，也需要用一种更加有技巧的方式。你必须考虑你的批评可能导致的结果，不要让批评产生负面效应，不然的话就会得不偿失了。

## 二、控制自己的情绪

许多领导过于意气用事，使用责骂、侮辱、拍桌子的方式对犯错误的下属进行批评，这正是让批评产生不良后果的罪魁祸首。这样做只会使批评成为领导者自己情绪的宣泄途径，而不利于问题的解决，甚至会产生更坏的影响。

当你的下属做了一件十分愚蠢的事情的时候，不要过于激动，不要冲着他大喊大叫。**过于激动只会使你失去理智，做出自己意想不到的事情来**。你的本意是想冲他发一顿脾气，还是想用这种方式来给他压力，使他对自己所犯下的错误印象深刻？

你应该保持领导应有的涵养和风度，和对方冷静地谈一谈。既然错误已经发生了，必须有承认它的勇气。现在最重要的事情是进行挽救，并且使新的错误不再发生。如果你认为对方已经无可救药，你应该告诉他应该承担的责任，然后把他开除或者扣他的工资。

## 三、做到实事求是

**批评要以理服人，而不是用权威或者用声音来压倒别人**。客观地看待下属犯下的错误，是解决问题的第一步。不要夸大或缩小对方犯下的错误，这不利于事情的解决。

很少有人因为对方气势高过自己而被对方说服，他可能点头表示你说得很有道理，不跟你争辩，但是这并不代表你已经说服了他。

实事求是地看待下属所犯的错误及其所造成的后果。要让事实说话，而不要加入自己主观的评论。帮助他客观地分析问题产生的原因和解决的办法，要知道，你们的最终目的是使工作顺利有效地开展。

## 四、给对方说话的机会

每个人的立场、经验和价值观都不相同，所以会产生许多截然不同的看法。听听对方的解释，也许他会给你一种新的解释，而这种解释会更加合理；他还有可能给你带来不同的信息，因此，不要剥夺对方说话的权利。

## 五、对事不对人

不要因为一个错误就轻易地否定你的下属，这只是一个错误而已，而且很多错误并不只是人的能力较低所造成的。千万不要说"你总是……"这样的话，更加不要说他无能，这样会造成你在针对他的感觉，从而使他无法客观地面对自己所犯的错误，而且，他会产生一种抗拒的心理，想方设法为自己的错误找借口，而不是承认自己的错误。

很多公司的职员并不在乎自己的工作。如果他们认为自己的能力很强，而你针对的又是他们的话，他们可能会提出辞职，这样，损失的是公司的利益。

### 六、把批评和赞美结合起来

一些成功的企业家提倡一种"三明治"的批评方法，也就是在对别人提出批评的时候，先找出对方的长处进行赞美，然后力图使谈话在一种平和的氛围中进行，最后以赞美对方某一个优点结束。事实证明，这种批评方法十分有效。

受到赞美后，我们会更容易接受批评，这是人们的通性。因此，在你对犯错误的下属进行批评之前，应该适当地对他的优点进行赞美。

另外，人们在犯错误后，容易变得不自信，比如怀疑自己的工作能力，从而降低工作的积极性。

从这个意义上说，犯错误的人更加需要别人的肯定，因此，只有赞美他们，才能帮助他们战胜错误给他们带来的不利影响。

# 激励别人走向成功的口才艺术

我曾经看到过许多濒临破产的企业，他们的员工都是懒洋洋的，没有一点儿工作热情。我并不想讨论企业的濒临破产是不是他们这么消极导致的，但是我敢说，如果能够激发他们的热情的话，这些企业中90%都可以起死回生。

我并没有高估这种威力，有很多人也是这么认为的。近来，越来越多的企业家热衷于领导艺术的研究了，他们开始致力于研究这样一种方法，即如何使员工发挥出自己的潜能，从而走向事业的成功。他们发现，只有激发员工的这种工作热情，企业才能走向成功。

**一、赞美**

赞美是激起员工积极性的一个非常直接、有效的方法。安德鲁·卡内基非常善于运用这个方法去激励他的下属。他的下属之一、造船厂的总经理修韦伯曾经这么描述过他："公司里的重要人物、那些能干的人，基本上都是因为他的称赞而成功的。在我见过的大人物，其中包括不少优秀的企业家中，他是最擅长于使用称赞而使人获得进步的。这种方法的确很有效，正是它成就了很多人的事业。它也是卡内基先生获得成功的一个重要原因。"

修韦伯本人也是自己描述的人之一，他从卡耐基那里学到了赞美的方法。作为一个造船厂经理，他的职员的工作热情几乎都非常惊人。

比如，在建造塔卡特号轮船的时候，他们只用了27天就完成了任务，这又是一项新的纪录。修韦伯和所有员工举行了一次庆祝大会。他作了一番赞美他们的演讲，并且送给每一个职工一枚银质奖章和一份威尔逊总统贺信的复印件，他还送给船厂每一位质量管理员一块金表。

## 二、挑起竞争意识

挑起员工的竞争意识，这是激起他们积极性的又一个绝好的办法。

一天，查尔斯·史考伯在下班时，被一位分厂厂长拦住了。他对史考伯说："我不知道这是怎么回事。我用了各种办法去激励我们厂的员工，但是他们却总是不能完成生产任务。"

"我很奇怪，"史考伯说，"你是一个能干的领导者，竟然也不能使他们热情地工作？"

"确实，"那位厂长哭丧着脸说，"我已经用了所有办法。我苦口婆心地引导他们、激励他们，甚至威胁和责骂他们，可是他们却无动于衷。"

于是，史考伯跟那位厂长一起去了工厂，当时正是他们厂白班和夜班的交替时间。史考伯拦住一位正准备下班的员工，问他说："你们今天生产了多少台机器？"

"6台。"那位员工回答说。

史考伯点了点头，向厂长要了一支粉笔，然后在地板上写了一个大大的"6"字，什么也没说，就一声不响地离开了。

那些上夜班的工人看到地板上的字很奇怪，于是就问那些上白班的人是怎么回事。

"刚才，史考伯先生来过了，"上白班的人回答道，"他问我们生产了多少台机器，然后就在地板上写下了这个字。"

当第二天史考伯再次到来的时候，地板上的字已经被上夜班的人擦掉，改成了一个大大的"7"字。史考伯满意地笑了，然后又一声不响地离开了。那些上白班的人来的时候，看到这个"7"字，感到这好像是在说上夜班的人比他们强。他们当然不甘示弱，于是他们加紧工作。到下班的时候，他们得意地在地板上写了一个"10"字。而结果是，到了月底，他们超额完成了生产任务。

我们看到，史考伯先生在整个过程中，从没有对那些员工说过要努力工作，但是他究竟使用了什么样的魔法，使他们积极主动地工作呢？很简单，**他激起了员工的一个十分重要的竞争意识，就是那种相互超越的欲望**。事实证明，这种欲望的力量是强大的。

### 三、给别人一个美名

每个人都有一个理想化的自己，而这个理想化的自己拥有几乎所有的美德。莎士比亚曾经说过："如果你希望拥有一种美德，不妨先假定你已经拥有了它。"看来，如果你给了对方一个美名，那么他会竭尽全力去做到这一点。

我的朋友钦特夫人最近雇佣了一个女佣，并告诉她星期一上班。然后，钦特夫人打电话询问这位女佣以前的情况，她以前的雇主说她的表现不是那么让人满意。

但是要换人已经是不可能的了，因为钦特夫人已经雇了她。于是钦特夫人想了一个办法，即通过给她一个美名来使这个女佣得以改变。

星期一的时候，女佣准时到达。钦特夫人对她说："我昨天打了电话给你以前的雇主。她告诉我，你是一个诚实、勤劳的女孩；你的菜做得很好，而且很会照顾孩子。她说你唯一的缺点就是做事有点随便，屋子收拾得不是很干净，不过，我并不相信她说的话。因为你穿得十分干净和整洁，怎么可能不爱干净呢？"

这段话改变了这个女佣。她和钦特夫人相处得很好。这个本来不爱干净的女佣，为了维护自己的美名，每天勤快地打扫，不惜多花费几个小时。

# 办公室中应当禁谈的话题

我们在前面已经讲过了说话要注意场合，在不同的场合应该说不同的话。它的另一个意思是，每一个场合都有不应该说的话。在办公室里，同样有不能谈论的话题。我将把它们都列在下面。

## 一、谈论薪水问题

千万不要问别人的薪水是多少，也不要讨论公司的薪酬水平如何，因为在办公室讨论这种问题对你没有任何好处。

人们往往会把薪水问题当做个人隐私，他们都喜欢知道别人的隐私，却不喜欢让别人知道自己的隐私，因此，如果你不打算自讨没趣，最好不要问别人薪水多少。另一方面，很多公司都运用不平衡的工资制度，使员工有不同的薪水，这是公司采用的激励机制。同工不同酬对公司而言，是一件十分机密的事情。公司不希望引起员工和自己的矛盾，因此反对那些在公司里讨论薪水问题的行为；老板和领导也十分讨厌这些在办公室谈论薪水的员工。

**当别人问及你的薪水的时候，你必须拒绝他。**不要因为不好意思拒绝而去回答，当他有这个想法的时候，提醒他这并不是一个很好的话题；如果他已经问出了这个问题，告诉他自己不想回答这个问题。

## 二、谈论家庭财产问题

很多人喜欢在办公室里和同事提起自己最近去了一趟欧洲，或买了一套房子，并且表现出很自豪的样子。他们的心情确实很好，但是这样却伤害了其他的同事，因为实际上他们就是在炫耀自己家里有钱。

不要谈论关于自己家里的财产问题，这种问题除了给自己带来满足或者使别人伤心之外，不会有更多的作用。很多人喜欢拿自己家庭的财产和别的同事比较，他们只是为了满足自己的好奇心和虚荣心。

### 三、谈论私人问题

你大概从没有看到过一个人在办公室里向同事哭诉自己失恋了，但是我却看到过。那位下属并没有得到我的同情，而是受到了我的批评。我给她的建议是，不管她是失恋或者热恋，都不要把她的情绪带到办公室来；并且不要在办公室里和同事分享自己的故事——这个地方并不适合做这些。

还有一些人喜欢把自己生活中的事情在办公室里和同事分享，比如，昨天猫生了几只小猫，小猫真是可爱极了。这的确是令说话者高兴的事情，但是对同事来说却很无聊，这些无聊的话题只会分散工作时的注意力，而不会有助于工作。

### 四、谈论你的理想

不要对你的同事发表演讲，说你以后打算怎么样。你现在只是一个职员，而不是老板，那些"我以后一定要自己当老板"之类的话，还是去跟你的朋友、家人说吧！更加不要说以你现在的能力应该可以做一个什么职位的话，这样会使你在无形中树立很多敌人，因为据我所知，几乎所有人都认为自己被低估了。你应该在工作中表现出你有多么能干，而不是表现在说大话上。

### 五、说长道短

不要在一个同事面前说另一个同事或领导的坏话，或者是公司的坏话。那些人事关系的变动、职务的升迁都有自己的原委，并不是你想象的那样。搬弄是非对你没有什么好处，只是使你多了一种危险。你无法保证你的同事不说出去，即使他们看上去都十分可信。要知道，世上没有不透风的墙，即使你说的是一些非常中肯也没有什么恶意的话，人们传来传去，总会使你的话变了形，到时候，你会发现你已经无能为力了。

### 六、和别的公司比较

不要拿自己的公司和别的公司比较。"家家都有本难念的经"，难道自己的公司一定就比别的公司差？如果你的确这么认为的话，另谋高就应该是你正确的选择；如果你不打算这样做，而只是抱怨别的公司比你的公司好，这正说明一点：你现在之所以在这个不好的公司，那是因为你无能。

不要拿自己过去的公司说事。不要说"我过去的公司资本雄厚、工作环境好"。如果真是这样，你为什么不回原来的公司呢？老板不会喜欢你这样的话，同事也不会喜欢，因为他们好像听见你在说："你们都是一群废物。"

# 第九章
## 家庭相处的艺术

THE ART OF
ELOQUENCE AND SPEECH OF CARNEGIE

爱人，是我们情感世界中不可缺少的一部分，是对方给予我们幸福，在我们困难的时候鼓励我们，快乐的时候和我们一起分享，悲伤的时候和我们一起分担。我们每个人也都希望自己的情感世界和谐、美好，因为这的确让我们感觉到很幸福。

不幸的是，即使这种愿望很强烈，现实也总是不遂人愿。我们常常看到夫妻之间争吵不休，以至于婚姻破裂，惨淡收场，所以，家庭生活并不如自己想象中那样容易、简单。问题出在哪里了呢？

答案是，你自己。或许问题不是你一个人的责任，但是失败的、不和谐的情感世界的形成当然有你的"功劳"。就如其他人与人之间产生的问题一样，根本的原因在于，家庭的和谐相处也需要口才的魅力。

# 身为丈夫，不要对家人做无谓的批评

关于婚姻不幸的原因，美国第一权威专家迪克斯说：在所有婚姻中，有50％以上是不幸福的；**许多充满浪漫色彩的梦想之所以破灭，其原因之一，就是那些毫无用处的，却令人心碎的批评。**

在这一方面，有一个人的做法值得我们学习，那就是格莱斯顿。

格莱斯顿和他的妻子共同生活了59年，差不多有60年时间，而且他们一直都互敬互爱。我喜欢想象这位英国历史上最值得尊敬的首相，格莱斯顿握着他妻子的手，围绕火炉边的地毯跳舞、唱歌。

格莱斯顿在公开场合中是一位可敬畏的人物，但他在家里却永远都不批评别人。例如，当他到楼下吃早饭，而全家人却还在睡懒觉时，他就会以温和的方式来表达他的不满。他会提高声音，唱一首不知道名字的歌曲，使整个房屋都充满了神秘的歌声，以此来提醒他的家人，全英国最忙的人，独自一人在楼下等着吃早餐。他总是保持外交家的风度，能够体谅别人，并竭力自我克制，不在家里批评任何人和事。

在家庭中存在着很多错误的行为，正如许多父母动不动就批评他们的孩子一样，对此，你一定以为我会说"不要批评"，但我并不想这么说，而是说"在你批评孩子之前，请先读一读《不体贴的父亲》这篇美国典型的新闻教育文章"。这篇文章最初发表在《家庭纪事》的社论栏里，经过作者同意，我按照《读者文摘》的节写版，将这篇文章放在下面。

《不体贴的父亲》是篇小短文，虽然是作者利文斯登·劳拉德在一时的内心冲动之下写出来的，但它却打动了许多读者，以至于成为众人都喜欢的一再被转载的文章。也许正如作者所说的那样："全美国成百上千家报纸杂志都刊登过它，在国外也差不多如此。我自己也允许过上千万人，在学校、教堂和演讲台上宣读这篇文章。它还被电视和收音机转播或广播过无数次。令人感到奇怪的是，不仅大学的刊物转载它，连中学刊物也转载。有时，一篇小文章竟能够深深地引起人们的共鸣。这篇文章确实就产生了这样的效果。"

　　我的儿子，你听到了吗，我想在你熟睡的时候说几句。

　　你躺在床上，小手按在脸颊上，湿湿的金黄色卷发粘在你那出了些许汗水的额头上。我刚才一个人悄悄地走进你的房间。当我几分钟以前在书房读报时，我突然感到十分懊悔，难以呼吸，我是怀着愧疚之心来到你床边的。

　　我的儿子，我想到了许许多多的事情：我对你的态度确实太凶了。在你穿衣服上学的时候我会呵斥你，因为你只是用毛巾随便擦了把脸；在你没有擦干净鞋子的时候我也会对你大发雷霆；当你把东西丢在地板上时，我又会冲着你大喊大叫。

　　在早餐时，我又发现了你的毛病：你把食物溅在了桌上，吃饭时没有一点修养，还把肘放在桌子上，甚至在面包上涂了厚厚的一层黄油。

　　当你出门去玩，而我要去赶火车的时候，你转身朝我挥挥手，响亮地说："爸爸再见！"可是我却皱着眉头告诉你："挺起胸膛！"

　　晚上，一切又重新开始。我在路上就看见你跪在地上打弹珠，你的长筒袜子磨出了好几个洞，我当着你的伙伴押你回家，让你感到了羞辱。我还对你说："袜子是要花钱买的，如果你自己掏钱，我想你会在意了。"唉，我这当父亲的居然对你说出这种话来！

　　你还记得吗？没过多久，当我在书房读报时，你小心地走进来，怯怯地看着我，眼睛里带着委屈的样子。我从报纸的上面看到了你，对你来打搅我感到十分不悦，只见你站在门口，有些犹豫。

　　"你想干什么？"我冷冷地说。

　　你什么也没说，只是突然朝我跑过来，以上帝也为之感动的爱，搂住我的脖子亲吻着我，然后又用小手紧紧地抱了我一下。之后你离开了，快步走向楼梯上楼了。

在你离开不久，我的儿子，我的报纸从手中滑落在地，一阵令人难受的强烈愧疚涌上了我的心头。我真是受习惯之害匪浅——吹毛求疵，并且动不动就斥责，这就是我对你这个小男孩的报偿！我不是不爱你，我的儿子，这是我对你的期望太高了，并以我自己的年龄标准来要求你。

然而，在你的天性中却充满着真、善、美，你那颗幼小的心灵就好像包含并照亮了群山的清晨的阳光——你跑进来亲吻我，向我道晚安的内在，生动地表明了这一切，其他都不重要了！我的儿子，我在黑暗中来到你的床边，内心充满愧疚地跪在这里。

我这不过是一种没有什么作用的忏悔。我知道，当我在你醒来的时候告诉你这些时，你也不会明白。但是我要从明天开始做一个真正的父亲，我要成为你的好伙伴，在你痛苦时我帮你分担，在你欢笑时我和你共同分享。我不会再说那些不耐烦的话，我会不停地、庄重地说："他只是个孩子——一个小男孩！"

我想我以前是将你当大人来对待的，但是，我的儿子，当我现在看到你蜷缩着睡在你的小床上时，你仍然是个婴儿。你在母亲的怀里，头靠在她肩上，那些情景犹如发生在昨天。我以前对你太苛刻了，太苛刻了！

**我们都不要批评责备别人，而要尝试着去了解他们，尤其对于我们的家人来说更是如此。**我们要试着明白他们为什么会那样做，这比批评有益处，也更有意义得多。正如詹森博士所说的那样："先生，不到世界末日，上帝都不会审判世人。"

# 身为丈夫，应真诚地赞美你的爱人

　　洛杉矶家庭关系研究所所长保罗·鲍比罗曾说过这样的话："大多数男子在寻找对象的时候，不是找一位能干的高级职员，而是想找一位既迷人，又可以满足他的虚荣心，并使他感觉超人一等的人。所以，某位公司或机构的女主管可能会有人来邀请她吃饭，但也只有一次。她很可能会把她在大学所学的《现代哲学主要思潮》拿出来作为话题，甚至还要坚持付自己那份餐费。可是结果呢？从此以后，她就只能一个人吃饭了。相反，那些没有上过大学的打字员小姐却大不相同。当她被人邀请共进午餐的时候，她会用热情的眼光注视着她身边的男子，话语中带着无限深情：'能不能把你的情况多告诉我一些？'结果这个男人会告诉别人：'她并不是很漂亮，但我从来都没有遇到比她更会说话的人。'"

　　可见，一个会说话的人要比相貌或者其他方面的才能重要得多，这是家庭和睦、人际关系和谐应该具备的一项非常重要的能力。

　　对于女性在追求美丽方面所花的时间和心思，男人应该表示赞赏。所有的男人常常会忘记——尽管他们也知道这点——女人非常在意自己的衣着打扮。例如，一个男人和一个女人在大街上遇到另一个男人和一个女人时，这女人很少会注意对面那个男人，而是通常会注意另一个女人的衣着服饰。

　　几年前，我的祖母以98岁的高龄离开了人世。就在她去世前不久，我们把一张她在30多年以前所照的照片给她看。尽管她的眼神已经不太好，看不清楚照片，但她问的唯一的问题是："我那时候穿的什么衣服？"

请想想，一位风烛残年的老人，久病在床，年事已高，近一个世纪的时光将她的一切精力几乎耗尽，记忆力甚至衰退到连自己的女儿也认不出来，可是还想知道她在30多年前穿的是什么衣服。她问这个问题的时候，我正好在她的病榻旁边。这件事给我留下了难以磨灭的深刻印象。

这本书的男性读者，不会记得他在5年前穿的是什么衣服，而且他们也根本没有心思去记住这些事，但是对于女人来说，可就不同了——我们男人应该注意到这一点。

有一天，我在看一本杂志时，看到一段采访艾迪·康德的文字：

"我从我妻子那里得到了许多帮助，"艾迪·康德说，"比从世界上任何其他人那里得到的都要多。在我年轻的时候，她是我最好的朋友，帮助我向前努力进取。我们结婚之后，她省下每一个美元，拿去投资、再投资，她为我积累了一大笔资产。我们有5个可爱的孩子，她为我建造了一个温暖舒适的家。假如说我有所成就的话，全都归功于她。"

毫无疑问，**没有比赞美更动听的语言了**。赞美是男人送给女人的最浪漫的礼物。真诚的赞美表达身为丈夫对妻子的欣赏。也只有能够欣赏，你才能够看到世界的另一半，你才能够理解，才能毫无保留地拥有一个完整的世界。**只有能够欣赏，你才能平淡地面对一切得失，才能在平淡的生活中体会爱的浪漫，才能够拥有天长地久的爱情。**

# 身为丈夫，应殷勤地使用礼貌用语

瓦特·丹鲁什和詹姆斯·布雷恩的女儿成了亲。布雷恩是美国最伟大的演说家之一，曾经是美国总统候选人。自从丹鲁什和他的妻子相识之后，这对夫妇就过着非常幸福美满的生活。

他们的秘诀是什么呢？"除了谨慎地挑选伴侣之外，"丹鲁什夫人说，"我认为婚后的殷勤有礼是最重要的。希望那些年轻的妻子对待她们的丈夫，就像对待陌生人那样有礼；如果泼辣蛮横，任何男人都会被吓跑。"

蛮不讲理是腐蚀爱情的毒瘤。每个人都知道这一点，但是我们对待自己的亲人，有时竟然比不上对待陌生人那样有礼貌。我们绝对不会想到要去打断某个陌生人的话，说："天啊，你又搬出你那些陈芝麻烂谷子的事来了！"如果没有得到允许，我们绝不会拆开朋友的信，或者打听他们的私人之事。但是我们却敢对自己家里的人，也就是我们最亲近的人，当他们犯了小错时羞辱责怪他们。

奥利弗·温德尔·霍尔姆斯写了广受读者喜爱的《早餐桌上的独裁者》一书，但是他在自己家里绝不会这样。事实上，他非常体贴别人，即使心情有郁闷，他也总是尽量掩藏，不让他的家人知道。他自己不但要忍受这些痛苦，还不想让这种事影响到其他人，这可真让他够难受的。

这是霍尔姆斯的做法。但是一般的人又是怎样做的呢？在办公室出了点差错、做丢了一笔业务、被上司责骂了一顿、累得头昏脑涨，或者错过了火车，几乎还没回到家，他就想着如何把气出到家人头上了。

**普通人如果有幸福快乐的婚姻，就会比独身幽居的天才生活得更加愉**

**快**。俄国伟大的小说家屠格涅夫广受世界文明国家的赞誉，但他也认为："如果什么地方有个女人关心我回家吃饭晚不晚的话，那我情愿放弃我所有的天才和我所有的著作。"

和婚姻相比，出生只不过是人生当中的一小幕，死亡也不过是小事一桩。女人永远都弄不明白，为什么男人不愿花同样的时间和精力，把他的家庭营造成一个幸福的乐园，就如同他在事业上的成功那样。对男人来说，虽然有一个令人满意的妻子和一个幸福美满的家庭比赚到100万美元都重要，可是在100个男人中却找不出一个来，他曾认真地想过或真诚地努力使他的婚姻更加成功，他把自己一生中最重要的事情交给了命运，使他的成败只能听天由命。女人也永远弄不明白，为什么她们的丈夫不用温和的态度来对待她们，以平息本来可以平息的冲突和矛盾。

每个男人都知道，只要让他的妻子感到高兴，就可以让她去干任何事情，而且是不顾一切地去做好。他也知道，如果随便夸她几句，说她把家中照料得井井有条，她帮了他的大忙却没有让他花一分钱，那她也会为了他而心甘情愿地掏出她最后一分钱。

每个男人都知道，如果他告诉妻子，说她穿上去年那件衣服是多么的美丽可爱，那么她会放弃购买从巴黎进口的高档服装。

每个男人也都知道，他可以用亲吻使妻子的眼睛闭起来，一直亲到她像蝙蝠那样看不见事物而温柔地依从于他，他只要在她嘴唇上热情地亲吻一下，她就会立即不再说一个字。

每一个妻子都知道她丈夫也明白这些，因为她早就将这些明明白白地告诉了他，告诉他该如何对待她。但是她的丈夫情愿和她争吵拌嘴，去吃那难以下咽的饭菜，或者把钱花在为她购买新衣服、汽车、珠宝上，却不愿意夸奖她几句，不愿以她所希望的方式来满足她。对此，她不知是该喜欢他，还是该讨厌他。

因此，如果男人想要获得幸福的婚姻家庭生活，使你的家庭保持快乐，就请记住，对你的家人同样要有礼貌。

# 身为妻子，不要喋喋不休

日本人针对婚姻生活不美满的原因进行了调查，结果发现丈夫对妻子不满的因素中，位居前三位的依次是：唠叨不休（27％）、性格不好（23％）、不懂得持家（14％）。也就是说，导致人们婚姻不美满的很大一部分原因是女士的唠叨不休。

拿破仑·彭纳派德是拿破仑三世的侄子，他与最美丽的女子郁金妮·德伯女伯爵相爱成婚。他的顾问们认为，她不过是一位不重要的西班牙伯爵的女儿。但拿破仑辩答说："那又怎么样？"她的优雅、她的青春、她的诱惑、她的美貌，使他充满了神仙般的幸福。"我已经喜欢了一位我所敬爱的女人，"他说道，"她不是一位我不了解的女人。"

拿破仑和他的新婚妻子拥有健康、财富、势力、名誉、美貌、爱情与信仰一切幸福的条件，但是，他们婚姻的圣火从未发出过更加光亮的炽热，而且没过多久，那炽热的圣火就熄灭了，直至化为灰烬。拿破仑可以使郁金妮成为皇后，可以倾尽美丽的法国的所有，或献出他爱情的全部力量，甚至他皇位的势力，但他无法做到一点，无法使他的女人——郁金妮·德伯停止喋喋不休。

出于嫉妒和多疑，郁金妮轻慢他的命令，甚至不许他有秘密的表示。正当他从事国政的时候，她闯入他的办公室，阻挠他发表最重要的讨论。她拒绝他独处，永远怕他与别的妇人交往。她常常到她姐姐家抱怨她的丈夫。抱怨、哭泣、喋喋不休，甚至恫吓，并强自进入他的书房，向他撒泼、谩骂。

　　拿破仑，这个法国的皇帝，纵然有许多富丽堂皇的宫殿，但却不能找到一个小橱，以让自己在那里定一下自己的心。郁金妮如此而为所造成的后果是什么？在莱因哈德精心著成的《拿破仑与郁金妮：一个帝国悲喜剧》中就有这段记载："以后拿破仑常在夜里，从一侧门偷偷地出去，戴一软帽，将眼遮起，由一亲信随从，真的前往到等待他的美女那里去，或像古时似的遨游于这座城中，见些见不到的东西，吸些可能吸的空气。"

　　而这一切都是喋喋不休的郁金妮所造成的。她坐在法国的皇后位上，又是世界上最美丽的妇人，但在喋喋不休的喧嚣的气氛之中，皇位与美貌都不能保持爱情的存在。这是她自己找来的，可怜这位妇人的不幸，均由她的嫉妒及唠叨所带来的。

　　在所有一切烈火中，地狱魔鬼所发明的恶毒的毁灭爱情的计划，喋喋不休是最致命的，它像毒蛇的毒汁一样，永远侵蚀着人们的生命。

　　托尔斯泰伯爵夫人也发现了这一点——可惜她知道得太迟了。在她去世以前，她对她的女儿们承认："你们父亲的死，是因为我的缘故。"她的女儿们都痛哭了起来。她们知道母亲说的是实话，知道她用不断的抱怨、永久的批评、不休的唠叨将父亲害死了。

　　但托尔斯泰伯爵及其夫人理应享受优越的环境而快乐地享受生活。托尔斯泰著名的《战争与和平》和《安娜·卡列妮娜》在世界文学史上永远闪烁着光芒。他非常有名望，他的崇拜者甚至终日跟随他，将他所说的每句话都速记下来，甚至连"我想我要就寝"这样的话也一字不漏地记下。除名誉外，托尔斯泰与他的夫人还有财产、有地位、有孩子，没有别的婚姻比这更美满了。

　　起初，他们饱尝幸福的甜蜜，以致他们一同跪下，祈祷万能的上帝继续赐予他们所有的快乐，但是此后的不久，一件惊人的事情发生了，托尔斯泰渐渐地变成一个完全不同的人。他对他所著的伟大著作觉得羞辱，从那时起，他专心写作小册子，宣传和平、停止战争与消灭贫穷。这位曾承认在青年时犯过各种可想象的罪恶的人，要真实遵从耶稣的教训。他将所有地产给了别人，过着贫苦的生活，他种田、砍木、堆草，他自己做鞋，自己扫屋，用木碗吃饭，并尽力爱他的仇敌。

托尔斯泰的人生是一个悲剧，而悲剧的原因，是他的婚姻。他的妻子喜欢奢侈，但他追求简朴；她渴求名誉与社会称赞，但这对他毫无意义；她贪图金钱与财产，但他视财富及财产是一种罪恶。多年的时间里，她常常责怪叫骂，因为托尔斯泰坚持要放弃他的书籍出版权，不收任何版税；而她要那些书能产生金钱。当他反对她，她就发狂地躺在地上打滚，并拿一瓶鸦片放在嘴边，声称要自杀，还恫吓要跳井。

在他们的人生中，有一件事是历史上最悲惨的一幕。在他们最初结婚的日子里，他们非常快乐；但48年以后，他不能忍受与她的见面。有的晚上，这位年老伤心的妻子，基于求情，跪在他的膝前，求他朗读几十年前他在日记中所写的关于她艳美的爱情之语。当读到那些他们已永远失去的美丽快乐的时光时，他俩都痛哭了。生活的现实与他们好久以前一并所做的爱情之梦是何等相异啊！

最后，82岁的托尔斯泰不能再忍受他家庭的不幸了，他在1910年10月的一个雪夜中，从他妻子那里逃了出去，在寒冷黑暗中漫无目标地走着。11天后，他患肺病死在一个车站上，他临死的请求是不要让她来到他的面前——这也许是托尔斯泰夫人因唠叨抱怨所付出的代价。

也许我们会想，或许她确实有许多可以唠叨。我们可以这样去想，也可以承认这一点，但问题是，唠叨给了她什么好的帮助呢？"我想我真是神经失常。"那是托尔斯泰伯爵夫人后来对自己的评价。

在纽约家事法庭任职11年之久的海勃格，曾查阅过数千宗离婚案件。他说："男人离家的一个主要的原因就是因为他们的妻子们喋喋不休。"也许婚姻正像《波士顿邮报》所说的："许多做妻子的，不断地一点一点地挖掘，筑成她们自己婚姻的坟墓。"

林肯一生中最大的悲剧，也是他的婚姻。在婚后23年来的每一个白天和黑夜，林肯是什么处境呢？正像他律师事务所同事赫恩所说的，他品尝着"婚姻不幸的苦果"。

其实，说"婚姻不幸"还是过于轻描淡写了，因为林肯的夫人这20多年来一直在对他喋喋不休，让他难得安宁。她总是抱怨一切，总是批评自己的丈夫，认为他的一切都是不对的：他佝背缩肩、走路难看，抬脚放步简直呆板得像个印第安人。她数落他走路没有弹性，姿势不优雅。她会模仿他走路的样子来讥笑他，并纠正他走路时应先将脚尖着地，就像她从克莱星顿市孟德尔夫人的寄宿学校学到的那样。她还不喜欢他那两只大耳朵和他的头长成直角的模样；甚至告诉他，说他的鼻子不直，嘴唇前突，而且外表看上去像个痨病鬼，手和脚太大，而头却又太小等等。

林肯和他的夫人几乎在每个方面都完全相反——教育、背景出身、性格、爱好以及思想观念上，全都是相反的。他们常常会厌恨对方。

"林肯夫人那高而尖锐的声音，"当代最著名的林肯研究权威专家、已故参议员阿尔伯特·贝弗里奇写道，"在街的对面都能听得见，她怒气最盛时不停的责骂声，所有邻居家都能听到，而且她的暴怒常常不只是通过言语来表达，她发泄暴怒的方式真是太多了，难以一一道清。"就列举一个他们生活中的一则案例来说吧。

林肯夫妇结婚不久，和欧莉夫人住在一起——欧莉夫人是斯普林菲尔德地区一个医生的遗孀，由于生活所迫而不得不出租房屋维生。一天早上，林肯夫妇正在吃早餐时，由于林肯可能做错了某件事，立即使他夫人暴跳如雷。究竟起因是为什么，现在已经没人记得了。只见林肯夫人在盛怒之下，将一杯热咖啡泼到了丈夫脸上，而当时还有许多房客在场。

林肯忍气吞声地呆坐在那里，一言不发。欧莉夫人进来后，用一块湿毛巾替他擦净了脸上和衣服上的咖啡。

林肯夫人的嫉妒是如此的愚蠢和凶暴，以至于让人难以相信。我们只要读到她在公众场合所做的这些有失风度的事情，都会让人惊讶不已。最后她终于精神失常。对于她这个人，我们用一句最宽容的说法，只能认为她是"性情使然"，她大概一直受到精神病的折磨吧。

所有这些唠叨、斥责和发怒，是否改变了林肯呢？从某些方面来说，确实使林肯有所改变，那就是改变了他对她的态度，使他后悔自己婚姻的不幸，并竭力避免和她见面。每当星期六来到时，其他律师都会尽量赶回家中，和家人共度周末的美好时光；林肯却不想回去，他害怕回家。林肯就这样年复一年地生活。尽管乡村旅馆的条件非常恶劣，但林肯也情愿呆在这里，而不愿回家面对他妻子那喋喋不休的话语。这就是唠叨不休所得的结果。这给她们自己的生活所带来的，除了悲剧之外，什么也没有，她们毁坏了对她们来说最珍贵的一切。

真的，**唠叨和挑剔带给家庭的不幸，甚至比奢侈和浪费还要厉害。**关于这一点，你可以不必马上相信我的话，还是先听听专家的话吧！

莱伟斯·M.特曼博士是一位著名的心理学家，他对1500多对夫妇进行了详细的调查研究，结果显示，丈夫们都把唠叨、挑剔列为他们太太最大的缺点。盖洛普民意测验也得出了相同的结论：男人们都把唠叨、挑剔列为女性缺点的第一位。詹森性情分析——这是另外一个著名的科学研究——也发现没有其他的个性会像唠叨和挑剔那样，给家庭生活带来这么大的伤害。

然而，似乎从远古的穴居时代开始，太太们就想尽办法要用唠叨和挑剔的方式来影响自己的丈夫，但是从古至今，这种方法从没有发生过效用。

一位老朋友告诉过我，他太太总是轻视和嘲笑他所做过的每一件工作，他的事业几乎要被他的太太毁掉了。刚开始的时候，他是一位推销员，他喜欢自己的产品，并且很热心地向人们推销这些东西。当他晚上回到家的时候，本来很希望得到太太的一些鼓励，但是他太太却用这些话来迎接他："好啊，我们的大天才，今天的生意不错吧？你带回来不少佣金了吧？或是只带回来推销部经理的一番训话？我想你一定知道，下个星期我们就要付房租了吧？"

这种情况接连持续了好几年。虽然不时受到太太的嘲笑，这位男士还是坚持努力奋斗，现在，他已经在一家全国著名的公司担任执行副总裁的职务了，至于他那位太太呢？噢，他早就和她离婚了，他又娶了一位年轻的、能够给他爱心和支持的女孩，而这正是他第一位妻子所不能给他的。

事实上，他的第一位太太并不知道自己为什么会失去丈夫。"我省吃俭用，吃了这么多年苦，"她告诉她的朋友，"结果，当他不再需要我为他做牛做马以后，他就离开我，去找比我更年轻的女人了。男人竟然会是这样！"

如果有人告诉这位女士，使她丈夫离开她的并不是另外一个女人，而是她自己的唠叨和挑剔，想必这位女士一定不会相信的。但这的确是她先生离开她的真正原因。她以一种轻视的方式来唠叨和挑剔——而这对于男人的自信心无疑是一种长期的折磨，对于他男性的自尊也是一种沉重的打击。

唠叨是一种疾病。诉苦、抱怨、攀比、轻视、嘲笑、喋喋不休——喜欢唠叨和挑剔的女人，在这些残酷的待人方式之中，如果不是专于其中某一项，就会变成兼而有之的全能"专家"了。唠叨就像麻醉药，你学不来，也改不掉，它是在习惯中养成的。女孩子在20岁当新娘的时候，如果只知道常常唠叨，而不知什么时候才能住进像邻居那么好的新房子，那么等她到了40岁的时候，她一定会变成一个无可救药的、对任何事情都难以满足的、毫不令人同情的抱怨专家了。

弗吉尼亚大学教授沙姆·W.史蒂文博士在最近的一次演讲中，呼吁美国的丈夫们应该享有四种新自由：免于被唠叨和挑剔的自由，免于被呼喊支使的自由，免于消化不良的自由，还有在一天的繁忙工作之后换上旧衣服放松放松的自由。

为什么女人要对她们的丈夫唠叨不停呢？理由还真不少。有时候，唠叨是一种身体不舒服的症状。经常找医生做定期的健康检查，可以使我们身体健康，这就像定期检查汽车，使它们能够保持良好的驾驶性能那样。

**长期的疲乏，常常会转变成一种喜爱唠叨的倾向。**最好的治疗方法是，把你个人的生活安排得更有效率，找出造成疲乏的原因，并且消除它。"受到压抑和打击，"心理学家分析说，"常常会造成唠叨。"婚姻的不幸、性的不和谐、爱的失落以及内心对生活的不满——这些都是人生中沉重的打击，女人常常会以唠叨、埋怨或诉苦的方式发泄出来。分析一个人的心理，找出这些挫折，并且引导它们使之发泄出来，这就是消除它的最好方法，而用唠叨的方式来发泄不满，只不过是在火上浇油。

我无意把婚姻生活不美满的原因全部归结到女人们的唠叨上——实际上，在所有这样的事情当中，另一个人同样也可能犯很严重的错误——我想说明的只是，如果你确实意识到自己喜欢唠叨不休，并且这种唠叨正在破坏你的婚姻生活，那么，你应该毫不迟疑地改正它。

# 身为妻子，做一个善于倾听的太太

1950年12月，一个名叫比尔·琼斯的男人，从芝加哥一栋五层高的楼顶上跳下来，他跳楼的原因是忧虑和害怕。

他那曾经兴旺一时的事业遇到了危机，因为他扩展得太快了——债权人全都来催逼他，他的许多支票在银行无法兑现，最糟糕的是，他觉得他不能和他太太一起承受这些灾难。他的太太一直都以他的成功为荣，所以他没有勇气告诉她这些事，他害怕这些事会使她远离幸福，掉进羞耻和绝望的深渊之中。

比尔·琼斯的困境，使他走上了他自己仓库的屋顶。他犹豫了一下，然后跳向空中。他跌下五层楼，穿过了底楼窗上的遮阳篷，掉在了人行道上。从常识来判断，他必死无疑，但是，让人不敢相信的是，他所受到的最大伤害也只是擦破了大拇指的指甲。最让人觉得滑稽的是，他所穿破的遮阳篷是他唯一完全付清款项的东西。

当比尔·琼斯意识清楚地醒过来，发觉自己还活着时，他感到很兴奋。和这一奇迹相比，他从前的麻烦没有一件是重要的了。五分钟以前，他还觉得自己的生命是一种毫无用处的污秽，而现在，他却因为自己还活着而感到激动。

他赶忙回到家里，把整个事情说给了他太太听，他太太似乎有点儿慌乱，但这不过是因为他从前没有把他的麻烦告诉她而已。她开始坐下来和他一同想办法，为他解决困难。好几个月以来，比尔·琼斯这才真正放松心情，做一些正确与有用的思考。

现在，比尔·琼斯有了成功的事业，不再有欠债了，更重要的是，他已经学会了如何和他的太太一起共渡难关。

比尔·琼斯的故事告诉我们，如果丈夫不信任自己的太太，这不能完全算是太太的过失。有些男人，他们有一种错误的观念，认为用事业上的忧虑来麻烦自己的太太是不妥的，他们想带给太太所有美好的东西，想成为事业上的成功者，想成为把上等毛皮大衣带回家的大男人。

当事情不顺利的时候，他们想方设法瞒住自己的太太，以免让她们的小脑袋里装满害怕与不安。他们耻于承认自己的失败和挫折是会被征服的。他们从没有想到，不论好坏，他们也都应该让太太和自己共同来面对并解决这些难题。

可是，我们更常看到的是，一些男人很想把他们的困扰说给自己的太太听，但是太太们却不想或者不知道该如何去听。

1951年秋天，《福星》杂志曾刊出了一篇调查报告，这是专门针对公司员工的妻子所做的。他们引述了一位心理学家的话说："一个男人的妻子所能做的一件最重要的事情，就是让她的丈夫把他在办公室里无法发泄的苦恼全都说给她听。"

能够尽到这种职责的妻子，无疑是丈夫的"安定剂"、"共鸣板"和"加油站"。

这份调查研究报告还指出，**男人需要的是妻子主动、灵巧地倾听，他们通常不想听妻子的劝告。**

任何一个曾经在外面工作过的女人都会了解到，如果她可以和家里某个人谈这一天所发生的事情，不管是好的或坏的，对她来说都是很值得欣慰的事。在办公室里，人们常常没有机会对所发生的事情发表意见。如果我们的事情特别顺利，我们也不能在那里开怀唱歌，而如果我们遇到了困难，我们的同事也不想听这些麻烦，因为他们自己已经有太多的困扰了。结果，当我们回到家时，我们就会觉得自己必须痛痛快快地发泄一番，然而，我们在现实中最常见的事情是这样的：

比尔回到家，上气不接下气地说道："老天，梅尔，今天这真是一个伟大的日子！我被叫进董事会，去讲解我所做的那份区域报告。他们要我把建议说出来，而且……"

"真的吗？"妻子梅尔说，一点也不关心的样子。"那真好，亲爱的。先吃点酱牛肉吧。我有没有告诉过你那个早上来修理火炉的人？他说有些地方需要换新的。你吃过饭后去看一下，好不好？"

"当然好，亲爱的。噢，像我刚才所说的，老索洛克蒙顿要我向董事会说明我的建议。刚开始我有一点儿紧张，但是我终于引起他们的注意了，甚至连毕林斯都很激动，他说……"

梅尔："我常认为他们并不够了解你，也不够重视你。比尔，你必须和咱家小儿子谈一谈他的成绩了。这学期他的成绩太糟了，他的老师说如果他肯用功的话，成绩一定可以更好的。我对他已经没有办法了。"

这时，比尔发现他在这场争夺发言权的战争之中已经失败了，于是他只好把他的得意和酱牛肉一起吞到了自己的肚子里，然后去完成太太交给他的有关火炉和小儿子成绩的任务。

难道梅尔自私得只希望有人听她的问题吗？不是的，她和比尔同样都需要找个听众，但是她把时间搞错了，其实她只要全心全意地听完比尔在董事会里的得意之事，比尔就会在自己的情绪抒发完了以后，很乐意地听她大谈家事了。

**善于倾听的女人，不仅能够给自己的丈夫带来最大的安慰和宽心，同时也拥有了无法估量的社会资产。**一个文静的、不虚饰做作的女人对别人的谈话着了迷，她所提出的问题足以显示她已经把谈话中的每个字都消化掉了，这种女孩子最容易在社会上成功，不只是在她丈夫的朋友群中成功，而且也在她自己的朋友群中成功。

以机智闻名的杜狄·摩尼，描述一个懂礼貌的男人时说："当他自己最清楚了解的事情被一个完全不懂的门外汉说得天花乱坠时，他仍旧很有兴趣地听着。"其实，大部分女人也都适合于这一描述。

事实上，一个善于倾听的人，有时候也会被一些无聊的事情弄得心烦意乱的，但是，机灵的倾听所得到的收获，通常可以增加许多自己所没有的知识。

女演员蒙娜·罗伊在一篇写给《纽约先锋论坛报》的文章里，提到她接任联合国教科文组织代表的工作以后，"倾听和学习"就成为她的口号了。她说，跟来自不同国家的许多代表谈话，增加了她对那些国家的了解。

"当然，"罗伊小姐解释说，"在许多时候，你也必须在谈话中忍受那些无聊的话题。但是我觉得，被人们当做一个具有智慧的好听众，总比把自己完全封闭在一个毫无意义的话题之外要好得多。"

那么，怎样才能成为丈夫的"好听众"呢？至少要有下列3个条件，这3件事是一个好听众所必须做到的。

## 一、用眼睛、脸孔、整个身体倾听——而不是只用耳朵

如果我们真正热心地倾听别人说话，我们就会在他说话时专注地看着他，我们还会稍微向前倾着身子，我们脸部的表情也会有反应。

认真倾听，当一个好的听众，不仅可以给说话者积极的暗示，倾听者也可以从中获得许多知识。

玛乔丽·威尔森是魅力训练方面的权威，她说："如果听众没有什么反应，很少有人能够把话讲得好。所以，当一句话打动了你的心，你就应该动一下身体。当一个主意适时地感动了你的时候，就像你心里的一根弦被震动了，这时你就该稍微改变一下坐姿。"

如果我们想要成为一个好听众，就必须做得好像我们很感兴趣，我们必须训练我们的身体，机敏地表达自己的感情。

## 二、问一些诱导性的问题

什么是诱导性的问题？诱导性的问题就是在发问中灵巧地暗示发问人内心当中已有的一个特殊答案。直截了当的问题有时候显得粗鲁无礼，但是诱导性的问题却可以刺激谈话，并且可以继续推动话题进行下去。

"你如何处理劳工和主管问题的？"这是一个直截了当的问法。"史密斯先生，你难道不觉得，让劳工和主管在某些范围内获得相互妥协是很有可能的吗？"这就是诱导性的问法。

诱导性的问话，是任何一个想成为好听众的人所必备的技巧。如果

你要聆听丈夫的谈话，并且不直接提出他不想听的劝告，那么诱导性的问话就是一个不会失败的技巧。

我们只需这样发问："亲爱的，你认为做更大的广告可能会增加你的销路，或者将有可能是一种冒险吗？"你提这种问题并不是真的在给他劝告，但是这种问法常常会得到相同的结果。

当我们遇到陌生人时，正确的提问方法是克服羞怯，或打破沉闷的最好工具。当人们开始谈到自己的想法，而不是谈天气、棒球，或谈某人的疾病时，他们就会说得忘我了。

### 三、永远不要泄露秘密

有些男人从来不和他们的妻子讨论事业问题的一个原因是，这些男人不能保证他们的妻子不会把这些事情泄露给她的朋友或美发师，他们讲给自己太太听的每一件事情，都有可能从她们的耳朵进去，然后又从她们的嘴巴说出来。

"约翰希望在维吉先生退休以后马上得到公司的经理职位。"这是丈夫在桥牌桌上随便说出来的话，但是第二天就有人打电话给约翰对手的太太了，于是，约翰就在完全不知道原因和真情的情况之下，被暗中排挤掉了。

我曾访问过的一个公司总经理告诉我，他在家里谈论公司里的问题，竟也会流传到公司，甚至使他的职员丧失信心。"我很讨厌在超市或鸡尾酒会上大谈公司的业务，那些女人真是太多嘴了！"他轻蔑地说道。

甚至还有一些女人，会利用丈夫对自己的信任，而在以后的夫妻争论中拿出来作为打垮他的工具。例如下面这种情况：

"你自己亲口告诉过我，你曾经只因为一纸契约，就买下了那些过量而不必要的剩余物品，而现在你却说我浪费太多钱去买衣服。难道只有我奢侈？哈哈！"

像这样的场面多发生几次，这个小女人就不会再受到她先生向她大谈业务的"骚扰"了。她丈夫将会发现一个事实，自己对妻子倾吐过多的实情，只不过是给了她一些打倒自己的把柄而已。

成为一个好的听众的最佳条件是：妻子不必以为，越了解丈夫工作的细节，越能使他得到满足。如果她的丈夫是个绘图员，他就不会希望他太太了解如何绘制蓝图。但是，当他工作的时候，她要对发生在他身上的事情具有同情心、有兴趣，并且提高注意力。

我所认识的一个会计师娶了一个女人，她对于会计的了解，就像我对于分子理论那样一窍不通，但是我的朋友却说："甚至在我公司发生的最技巧性的问题，我都可以向她说个痛快，而她似乎也都很直觉地领悟了。回到她的身边，知道她将会灵巧而有耐心地听我讲话，这是多么奇妙的啊！"

因此，女性要想获得幸福的婚姻家庭生活，就应该多倾听你的丈夫，这将会使你更加可爱，并使你有一张比特洛伊城的海伦还要美丽的脸孔，而且为你的丈夫带来更多的好处。

# 身为妻子，要赞美和激励你的丈夫

### 一、爱丈夫，就赞美他

向丈夫说"你无论如何也不会成功"的妻子，只会使这句话更快实现而已。

"每一个男人事实上都是两个人，"查士德·斐尔爵士写道，"一个是他真正的自己，另一个则是理想中的自己。"只有优秀的女人，才能将这两种形象合二为一。

没有一个男人不希望成功的。如果一个男人本来是羞怯的，他就想要勇敢些；如果他并没有广受欢迎，他就想要被大众所喜欢；如果他缺乏信心，他就渴望成为毫不惧怕的人。

**作为妻子的职责，就是帮助她的丈夫成为他理想中的那个人。**要做到这一点，需要相当的智慧：不要挑剔他，也不要拿他来和隔壁的某某人相比，也不要设法使他工作过量；应该温柔地鼓励他、赞赏他，给他加油打气。

当男人受到妻子的赞美，当他们听到"你真了不起，我很以你为荣，我真高兴你是我的"这种话的时候，几乎没有人不会高兴得跳起来。

许多成功的男人都可以证明这种说法的真实性。有一位派克斯先生，他拥有自己的公司——派克斯货运和装备公司。

"我确信，"派克斯先生在给我的信中写道，"一个男人不但可以成为他理想中的人，而且还可以成为他太太所期望的人。这些年来，我曾雇用过许多人，但是在我和他们的太太谈过话以前，我绝不会把一个需要信任或需要负责任的职位交给他。妻子的人生观，以及她是否愿意鼓舞她先生干劲的

275

程度，可以决定一个男人在事业上的成败。我自己的经验就是一个例子。

"我太太在嫁给我以前，要什么有什么，她的父母亲很有钱，她也接受过良好的教育，有一个快乐的家。我既没有钱，而且只受过很少的教育，没有什么资产，除了想要自己闯天下的欲望，以及她对我的信心与信任之外，我什么也没有。

"在我们婚后最初那几年艰难的日子里，当我面对失败与挫折而奋斗的时候，她的理解和不断的激励，始终是鼓舞我继续努力的动力。

"在我的生命中，如果有了什么成功，这全都是由于我太太不断给我支持的结果。过去几年来，她患了重病，但是她从来没有失去她的快乐。她的第一个想法仍然是要帮助我。早晨，当我离家的时候，她从不会忘了问我'鲍勃，有没有什么事要我今天办好的？'当我回家的时候，她就要听听我说这一天的情况。我祈祷上帝，永远不要让她失望。"

不幸的是，有些女人并不像派克斯太太，她们一心想要自己的丈夫超过他本身的能力范围，而成为她们想象中的那个人。这种女人总是渴望比某某人的家里更富有，想开新车子，穿更昂贵的衣服，加入独特的俱乐部，于是她们的丈夫就永远没有希望满足她们的需要了。

**二、使丈夫成为他理想中的样子**

使男人进步的方法，并不是要求他，给他压力，而是激励和鼓舞他。

妻子应该怎样鼓励丈夫，使他成为他理想中的样子呢？要给他嘉勉和赞赏，要找到他最能够施展出来的才华。

如果丈夫需要建立信心，你可以指出他所做过的有勇气的事情来。"记得那一次，你告诉老板如何减少你部门中的浪费吗？那实在需要很大的勇气——你真了不起，你做到了啊！"

就连最怯弱的男人，如果有个女人向他表示她觉得他是镇静而且能干的话，他也会敞开他的胸怀去努力。更进一步地，他还会开始觉得，也许他实际上比自己表现的更勇敢——于是他将会表现得更好了。

用这种技巧，难道不比告诉他"我不知道你为什么这么没用，你从来都不能替你自己讲话。你甚至不敢对一只鹅说一个'哼'字"要更好吗？

你必须给男人一些东西去鼓舞他。

**作为妻子，永远不可以对她的丈夫说，"你真没用！"** 玛格丽特·卡金·芭宁在写给《四海杂志》的一篇文章里如此劝告我们。"如果他真的失败了，他的老板将会毫不迟疑地告诉他，但是在家里，在吃早餐的时候，在床上的时候，妻子应该勉励他，认为他一定能够成功。向丈夫说'你无论如何也不会成功'的妻子，只会使这句话更快地实现而已。"

这是千真万确的。一个女人说出来的经过明智思考的话，可以改变一个男人对自己的整个看法，使他变得更好，并使他对生命产生全新的看法。就拿汤姆·琼斯顿来说吧——他是一个二次大战之后退伍的年轻人。

汤姆·琼斯顿在战争中受了伤，他的一条腿有点残疾，而且疤痕累累。但幸运的是，他仍然能够享受他最喜欢的运动——游泳。

有一个星期天，也就是他出院以后不久，他和他的太太去汉景顿海滩度假。在做了简单的冲浪运动以后，琼斯顿先生在沙滩上享受日光浴。不久，他发现大家都在注视他。从前他并没有在意过自己这条满是伤痕的腿，但是现在他知道这条腿太惹眼了。

到了第二个星期天，琼斯顿太太提议再到海滩去度假，但是汤姆拒绝了——他说不想去海滩，宁愿呆在家里。他太太的想法却不一样。"我知道你为什么不想去海边，汤姆，"她说，"你开始对你腿上的疤痕产生自卑了。"

"我承认了我太太的话，"琼斯顿先生说。"然后她向我说了一些我将永远也不会忘记的话，这些话使我的心里充满了喜悦。她说：'汤姆，你腿上的那些伤疤正是你勇气的徽章，你光荣地赢得了这些疤痕，不要想办法把它们隐藏起来，而是要记住你是怎样得到它们的，而且你一定要骄傲地带着它们。现在走吧，让我们一起去游泳。'"

汤姆·琼斯顿立即同意了，他的太太已经消除了他心中的阴影，甚而让他会有更好的开始。

### 三、真诚的赞美值得尝试

真诚的赞美对于推销员也会产生积极的影响。

波士顿商会的销售代表俱乐部，主办了一个有关推销术的课程。这个课程总共五个晚上，大约有500名推销员和营业人员参加了这一课程。在这个课程的最后一个晚上，这些销售代表的太太们都被邀请前来参加。这些太太们欣赏了一个特别的节目，这个节目告诉她们一些方法，去鼓励她们的丈夫变得更有智慧，而且能得到更好的销售成果。

其中，有一位演讲者是大卫·盖·鲍尔博士。他是一名销售顾问，而且是《过个新生活》一书的作者。鲍尔博士勉励每一位太太，在每天早晨送她先生出外工作的时候，使他充满信心而且心情愉快。如果她希望她先生提高销售业绩，该怎么做呢？鲍尔博士说："让他觉得自己已经成为他理想中的那个人。

"对他说他多么潇洒——即使他所喜欢的装扮早已经过时了。赞美他所喜爱的领带；称赞他的风度，而不要提起前一天晚上他在宴会上所说过的失礼的话。告诉他，你相信他正要去征服所有的顾客——最后，他一定会做到的！"

如果像鲍尔博士这么杰出的销售顾问都相信这种方法是有效的，那么你和我为什么还不试试看呢？

我们将要获得的东西——更快乐和更热心的丈夫——是非常值得我们付出这些小努力的。《人文学年鉴》中充满了由失败而神奇地变成世界知名人物的例子，他们也是由一些赞赏的话而走向成功的。

你认为这很夸张吗？让我们再看看艾礼·卡柏森的例子吧，他是一个杰出的桥牌手。

有一次，卡柏森先生在访问中告诉我，说他在1922年刚到美国的时候，不论做什么事都以失败告终，甚至是个最差劲的桥牌手。但是当他娶了一位名叫约瑟芬·狄伦的迷人桥牌老师以后，他的运气开始改变了。她说服他，使他相信自己是一个很有潜力的桥牌天才。他太太的鼓励，终于使他选择桥牌作为自己的终身职业。

**真诚的赞美和激励，是值得妻子尝试的，而且一定能使男人发挥出最大能力的有效方法。**我们完全尽力了吗？没有人知道，但只要我们给予真诚的赞美，相信你的丈夫一定会变得更优秀、更成功。

# 第十章
## 做好演讲的储备工作

### THE ART OF
### ELOQUENCE AND SPEECH OF CARNEGIE

如果你注销了银行的账户会发生什么事？按照惯例银行会拒付你的支票；但如果你和银行的关系良好的话，你的支票就会被接受，还会被给予一个很高的透支额度。

自然界没有这么好心，不会允许你赊账。自然就像是一个汽油桶一样的冷酷，一旦"汽油"都耗费殆尽，机器就停止运作了。对于一个演讲者来说，毫无准备地站在观众面前是很危险的，这就好像是摩托车手在汽油不足的情况下就踏上了一次漫长的野外旅行。

但是演讲者的储备力量中包括什么呢？包括对他的演讲主题做好充分的准备，事无巨细都能有所了解；思维灵敏善于随机应变——特别是能独立思考；镇定自若的处世态度，能全方位调动自己身心的所有能量。

# 让你的大脑多多储备"食粮"

空空如也的头脑就像一个空的食品柜，假如壁橱里没有食物，主妇不会紧张地把空盘子弄得叮当作响，她会打电话给小卖部。如果你没有想法，就不要嗯啊个不停，说些没用的话，要想出些东西，在那之前不要说话。

但这不是过去新英格兰管家所说的"有准备"。真正解决脑袋空这一问题的办法是永远不让它空。在达科他，自喷井中的水喷出地面后又喷到离地面几英尺高的空中。这种水流强大的秘密当然就在于下面强大的供应，让它喷涌而出。

当你能用自喷井的资源满足你的生活时，为什么还要停下来打开头脑的泵呢？仅仅足够是不行的，你必须要有比足够更多的东西。那样你深沉的思想和感情的压力会让你的演讲顺利进行下去，会让你自信而冷静，这些都能说明你拥有储备力量。

储备力量是具有吸引力的。并不是说要你讲一些你之前记住的东西，而是建议你把你用观察、阅读、惊讶、感情和思想炼成的乳酪传达给观众。因此，**为了储备力量，你必须手头有足够的牛奶材料让你提供足够的乳酪。**

怎么才能得到牛奶？有两种方法：第一种是第一手材料——从奶牛身上；第二种是第二手材料——从挤奶工那里。

# 善于利用你的大脑

思考是在头脑中用事实解数学题。把这个事实和那个事实加起来，你就会得出某个结论。把这个事实从另一个中去掉，你就会有一个结果。这个事实乘以另一事实，你就会有一个精确的积。看看同一事实在规定时间段里发生过多少次，你就可以算出一个商。

在思考的过程中，你可以解出任何代数或者几何题。这就是为什么数学是最好的锻炼头脑的方法的原因，但思考同时也是工作。思考耗费精力，思考需要时间、耐心、广博的知识和清醒的头脑。除了在表面抓痒痒，做一点少得可怜的努力，很少有人真的去思考——根据引用过的智者理论，一千个人中只有一个。只要现行的教育体制继续存在，孩子继续用耳朵学习而不是用眼睛，只要人们期望他们记住别人的想法而不是想出自己的观点，这种悬殊的比例将持续下去——百万分之一的人会发现，千分之一的人会思考。

可是**不论一个头脑此前是多么缺乏思想，只要它意识到了自身在思想力量上的不足，情况一定会改观。**第一步是停止把思想看作是"头脑的魔法"（借助拜伦的话），而要把思想看作是真正地权衡想法，依据彼此之间的关系把想法排列起来。仔细斟酌这一定义，看看你是否学会了有效思考。

习惯性思考就是一种习惯。反复做一件事就会养成习惯。养成低级的习惯很容易，高级的习惯要想坚持下去需要更大的努力，所以我们发现思考的习惯只来自于意志坚强的练习，只有努力才会产生更丰厚的回报。坚持练习，尽管开始你思考主题的深度只有一英寸，但你会很快发现你的深刻了解已经到了一英尺的地方了。

也许这个平凡的比喻能告诉我们如何练习连续思考，我们说的连续思考是指把一系列独立的思考环节连成一串。一次取一个环节，看看每一个在你所安排的思考链中是否起作用，记住缺失的环节意味着没有思考链。

思考是所有脑力活动中最有趣和最令人兴奋的。一旦你意识到你被要求发表对于一件事物的看法时，那并不代表着你要在某博士写过的东西和某教授说过的话之间做个选择，而是要开动自己的脑筋得出结论，你就会相信自己有能力就这一主题发言，没有任何事能动摇你的想法。你的思想会给你力量和储备力量。

有人把思想和知识的关系用简单但深刻的话语表达出来：**"我不需要以为自己会思考的人，我不需要认为自己知道的人，我需要知道自己会思考的人。"**

# 读那些能调动思考的好书

格兰特·艾伦有一本小书叫《植物是如何生长的》，这本书展示了树和灌木如何吸收养分、水分和传粉。我们在巴勒斯坦见过某种枣椰子树，在一百公里外的沙漠里见到了其他的枣椰子树，一棵树的花粉随着信风被带到另一棵树的枝杈上。我们看到这种树有非常奇怪的一套水分处理系统，它利用输送管和主干把体液压上来；我们看到每个枝杈上都活像有一个小的化学实验室，一些实验室正在混合橘子的味道，而另一些正在混合菠萝的果汁；我们看到这棵树就像一位妈妈一样，它为了让自己所有的果实宝宝都能抵御漫长的严冬，给它们披上又暖和又柔软的羊绒毛毯，为它们穿上防雨的外衣，最后还把果实宝宝们都滑入一个睡袋里，那个睡袋很像爱斯基摩人给凯因博士的那种。

威廉·汤普森告诉我们氢气是怎样吞噬掉一根大铁钉子，就好像一个小孩子用他的白齿咬掉棒棒糖的一端。每一本新书都引领我们进入自然界中一些新奇但少有人涉猎的领域。书本为我们完成了玻璃的神话，能为它的主人展现所有遥远和隐藏的东西。通过书本，我们的世界变成了"上帝美丽枝桠上的一只新芽；太阳变成了上帝智慧的火花；天空变成了上帝力量之海边的一颗鹅卵石。"所以勃朗宁夫人说："没有孩子能被叫做没有父亲，因为他有上帝和他的母亲；没有年轻人能被称做没有朋友，因为他有上帝和好书的陪伴。"

书籍对我们的益处还在于它能让我们看到统一的进步，孤立的种族和不断前进的历史。作者带领我们回顾法律、自由或宗教的发展道路，让我们直面提出这些原则的伟人。就像发现者引领我们从尼罗河口回到尼亚萨湖上游一样，书籍中有很多好的想法和建议，当想法不断向前推进时，就会被不停地加宽加深，像尼罗河一样孕育出许多文明。

**头脑需要书籍来点亮。**在拜伦开始写作之前，他常常拿出半小时的时间来读一些最喜欢的文章。一些伟大作家的思想点燃了拜伦的创意之光，甚至就像用一根火柴点燃了火炉中的易燃物。在这种燃烧的光明的情绪下，拜伦的头脑达到了最佳状态。真正的书籍能够激励头脑，就像美酒能够加速血液循环一样。是读书把我们自身的潜能发挥到最佳，激发我们各个器官的最大活力。

阅读应该带给人乐趣，提供信息，刺激思想。但是这里我们主要关注的是信息和对思想的刺激功能。

为了获取信息我们应该读什么书？

浩如烟海的知识就像格雷说过的那样，是"装满了时间的珍宝"，这些知识仿佛是我们的一张戏票。你能要求苏格拉底和罗马皇帝奥勒留坐在你身旁，讨论他们的信念，也能亲耳倾听林肯在葛底斯堡的演说以及培里克利斯在雅典的振臂高呼，能与雨果一起捣毁巴士底狱，随着但丁漫游天堂。你可以跟着斯坦利进入非洲的最深处，听莎士比亚为你剖析人心，与卡莱尔一起畅谈英雄，和圣保罗一道钻研信仰的奥秘。这些广博的知识和极具启迪意义的想法都是前人在多少年的艰苦实践中积累起来的。只要你愿意，他们都是你的。

**读懂一本好书就能读懂很多之外的东西，但是如果不先拥有这本书的话，我们中很少有人能够对它有彻底的了解。**阅读借来的书可能是一种乐趣，但是给自己的书在书架上找一个位置——不管书架上的书多还是少——爱惜书籍，喜欢触摸它破旧封面时的感觉，一页一页地慢慢翻阅它，在空白处用铅笔写出自己赞同或反对的感受，闻到熟悉的书香味会微笑或者精神一振——如果只是借书读的人是绝不会感受到那种快乐的。

书籍的拥有者反过来发现书籍也拥有了他，那些牢牢把握他生命导向的书籍往往都是他花费很大气力才得到的。那些"来之容易"的书籍，很少能在关键时刻起到一个导师、哲学家和朋友的作用，而那些渴望了许久，得到后让人精神愉悦的书却能给我们这样的帮助，因此应该欢迎书籍进入我们的生活，而不仅仅是进入图书馆。

**一本拥有的读懂的好书在很多时候就像是一位朋友。**这种说法一点都不过分，其中书最接近朋友之处就在于：为了获得和延续友谊，朋友是值得为其付出的；我们更情愿把爱献给那些我们已经真正进入其内心世界的人。

当你无法靠时间来检验一本书的正确性时，尽可能彻底地研究你所读的书的权威性。有很多出版流通的书根本没有价值。"我在一本书中读到过"这句话对于很多人来说足以成为真理的代名词，但思想者不会如此。"什么书？"仔细的头脑会问，"谁写的？他对主题有什么了解？他有什么权利发言？谁承认他是权威了？他同意或者不同意哪些其他公认的权威的看法？"

最重要的是，要寻找能让你动脑思考的书来读。这种书充满生气观点新颖，包含专门的知识，讨论一些非常重要的主题。不要把你看的书只局限于那些你知道你与其观点相同的，反面观点给人启示很多。另一条路可能更好，但是除非你"尝试过一次"，否则你永远都不会知道。

# 执著地寻找恰当的用语

参考书的价值在它的所有者有透过现象看本质的热情时会再翻一倍。每天十分钟就会使我们发现胡桃夹里面的惊喜。"我因自己所写的文章而变得十分易怒。"福楼拜说道,"我就像一个拥有敏锐听觉的,但是却总是弹不好钢琴的人:他的手指总是拒绝去准确地重现内心中感受到的声音。然后眼泪一行行地从这个可怜的人的眼中流下,他泄气了。"

这位伟大的法国作家把这个关于声音的建议传递给了他的学生,莫泊桑曾说道:"不管一个人想要表达的是什么,都只有一个最适合表达它的语词;只有一个使它活灵活现的动词;只有一个适合描绘修饰它的形容词。去探求这个语词、动词及形容词是最基本的,直到我们发现了它,并且再找不到能使我们如此满意的其他词语。"

华尔特·兰德曾经写过:"我讨厌那些虚假的词语,因此仔细、带着艰难和阴郁地求索那些适合于事物本身的词语。"詹姆斯·马修·巴里在他的以主人公的名字命名的小说《感伤的汤米》中也是这样做的。森迪成为了一个作家和雄狮就没什么值得惊奇的了。

汤米和另一个男孩为了竞争奖学金而写一篇题为"教堂里的一天"的文章。他一直文思泉涌地写着,直到因想不出一个合适的词语而停了下来,他几乎花了一个小时来想这个词儿直到他突然被告知规定的时间到了,他输掉了比赛!巴里可以告诉其他人:

文章,就像一个细枝不能成其为大树一样,这篇文章因为这个傻孩子停滞在了第二页而不能成其为文章。是的,在老师在盘问他时,老师承认了"停滞"就是那个合适的词语。他没能"超越他的技巧"，他停住了，然而你不得不承认，他的解释就只是凸显了他的无能。

他因想不出一个词而使自己陷身于被公众鄙视的境地。什么词儿啊？他们不耐烦地问，但是就是到了现在他也答不上来。他需要一个能表达出在教堂的人的数量的苏格兰词语，而它就在他的嘴边上，却就是说不出来。puckle就差不多是那个意思，但是它又不能表达他打算表达的那么多人。时间在转瞬间消逝，他在脑中苦苦搜寻这个词的时候完全忘记了时间。

其他五位（考官）也都很愤怒。"你这个小傻瓜，"卡斯若大吼道，"如果你当时没想起puckle，难道在那么多的其他词儿中你就不知道用个别的代替吗？你使了许多（manzy）或者别的……能把你怎么样啊？"

"我想到了许多（manzy），"汤米答道，令人遗憾的是，他为自己感到羞愧，"但是，但是manzy的意思是大群地移动，它意味着教堂中的人群像蜜蜂一样嗡嗡地吵，而不是安静地、一动不动地坐着。"

"就算它表示的不是那个意思，"杜堤先生不耐烦地说道，"但是说得那么讲究又有什么必要呢？当然，文章写作的艺术就在于使用头脑中第一个蹦出来的那个词语。"

"我就是那么做的。"自负的麦克劳克伦说道（那个成功地赢了汤米的对手）。

"我知道，"格洛格先生插话道，"麦克劳克伦形容教堂里有一群（原文中是mask）人。（mask）就是一个很好的苏格兰词语。"

"我想到过（mask），"汤米啜泣着说道，"但是用那个词就意味着教堂里挤满了人，而我想表达的是教堂只是半满，而不是拥挤。"

"那用人潮（原文是flow）不就行了嘛！"劳尼莫先生建议道。

"（flow）表示的只是少量的人。"汤米说。

"那就用curran，你这个自命不凡的家伙！"

"用curran还不够。"劳瑞莫先生绝望地甩开手。

"我想用的是介于curran和mask之间的一个词。"汤米仍旧坚持说道，这时他险些大喊出来。

奥格尔维先生，那个一直困难地掩藏着对汤米的欣赏的人，这时为他提了个醒儿："你刚才说你想用一个表达只有半满的词。那么，你为什么不直接说半满（英文原文是middling full）或近乎满（英文原文是fell mask）了呢？"

"是啊，为什么不呢？"考官们问道，他们也不知不觉地陷入了这个提示中。

"我只想用一个词语表达。"汤米回答道，所以也就在无意识地避免使用那个词了。

"你真是个宝贝！"呼了口气儿，奥格维尔先生咕哝道。但是要不是其他考官阻止，卡斯若先生就会使劲打这个"固执的"男孩的头。

"找到合适的词语是如此的、非常的容易。"格洛格先生说道。

"不是的，那并不容易，它就像要捉住一只小松鼠一样不容易。"汤米大喊道。这次，奥格维尔先生又赞许地点了点头。

接下来一件奇怪的事儿发生了。正当他们准备离开学校时，门开了一个小缝儿，镜头上出现了汤米的脸庞，虽然布满泪水但是看起来很兴奋。"我现在知道那个词儿了，"他大声喊着，"它突然就在我脑中迸发了出来，它就是hantle！"

奥格威先生在一阵狂喜中自言自语："在没找到那个词儿之前他就会一直想着。这个小男孩儿真是个天才！"

# 第十一章
## 演讲的方法

THE ART OF
ELOQUENCE AND SPEECH OF CARNEGIE

话语的极致，话语的完成是把话语表达出来。表达是所有准备工作期待的目标，观众对它翘首以待，它也是演讲家被评价的标准……所有演说家生命的力量都汇聚在他的演说里。他用精确的逻辑把事实设定为围绕他的主题，他熟练地运用修辞来调整自己的语言，他学会控制自己的肢体使其成为一种表现的工具，不论他的知识和经验有多么丰富——这些现在都不重要；事实是他在把信息从自己这里传递给听众……

这一事实使得做好充分准备变得极为重要。一般来说，演讲采用的方法有四种，所有其他方法都是对这几种方法中的一个或几个的修改，这四种方法是：朗读演讲稿，熟记演讲稿并脱稿演讲，用笔记演讲和即兴演讲。

不可能说哪种演讲的方法是最适合于各种环境下的所有演讲者的——你应该考虑场合、观众的特点、演讲主题的特点和你在时间和能力上的不足，然后自己做出选择。然后，要警告你自己不要在自我要求方面太过宽容。大胆对自己说：别人能做到的我也能尝试。一颗勇敢的心灵能够征服别人都惧怕的地方，一个棘手的任务能够测试出真正的勇气。

# 朗读演讲稿

这个方法真的需要在公开演讲的书里面做一个小小的解释，因为你可能会有所误解，公众朗读不是公开演讲。但是有很多人从中受益过，所以我们必须要谈一下"朗读演讲"——很抱歉，这只是一个误用的名称。

当然在很多情况下——比如在国会开会时，或在一群审慎的人面前，就一个尖锐的问题发表看法，或在一个历史事件的纪念活动中——那时的首要任务就是用精确的语言表达某种观点，这一点是"演讲者"和所有相关人员的共识——所用的语言不能引起误解也不能错误地引用名言事例。在这种情况下演讲术被不情愿地挤到一旁，演讲稿被郑重地从新衣服的大口袋里拿出来，每个人都正襟危坐，只奢望这个所谓的演讲不会又臭又长。

在此"重大情况"下的一个大麻烦就是撰稿人——因为选用他不是因为他的口才，而是由于他的祖父曾经在某个战役中战斗过，或者他的选民们送他去了国会，或者他在其他非演讲方面的一些得天独厚的天赋让他有别于旁人。

**伟大的人一定是能够吸引观众的目光的，因为伟人的杰出之处让观众更愿意带着崇拜之心听他讲话，甚至当他只是没完没了地照本宣科时，观众可能还饶有兴趣。**但是如果把稿子放在一边的话，这个讲演的效果一定会更加明显！

有4种动机能够让一个人读他的演讲：

（1）懒惰是最常见的，这已经说的足够多了。即使天堂也不能让一个懒人提高效率。

（2）记忆力不好，所以离开稿子几乎什么都说不出来。但是当他读稿子的时候又称不上演讲了，所以他陷入了痛苦的矛盾之中，但是没有人有权力在全力以赴锻炼记忆力，然后失败之前说自己记忆力很差，记忆力差通常是借口而不是理由。

（3）时间太紧不能很好地写稿子。有这种情况，但不是每个星期都会有。你自己时间的支配要比你想象的还要灵活。

（4）认为演讲太过重要，不敢冒险脱稿。但是，如果词语的精确使用、风格的精炼以及思想的逻辑性都是至关重要的，演讲者必须把整个演讲内容都写出来，是不是信息本身就不太重要了，不需要额外的努力改进信息的传达方式了呢？当演讲者不能用应有的激情和力度发表演讲时，当他只能重复在几个小时或者几个星期前想出的话时，演讲的效果只传达了一半，就好像没有了泡沫的香槟酒。读稿演讲者的眼睛紧盯着稿子，他无法给观众有帮助的面部表情。假如演员都手持剧本，朗读自己的台词，那一部剧要读多长时间啊？设想帕特里克·亨利朗读他著名的演说；隐士彼得，手拿演讲稿，鼓舞十字军战士；这些演讲者是如此熟悉自己的演讲内容，准备也是相当充分，所以就不必参考演讲稿了，或者显示给外界看他们是有备而来。

**不论关于看稿演讲有些什么理论，事实仍是它实施起来并没有效率。**要尽一切可能避免这样做。

# 熟记演讲稿直到脱稿演讲

这个方法有几点好处。如果你有时间和精力，可以反复加工重写你的想法，直到你能用清晰简洁的语言把它表达出来。蒲柏有时会花费一整天的时间来修改一首两行诗。吉朋耗时二十载来收集资料，最后重写了《罗马帝国兴亡史》。尽管你不能在演讲上做这么多艰辛的准备，但你应该下功夫去掉多余的词，把整个段落压缩成一个句子，选择适当的例子。**好的演说词就像戏剧一样，不是写出来的，而是不断重写的结果。**

很多杰出的演说家都使用了这套写稿背稿的方法，朱利尤斯·恺撒、罗伯特·英格索尔，在一些场合下温德尔·菲利普都是著名的例子。著名演员们精彩的表演效果源自于将背下来的台词演讲出来，但是这种方法很难很费劲，经验不足的演讲者尝试时一定要当心。

要想使得这种方法有效是需要很多技巧的。年轻演讲者背下来的演讲辞通常听起来像在背书，令人反感。如果你想要听示范的话，去百货商店，听听产品示范表演者不断重复地说她背下来的话，什么最新的家具磨光剂或者早餐食品。要让背诵的演讲词听起来新鲜自然需要做些训练，除非你自己天生有一副好记性，不然在任何情况下，一个完美的作品都是需要付出辛苦的。假如你忘记了一部分你的演讲词内容或者漏掉了一些词，你很有可能会很困惑，以至于你会不得不从头再重复一次。

另一方面，你可能纠结于回忆你写的内容，而没有让自己的情感跟着你演讲的重心走，这样你的演讲就不自然，而自然的表现对于一个有力的演讲是至关重要的。

但是不要让这些困难把你吓倒。**如果记忆对你来说是最好的，那就放心大胆地去试，不要被障碍所阻挡，要通过不断地练习来避免它。**一个克服这些困难的最好的办法就是像华莱士·拉德克利夫博士经常做的那样：记忆但不写演讲稿，在脑海中做全部的准备，不需动笔——这种方法很辛苦但有效，可以同时开发大脑和记忆力。你会发现熟记这一卷中的演讲范例，并谨记着我们之前讲过的准则把它们慷慨激昂地讲出来，这对于记忆力和演讲都是很好的锻炼。威廉·钱宁本身是一名卓越的演说家，在几年前在谈到练习演讲时曾经这样说过：

"难道没有什么与戏剧相关的有用的消遣活动能够介绍给我们吗？我是说，背诵。让一个品位高雅、热情奔放、言辞有力的人背诵经典作品能给人带来纯粹的极大的满足感。如果这门艺术之前能得到培养和鼓励，现在可能会有一大批对经典作品都无动于衷的人会意识到它们的魅力和力量。"

# 用笔记来进行演讲

这是最重要的演讲方法，也是最适合初学者的方法。用笔记演讲不是最理想的，但是我们在进入深水之前要先在潜水中学游泳。

为你的发言制订一个明确的计划（以便进行更完整的论述），同时标出重点，风格上有点像律师的简短发言或者牧师的演说大纲。这里有一个简短笔记的例子。

**一、开篇**

伟大作品的产生与注意力有着不可分割的关系。（逸闻趣事）

**二、下定义，举例子**

（1）通过日常观察。

（2）引述名人的生活（如：卡莱尔，罗伯特·李）。

**三、和其他精神力量的关系**

（1）理智。

（2）想象力。

（3）记忆力。

（4）意志力。（逸闻趣事）

**四、注意力可以后天培养**

（1）不自觉注意。

（2）自觉注意。

**五、结论**

注意力分散和注意力集中的各自结果。

很少有摘要像这个例子这么精确的，因为经验丰富的演讲者习惯用一些小花样来吸引他的注意——他可能会在一句名言下重重地划一条线，在一个核心词旁打一个红色圆圈，用波浪线圈住一段趣闻中的关键词，诸如此类形式不定。这些地方都是值得记住的，因为演讲者的眼睛只能迅速瞥一眼笔记，没有什么能比千篇一律的打印稿或者是正常的手抄稿更能让演讲者为难的了。一张纸上无心点上的一个点儿可能帮你在摘要中记住很重要的一"点"——也许通过联想。

初出茅庐的演讲者可能要求比例子稍全面的笔记，但是那样是很危险的，因为完整的演讲稿和丰富的提纲只差一步之遥，因此尽可能少用笔记。

笔记眼下可能是必要的，但是不要忽视它的不利之处，即使把笔记放在你面前，不到不得已的时候绝不要看。在准备阶段你想把笔记写成多长都可以，但是一定要压缩成演讲台上用的大小。

# 即兴演讲

这当然是演讲的最佳方法。即兴演讲绝对最受观众欢迎，同时也是很多最有能力的演说家的最爱。

如果你是临场发挥的话，某种意义上，他们理解你面前的任务，会为你打同情分。临场发挥，你就不能中途停下来，在你的笔记中间看来看去——这样，你就可以一直让你的眼睛燃烧信息的火焰。当你从观众的脸上看出你热情自然的演讲的效果时，你自己就会感受到他们的回应。

在书房写出的句子很容易呆板无趣，然后在观众面前它们复活了。当你边想边演讲时，你保留了所有与生俱来的思想的激情。你根据场合或者观众气氛的要求展开某一点或者省略另一点。这种方法不可能适用于每一个演讲者，它是演讲方法中最困难的，同时没有大量练习，此法是不可能成功运用的，但是这是所有人都应为之奋斗的最佳方法。

这个方法存在着风险，就是你可能会被引导着从主题跑到一些无关重要的小事上。为了避免这样，请严格遵循你的头脑大纲，用一个烂熟于心的笔记来练习演讲，直到你能掌握。参加一个辩论协会——说，说，说，总是即兴发挥。你可能有一两次"让自己很丢脸"，但是那不是为获得成功付出的不错的代价吗？

**笔记就像拐杖一样，是弱小的表现。**记住，你演讲的力量某种程度取决于观众对你的看法。格兰特将军成为总统之后，他的演讲比他只是密苏里州的一个农民时更有权威性。如果你要显得自己很强大，那就这么做，把笔记记在脑海里而不要记在纸上。

# 综合演讲的方式如何进行

很多伟大的演说家都把第二种方法进行了改进，尤其是那些被迫每天讨论各种各样主题的演讲者。这些人经常把写好的演讲词记下来，但是把演讲词写在小本上放在自己面前，一次翻几页。

其他的演讲者会在背下来写好的演讲词后，在面前放一个比较长的大纲。其他人会把演讲的一些重要内容再写下来，背下来——开篇，结论，一些重要论点，关键实例——其余的内容就要看时间是否允许了。这个方法很适用于用笔记演讲或者脱稿演讲。

**一些演讲者只把演讲中最重要的部分读出来，其余部分都会自由发挥。**所以所谓的"综合的演讲方法"都是因人而异的。你要根据自身特点、场合、主题和观众选出最适合你的方法——因为这四种要素都有各自的要求。

**无论你选择了哪种方法，不要有畏难心理，选择最佳方法，不管它会耗费你多少时间和精力。**有一点可以确定，只有经验老道的演讲者才会希望自己的演讲既能言语简洁说服力强，又能用词高雅铿锵有力，做到既有格调又有激情。

# 同盟最后的日子（节选）

　　拉皮丹河暗示了另外一个自战争以来经常被提到的情景，但是这一情景也展示了两支军队的精神，请容许我在此叙述一下记忆中的往事。三月的一天，临近黄昏，有两支军队在河边的两个对望的山上进行仪容检阅。在检阅结束的时候，大陆军的一个阵容豪华的军乐队激情高昂地演奏起了《嗨！哥伦比亚》和《洋基歌》的爱国旋律。而对面的联邦军则以爱国性的呐喊作为回应。于是另一边的乐队又演奏起了惊心动魄的《迪克西》，可是这又随之引起了十万南方军的有力呐喊。过了一会儿，当星星像是见证者一样出现在天空，万籁俱寂，这时又传来了同一支乐队的古老调子，"家乡，美好的家乡"。这熟悉而又感伤的音符随着河水翻滚，穿透了战士们的心。山上回响着两支军队那万众一心的雷鸣般的回应。在这古老的音乐中究竟是什么触动了同情的心弦，使人们的灵魂如此振奋，也使得勇士们因激动而颤抖呢？那就是思乡之情。毫无疑问，对于一边的上万人来说，他们想到了永恒的家园，而也许打完下一场仗就能回家了。对于另一边的上万人来说，他们也想到的是他们最亲爱的尘世的家园，在那里他们所爱的人正在这黎明时刻围着家中的圣坛俯身祈祷，请求上帝保佑远方的战士身体安康。

——戈登将军

# 欢迎来到科苏特（节选）

　　请想象这样一幅场景：美国宣布脱离英国而独立失败了，我们的军队由于反叛或者是用暴政压制我们的敌人已分崩离析，领导他们而且掌控我们的国会的伟人——我们的华盛顿、富兰克林和美国国会的令人尊敬的总统像被流放者一样遭到驱赶。如果有那么一天，在文明世界的任何一个地方，有一个强大的共和国，它拥有众多同样建立在我们的国人寻求建立的自由的基础之上的机构。在那样一个共和国中，这些著名的逃亡者会受到人们热情的接待，深刻的同情以及对他们从事的光荣却又艰难的事业的热爱吗，先生们，我所假设的情况就发生在你们面前。华盛顿、富兰克林和汉考克已经被比在这里承受的更加糟糕的专政所驱赶，然后流浪在异国他乡。他们其中的一些人在我国寻求庇护。假设今晚我们就迎来了这些客人，我们必须以同样程度的责任感来接待他们，因为也许我们的先祖也遭遇过像他们一样的命运。

——威廉·加仑·布莱恩特

# 大学的影响（节选）

当党派斗争的喧嚣威胁到我国的安全，我将在大学和学院中采取明智的保守态度，用语重心长的语调警告角逐者不要陷入无法挽回的背弃所带来的危险。

当大众的不满和热情被蓄意的党羽挑拨而几欲陷入阶级仇恨和部门的愤怒之中，我愿号召我国的大学和学院以美国同胞兄弟之情之名拉响警报。

当有人蓄意欺骗人们，使他们相信享有的选举权能够改变国家法律的运行，我愿使我们的大学和学院宣告众人，那些法律是不可更改的，也远远不是政治可以操控的。

当私利集团通过政府的帮助谋求不正当的私人利益，当公众被宣称为是对党派服务的回报，我愿使我们的大学和学院规劝人们放弃对党派的狂热，劝诫他们公正地以爱国之情来爱自己的政府，因为政府公平的操作保证了每一位公民可以公平地享有所有人都能够得到的安全和幸福。

我希望这些机构能够发挥有利于宗教和道德的影响。我希望他们培养出来的那些人对承认上帝的存在不会感到惭愧，在有关人们的事务中积极参与，乐于服从法律，乐于表明为国家的繁荣昌盛做出努力。

——格罗弗·克利夫兰
1896年发表于普林斯顿大学一百五十周年纪念大会

# 歌颂加菲尔德

一生的伟大铸就他死后的光荣。没有任何原因，在一片混乱的恶意之中，他被刽子手推到了死亡的面前，远离了这个世界的美好、希望和胜利。但是他并没有屈服。他从没有在任何惊慌和迷茫的时刻放弃过自己的生命，也几乎没有想到过放弃。即使是在身体极其虚弱的日子里和默默承受着痛苦的几个星期中，他还是那样具有洞察力和勇气，他预见到了自己的死亡。他痛苦地看到了荒凉和废墟，他会告诉我们，那些伟大却惨遭流产的计划，难题，崇高的志向，那些已经破碎的人类之间强大温暖的友谊，那些已被破坏的原本温馨的家庭关系。在他身后有一个骄傲和充满希望的国家，有一群永远的朋友，有一位慈祥的母亲，早前承受过辛苦的劳作和悲伤；有他年轻的妻子，她全部生命都奉献给了他一人；他的孩子们还没长大成人，美丽的女儿和坚强的儿子们每天都在渴望得到父亲的关爱；他在内心深处是多么想满足他们的一切愿望，然而面对他的却是孤独和无尽的黑暗！但是他的灵魂没有动摇。他的同胞们都对他充满了深切的同情。他在短暂的一生中是那样伟大，他已经受到整个民族的爱戴，全世界的人们都会纪念他。但是所有的爱和同情都不能为他减少一丝痛苦。他独自一人走上了绞刑台，从容地面对死亡，离开人世。在刺客的子弹发出可怕的声音之后，他听到了上帝的召唤，他将接受神圣的裁判。

——詹姆斯·G.布莱恩
发表于美国参议院和众议院举行的追悼会

# 歌颂李（节选）

　　所有真正的英雄主义的实质都是无私的。它的最高表现形式是自我牺牲。这个世界并不信任盲目自负的英雄。但是当我们承认的真正的英雄到来之后，哦，人们将怀着无比激动的心情，欢呼雀跃着跑上前去欢迎他。我们将怎样充满崇拜之心欢迎作为上帝最高贵的作品的强壮、诚实、无畏而又正直的人呢？而罗伯特·李就是这样一位上天赠予我们和全人类的英雄，尽管我们看到他领导着联邦军队浴血奋战走向衰败，和他的人们一起品尝到悲惨的滋味；在葛底斯堡前的高处宣告这场灾难是他自己造成的；在对战的危机中发出充满领导艺术的命令；在征服者的淫威之下行走而毫无抱怨；拒绝财富而且将他年轻的祖国引上责任之路——他总是一如既往地谦恭、大度，充满了自我牺牲的精神。在这里，国人注视着他的每一次行动，他表现出的品质比那些在宏伟的露天剧场里上演的激烈冲突更加有价值，显得更有英雄气概。在国内的职责处在平静的时刻，在无休止的任务中，日复一日，他只过着一种高尚的生活，他带领着他那羸弱的军队行军，晚上睡在次日即将被鲜血再次浸染的田地上。现在他永远地离开了我们。这就是他所留下的一切吗——大理石下面的一捧黄土？不，岁月将过去的时光再现，做出了回答。那里陈列着国王们和财产的残骸，他们举着双手作为自己唯一的战利品。那些充满对上帝的爱和敬畏，充满了对同胞的爱从而变得无畏的为人们工作的人们的名字。不！现在的答案在他的墓碑前站不住了；不！当清晨的微风拂过他神采奕奕的双眉，它的灵魂饮用着从李的动人经历中汲取的甜美灵感；不！据我来看，答案是天空中的回音，回荡着表达敬爱之情的言语，向眨着眼的星星们说出自己的心意。

他虽然死去了，但是我们却可以怀着忠诚的爱与他的灵魂交流，我们的记忆因此变得神圣，希望因此纯洁，意志更加坚定。来吧！孩子们，你们是那样的天真无邪；来吧！女子们，你们是那样纯洁；来吧！年轻人，你们是那样青春洋溢；来吧！老年人，你们是那样充满成熟的智慧；来吧！市民们；来吧！士兵们，让我们在他的墓前撒满六月的玫瑰和百合，因为他就像这些花朵一样一生都散发着自然的芳香。他的坟墓已经使他的一生得到升华，并给予了我们所有人接近这样的生命的机会。让我们在墓前摆放象征他的力量的橡木和象征着光荣的月桂树，让那些他熟悉的枪声唤醒群山的回应，大自然也欣然为他唱起安魂曲。来吧！这就是他安息的地方。今天，在这美丽的溪流边，绿草如茵的河岸上，我们立起了一座纪念碑。

唯愿英雄丰功载，千秋万代不忘怀……

——约翰·沃里克，丹尼尔
1883年发表于弗吉尼亚州

# 职场人际沟通艺术

**课程目标：**

了解和谐人际关系在合作中的作用，掌握人际交往的基本规律，学习与人相处的技巧，克服不良处世习惯，改善待人方式，提升团队合作意识，提高与领导、同事相处的能力，增强沟通技巧，避免矛盾发生，使个人与代表的单位更受欢迎，赢得他人的忠诚与合作。

**课程描述：**

采用课堂参与讨论、课后实践的"学做合一"的教学形式，既生动有趣又富有实效，让学员从教学实践中获得最大的收益。

**课程大纲：**

| 第一讲 | 人际沟通的大秘密 | 管理沟通的对象是人，首先我们要认识人、了解人，认识人际关系的价值，了解人际交往的基本法则，提炼出人际沟通之魂是什么。 |
|---|---|---|
| 第二讲 | 打开人的非理性之门 | 进入人心灵的途径，掌握并科学地应用人性。了解表情在交往中的作用，体验微笑的魅力，重视记忆姓名。 |
| 第三讲 | 影响人的艺术 | 谈别人感兴趣的事，是影响人打动人的唯一方法。考虑别人的立场，尊重与了解他人，善于与人交谈。 |
| 第四讲 | 赞美人的艺术 | 培养欣赏意识，了解真诚的价值，体验赞赏的效果。掌握赞美的十二支玫瑰。 |
| 第五讲 | 关心人的艺术 | 改善相处方式，培养友情，结交朋友。掌握关心人的三大技巧。 |
| 第六讲 | 批评人的艺术 | 避免伤害他人的做法，建立积极的处世态度。掌握批评别人的八把手术刀。 |

**效果预测：**

通过以上六讲的讨论与实践对比分析，使职场精英能够明白并贯通世间人与人之间相处的真道，为以后正确处理单位、领导、同事的各种关系打下一个坚实的基础，掌握"儒"、"信"和谐沟通之道，树立正确的管理观，提升快乐指数，建立和谐职场环境，快速完善职场所需的人际管理沟通艺术，使自己的职业生涯乃至人生更加和谐。

**主讲老师：** 王红星院长

**报名电话：**

北京学校：010-57019893　13164241306（高老师）　　　网址：www.bjknj.com

郑州学校：0371-67770339　13073773908 （窦老师）　　　网址：www.zzknj.com

全国统一咨询电话：400-6816-400　　　　　　　　　　总部网址：www.zgknj.com